Gangemi Editore
Piazza San Pantaleo 4, Roma
www.gangemieditore.it

FINITO DI STAMPARE NEL MESE DI GENNAIO 2003
ART COLOR DA IMPIANTI TIPOLITOGRAFICI
GANGEMI EDITORE – ROMA

ISBN 88-7448-475-5

IL MUSEO NAZIONALE DI

a cura di Elena Lattanzi

REGGIO CALABRIA

Gangemi Editore

Foto di:
Aldo La Capra, Gerardo Galasso, Vittorio Biffani, Andrea Sabatello,
Soprintendenza Archeologica della Calabria

Rilievi:
Soprintendenza Archeologica della Calabria,
Dieter Mertens (Istituto Archeologico Germanico - Roma)

Art Director e Supervision:
Maurizio Guerra e Marco Squarcetta by GRUPPOIMMAGINE

Attraverso
gli affascinanti e unici
itinerari
della Magna Grecia,
impariamo
a conoscere ed amare
la Calabria.
Un benvenuto.

Ubaldo Schifino
Assessore al Turismo
Regione Calabria

SIGLE AUTORI

E.A.	Emilia Andronico
F.C.	Felice Costabile
L.C.	Liliana Costamagna
M.T.I	Maria Teresa Iannelli
E.L.	Elena Lattanzi
M.L.L.	Maria Letizia Lazzarini
I.L.	Ilde Lofaro
S.L.	Silvana Luppino
C.S.	Claudio Sabbione
V.S.	Vittorio Savona
R.S.	Roberto Spadea
S.T.	Santo Tinè

CALABRIA:

basta
conoscerla
per
amarla.

DEDICA

Questa guida, voluta e realizzata da tutti i funzionari archeologi della Soprintendenza Archeologica della Calabria e da pochi stretti collaboratori, attivi in Università o altre Soprintendenze, è dedicata alla memoria del Prof. Giuseppe Foti, Soprintendente dal 1961 al 1981, in difficili anni di trasformazioni e di grandi realizzazioni archeologiche e museali in tutta la regione, scomparso prima di poter vedere l'inaugurazione della Sezione Archeologica Sottomarina, da lui promossa per accogliere nel loro contesto i due grandi Bronzi di Riace e il Filosofo di Porticello.
Nel corso del lavoro preparatorio per la realizzazione di questo volume, venivano tragicamente a mancare Aldo e Lucia La Capra, che insieme avevano intrapreso con l'entusiasmo e la sensibilità di sempre, l'esecuzione del progetto grafico e fotografico dell'opera.
Anche ad Aldo e Lucia è dedicato questo volume.

PRESENTAZIONE

L'esigenza di offrire al pubblico una Guida del Museo Nazionale di Reggio Calabria adeguata alla vastità delle sue raccolte e al loro complesso e ricchissimo significato storico e culturale, era sentita dalla Soprintendenza Archeologica della Calabria da molto tempo ed era divenuta molto viva da quando il Museo, nel 1981, ha conosciuto un eccezionale afflusso di pubblico, richiamato dalla larghissima notorietà delle grandi statue di Riace.
Il contributo dell'Amministrazione Provinciale di Reggio Calabria permette ora di realizzare questa guida, scritta a più mani da tutti i funzionari della Soprintendenza Archeologica della Calabria, accanto ai quali sono stati chiamati solo pochi stretti collaboratori; l'intento degli autori è di offrire un'informazione corretta e chiara a un visitatore dotato di una certa cultura e di un attento interesse per le testimonianze del passato, più che compiere un'opera di ricerca scientifica rivolta agli specialisti «addetti ai lavori».
L'esposizione della Sezione preistorica e protostorica, affidata a Santo Tinè, già Ispettore della Soprintendenza e ora docente presso l'Università di Genova, segue soprattutto un criterio cronologico, presentando un ampio panorama delle più antiche vicende della Calabria.

Si discostano inevitabilmente da tale criterio le introduzioni alle Sezioni archeologiche, da Locri Epizefiri a Reggio e a tutte le colonie greche della costa ionica e tirrenica, in quanto il criterio adottato è quello topografico, non potendosi in nessun modo smembrare i materiali dai singoli contesti topografici. Le singole sezioni topografiche sono affidate agli archeologi della Soprintendenza che hanno curato l'esposizione museografica dei vari settori. Un criterio eminentemente descrittivo guida le pagine sulla Sezione Archeologica sottomarina, voluta da G. Foti, Soprintendente all'epoca del rinvenimento dei grandi bronzi di Riace e fino al 1981, come introduzione alla visita delle famose statue.
Non si è voluta trascurare l'illustrazione del Lapidario greco e latino del Museo, anche se gran parte delle iscrizioni non è attualmente esposta al pubblico, offrendo delle epigrafi più importanti la trascrizione greca o latina, insieme ad un breve commento. Della Sezione Numismatica è illustrata sinteticamente la parte esposta al pubblico, il cui allestimento museale era stato curato nel 1973 da E. Pozzi, oggi Soprintendente Archeologico a Napoli. Si è dato, infine, un cenno anche delle raccolte non esposte al pubblico per motivi di spazio. La Sezione bizantina, medievale e moderna è illustrata da V. Savona, storico dell'arte nella Soprintendenza ai Beni Ambientali Architettonici Artistici e Storici della Calabria.
La realizzazione di questo volume non sarebbe stata possibile senza la collaborazione di Gerardo Galasso, che si è assunto generosamente l'impegno di proseguire l'opera iniziata dall'amico Aldo La Capra.

E.L.

STORIA DEL MUSEO NAZIONALE DI REGGIO CALABRIA

La storia e l'origine dell'attuale Museo Nazionale di Reggio Calabria sono strettamente collegate al Museo Civico, costituitosi nel lontano 1882 e all'epoca collocato nei locali a pianterreno del Palazzo Arcivescovile.
L'iniziativa di creare il Museo Civico, sorto nei primi anni dell'unificazione e divenuto subito vero e proprio polo aggregante di uomini e di idee e centro propulsore di attività di studio, si deve ad un gruppo di artisti, patrioti e studiosi reggini, tra cui spiccano Demetrio Salazar, Fabrizio Plutino, Mons. De Lorenzo, il Guarna, il Sollima, il Moscato e lo Spanò Bolani, vera e propria anima del Museo, quest'ultimo, che ne fu anche il primo direttore.
Il sindaco della città, Fabrizio Plutino, discendente da una nobile famiglia di patrioti, deputato al Parlamento e senatore, illuminato studioso, affermava nel suo discorso inaugurale, di considerare il giorno della inaugurazione del Museo civico «uno dei migliori della sua vita amministrativa» nel quale veniva a lui concesso di attuare un'antica e fervida aspirazione dei suoi concittadini e sua.
Dopo il terremoto del 1908 le varie amministrazioni comunali succedutesi a Reggio si erano poste il problema della costruzione di un edificio da adibirsi a museo, nell'area che il piano regolatore redatto da Pietro De Nava aveva adibito allo scopo, ossia tra il nucleo centrale della città e la sua espansione a nord. Mentre le iniziative locali tendevano alla costituzione di un Museo civico, il grande archeologo Paolo Orsi, cui già dal 1907 era stata affidata la Soprintendenza archeologica della Calabria, dalla vicina Siracusa guardava lontano, ad un grande Museo nazionale che avrebbe dovuto essere l'espressione della Magna Grecia e fatto unificante di tutte le realtà territoriali e storiche calabresi. È nota la storia della battaglia per il Museo, tra i sostenitori dell'autonomia del Museo Civico, che «subito, ad ogni costo, volevano un grande Museo... in una baracchetta di legno, facile preda di incendi, in cantine più o meno decenti e magari in rimesse di artiglieria dell'antico Castello» e dall'altra parte il soprintendente Orsi, che rappresentava la legalità dello Stato.
Appare subito chiaro che l'attuale Museo nazionale non sarebbe quello che è senza la battaglia appassionata dell'Orsi per la fusione delle collezioni civiche con quelle statali e senza le prodigiose campagne di scavo, portate avanti per circa 50 anni in Calabria, i cui materiali hanno costituito il nucleo del Museo stesso.
Con la nuova legislazione di tutela (1924) era stata riorganizzata, nel frattempo, la Soprintendenza calabrese, con competenza, sia per i beni archeologici che per quelli architettonici e artistici, sulla Calabria e sulla Basilicata.
Risale tuttavia al 1932 la posa della prima pietra del Museo nella sede attuale, inaugurato alla presenza dei Principi di Piemonte, grazie alla tenace volontà del Soprintendente E. Galli, che fece proprie le aspirazioni della città, raccogliendo così l'eredità di Paolo Orsi.
L'edificio, opera di Marcello Piacentini, in travertino sorgente su un alto zoccolo in pietra lavica, color grigio scuro, prevedeva, nel primo progetto, un edificio a quattro piani, di pianta pressoché quadrata, chiuso su un lato da un corpo longitudinale che si incurvava all'altezza del prospetto su piazza De Nava. Nella realizzazione definitiva, risolta togliendo al progetto ogni articolazione verso l'esterno, rendendolo simmetrico, i prospetti presentano tra loro differenze notevoli. Quello rivolto verso il mare è più alto di un piano a causa del dislivello del terreno, con un ordine gigante, realizzato da pilastri in aggetto, con ampie superfici vetrate. La funzionalità dell'edificio era stata studiata con rigorosa coerenza, dopo aver visitato i principali musei d'Europa.
L'ampiezza e la differente altezza delle sale, lo studio della distribuzione e della sistemazione

STORIA DEL MUSEO NAZIONALE DI REGGIO CALABRIA

dei materiali, la circolazione a senso unico, lo studio dell'illuminazione ecc. lo rendevano una delle opere più moderne nell'architettura del museo.
Rimasto inutilizzato durante il periodo bellico, l'edificio piacentiniano ospitò tuttavia una mostra permanente delle collezioni civiche e statali, realizzata da P. Enrico Arias, soprintendente negli anni più difficili della vita del Museo, durante i quali (tra 1940 e 1944) la salvaguardia dei materiali impose un trasferimento degli stessi in provincia di Cosenza.

Infine, dopo il lungo intervallo del dopoguerra, nel 1954 la fusione delle collezioni avvenne sulla base di una convenzione tra Ministero della Pubblica Istruzione e Comune di Reggio Calabria e il Museo fu aperto parzialmente al pubblico dal soprintendente Alfonso De Franciscis. Occorre dire ancora che il palazzo piacentiniano, affidato al massimo architetto dell'epoca, fu costruito con l'intento di farne il Museo della Magna Grecia. Grazie a successivi finanziamenti della Cassa per il Mezzogiorno, fu sistemato a varie riprese, divenendo uno dei massimi Musei archeologici italiani, con quelli di Napoli e di Taranto.

Fino all'ampliamento degli anni 1981 e 1982, le collezioni comprendevano una Sezione Preistorica e Protostorica, inaugurata nel 1962, un ricchissimo nucleo locrese, un'importante Sezione numismatica, aperta nel 1973, un Lapidario e una Pinacoteca inaugurata nel 1969 con la collaborazione del prof. Raffaello Causa e dell'arch. Aldo Grillo. Erano esposte parzialmente selezioni di materiali dalle colonie magnogreche del Tirreno e dello Ionio, da Hipponion-Vibo Valentia, Rosarno-Medma, da Reggio, mentre nella Sala dell'Apollo di Cirò erano esposti in via provvisoria materiali provenienti da varie località della Calabria.
È solo recente, difatti, (1981) l'allestimento di una nuova Sezione del Museo, destinata ad accogliere, in ampi spazi a pianoterra guardando sulla via Marina (su progetto dell'arch. Mario Semino e nel contesto della Sezione archeologica sottomarina voluta dal soprintendente Giuseppe Foti), le famosissime statue bronzee da Riace, scoperte nel 1972, e l'altrettanto nota testa , denominata del Filosofo, recuperata nel mare dello Stretto di Messina a Porticello, presso Villa S. Giovanni.

Infine la nuova sezione espositiva, al primo piano del Museo, è stata realizzata solo nel 1982 ed inaugurata alla presenza del Capo dello Stato, on. Sandro Pertini, in occasione del Centenario del Museo civico e del Cinquantenario del Museo statale. Il Museo è finalmente allestito nella sua quasi totalità, e questa nuova Sezione completa il panorama delle colonie greche e delle loro filiazioni sulle sponde tirrenica e ionica dell'odierna regione calabrese, presentando, secondo i più moderni criteri museografici e didattici, i materiali archeologici ceramici, metallici, epigrafici, architettonici da necropoli abitati e santuari, tutte testimonianze della vita delle colonie greche, di Rhegion, di Matauros e Medma, subcolonie sul Tirreno, di Kaulonia e Krimisa, subcolonie sullo Ionio e infine di Laos, fondazione dei Sibariti sul Tirreno.

Restano da esporre, sia pure parzialmente, per assoluta carenza di spazi, nonché per l'esistenza in loco di Musei, le testimonianze crotoniati del Santuario di Capo Colonna e di Hipponion-Vibo Valentia, legate alle esplorazioni di Paolo Orsi, nonché della Sibaritide. Per scarsezza di spazi espositivi, alcune sale al primo piano sono riservate a mostre temporanee: attualmente vi è esposta la Collezione di antichità locresi "D. Candida", per molti anni a Taranto e assegnata di recente al Museo Nazionale di Reggio Calabria.

Le raccolte del vecchio Museo Civico consistono in materiali scelti di provenienza reggina o si riferiscono all'etnologia, all'arte medievale e

moderna, ai cimeli del Risorgimento. Di notevole interesse e importanza è la raccolta numismatica del Civico, confluita nel Monetiere, nonché la Pinacoteca, ricca, tra l'altro, di due tavole di Antonello da Messina. Per le difficoltà ora ricordate le collezioni di antichità lucane, la raccolta etnografica e i cimeli risorgimentali possono essere esposte solo a rotazione. Altrettanto può dirsi per le antichità greche e romane esposte attualmente nei corridoi al primo piano, presso il Lapidario (soprattutto rilievi funerari, erme, teste di divinità, mosaici da case romane di Reggio). È urgente reperire nuovi spazi, individuabili forse nella Sezione della Pinacoteca, se questa sarà trasferita, come si auspica, per costituire una nuova struttura statale, sotto la direzione della Soprintendenza per i Beni ambientali, architettonici, artistici, storici.
Il Museo Nazionale in futuro potrebbe così disporre non solo di nuovi spazi espositivi e per mostre temporanee, ma anche organizzare settori più funzionali per le attività didattiche (sono affidate ad una apposita Sezione) e per la lettura del territorio anche ai fini della tutela, con documentazione fotografica e aereofotografica, oggi non abbondante.

All'ultimo piano del palazzo sono gli uffici della Soprintendenza archeologica della Calabria, con i settori scientifici, tecnici, di tutela e amministrativi. La Biblioteca, in seguito anche a lasciti e donazioni, conta allo stato attuale circa 10.000 volumi, oltre a numerose riviste e opuscoli. Sono annessi alla Soprintendenza un Laboratorio Fotografico e un Gabinetto di Restauro, che di recente ha anche collaborato attivamente alle operazioni di controllo sulla conservazione delle statue di Riace, insieme a tecnici e specialisti dell'Istituto Centrale per il Restauro di Roma.

Presso gli Uffici hanno anche la loro sede la sezione calabrese della Deputazione di Storia Patria e l'Associazione Amici del Museo.

Il Museo Nazionale di Reggio Calabria è, quindi, il museo centrale dell'archeologia calabrese, tale da fornire un sintetico quadro storico delle varie culture succedutesi nell'ambito dell'attuale regione, dalle fasi più antiche della preistoria fino all'alto Medioevo.
Particolare rilievo assume il Museo per la ricchissima documentazione della colonizzazione greca in epoca arcaica, classica ed ellenistica in Italia meridionale, che permette lo studio della cultura della *polis*, espressione tipica della civiltà greca antica.
Il Museo nazionale di Reggio deve considerarsi, infine, anche il centro di un sistema museale realizzato dalla Soprintendenza con l'apertura di altri Musei archeologici in alcuni dei principali centri antichi della regione, a Crotone nel 1967, a Vibo Valentia nel 1969, a Sibari nel 1970, a Locri dal 1971, mentre altri musei e parchi archeologici sono attualmente in progetto.
I citati musei ospitano i più recenti rinvenimenti avvenuti nelle rispettive zone, permettendo un più diretto collegamento tra i reperti esposti e le zone archeologiche di provenienza.

E.L.

COLLEZIONI PREISTORICHE E PROTOSTORICHE

PREMESSA

La sezione del Museo Nazionale di Reggio Calabria dedicata alla Preistoria raccoglie i risultati dei più recenti scavi condotti in Calabria dalla Soprintendenza e da altri Istituti Scientifici come l'Istituto Italiano di Preistoria e Protostoria di Firenze e quello di Paleontologia Umana dell'Università di Roma.
Si deve a questi scavi, eseguiti con scrupoloso rigore scientifico, se il quadro della successione delle culture preistoriche della regione può dirsi, almeno nelle grandi linee, ormai tracciato su basi inequivocabili.
Solo rari oggetti della collezione dell'ex Museo Civico di Reggio Calabria sono stati inseriti nell'esposizione, e precisamente quei pochi che, presentando analogie con esemplari provenienti da nuovi scavi, hanno riacquistato parte almeno del loro significato.
Questa rigorosità nella selezione dei materiali l'abbiamo ritenuta necessaria per conseguire lo scopo prefissoci di presentare al pubblico una visione panoramica della preistoria calabrese ordinata con criterio prettamente cronologico e basata su oggetti di sicura provenienza.

Ben sappiamo che lo stretto criterio cronologico è difficilmente conseguibile nell'esposizione di un Museo, per la natura stessa dei giacimenti preistorici che spesso interessano varie epoche successive ma talvolta anche sono interrotti da iati più o meno lunghi.
Pertanto si presenta quasi sempre la necessità di scegliere tra una esposizione topografica che permetta di conservare l'unità del complesso ed una esposizione cronologica che questo complesso smembri a favore della chiarezza espositiva.
Per noi queste difficoltà si sono presentate solo per i materiali provenienti dagli scavi della Grotta di Praia a Mare e della Grotta di S. Angelo in Cassano Jonio.
Nel primo caso, trattandosi della più completa serie stratigrafica finora incontrata in Calabria, abbiamo preferito mantenere unito il materiale nella stessa vetrina dagli strati più antichi fino a quelli di età storica. Nel secondo caso invece è stato seguito nella esposizione un rigido criterio cronologico.

L'ETÀ PREISTORICA IN CALABRIA

Fino ai recenti ritrovamenti di Caselle di Maida (Cz) e di Rosaneto, vicino Praia a Mare, non era stata ritrovata alcuna traccia della presenza dell'uomo in Calabria durante il Paleolitico Inferiore (la più antica e lunga delle tre fasi in cui si suddivide la prima grande epoca della storia dell'umanità).
Nella prima località, nel 1980-81, sono state raccolte industrie su ciottolo, risalenti a circa 600.000 anni fa, che costituiscono i più antichi utensili costruiti dall'uomo per la caccia.
A Rosaneto, invece, nel 1967, sono state raccolte industrie ad «amigdale» accompagnate da schegge di lavorazione, che si datano al periodo Acheuleano (circa 300.000 anni fa).
Tracce di vita riportabili al Paleolitico Medio (120.000 - 40.000 anni fa) erano invece ben note dopo gli scavi condotti dal Mochi nel 1914 e dal Topa nel 1932, nel giacimento esistente nel grande riparo sul dorso del roccione di Torre Talao, nei pressi di Scalea.
L'industria litica ivi raccolta nel corso di sommari scavi che hanno intaccato solo la superficie di un importante giacimento, mostra caratteri tipicamente «musteriani» e l'associazione con fauna di tipo caldo sembra proporre una datazione ancora nell'ambito dell'interglaciale di Riss-Wurm, cioè agli inizi del Paleolitico Medio stesso (120.000 anni fa).
Due importanti giacimenti poco distanti da Scalea, la grotta della Madonna di Praia a Mare ed il riparo del Romito di Papasidero, presentano invece relitti lasciati dall'«homo sapiens sapiens» che, con l'avvento del Paleolitico Superiore, ha sostituito la razza di Neanderthal.
Entrambi i giacimenti contenevano, negli strati profondi, una facies dell'epigravettiano, cioè del tipo di industria che caratterizza la fase finale del Paleolitico Superiore, mentre al di sopra sono stati isolati livelli contenenti un'industria litica tendente al microlitismo, tipica del periodo estremo del Paleolitico, indicato col nome di Epipaleolitico o Mesolitico.
È a questo momento che si data lo splendido esempio di arte parietale, il toro graffito di Papasidero, che resta attualmente l'unico documento di quest'arte ritrovato in Calabria e tra i più belli, se non il più bello, che si conoscono nella penisola italiana. Gli uomini che eseguirono tale capolavoro erano certamente della stessa razza cromagnoide a cui appartengono gli scheletri ritrovati sepolti nel riparo.
Il Mesolitico (8000 - 6000 a.C.) chiude l'era paleolitica e apre quella neolitica.
Questi termini esprimono solo in minima parte la grande rivoluzione che ha investito l'umanità in questo periodo della sua storia.
L'uomo da raccoglitore di cibi, quale era stato per tutto il Paleolitico, si trasforma in produttore di cibi, cioè in agricoltore. Da cacciatore, costretto a spostarsi continuamente seguendo le piste tracciate dalla selvaggina, diviene sedentario allevatore di quelle specie di animali che ha addomesticato per trarne gli alimenti necessari al suo sostentamento.
E questi non sono che i più importanti dei rivolgimenti economici e sociali che contraddistinguono l'avvento del Neolitico.
Ma mentre questi eventi maturavano e si consolidavano nelle regioni del Mediterraneo orientale, in Calabria, come del resto nelle altre regioni della penisola, la vita si attardava in un tipo di economia propriamente paleolitica, resa tuttavia più precaria dal diradarsi della selvaggina per la scomparsa della grande fauna quaternaria.
Radi cervi e lo stambecco sembrano costituire infatti l'unico alimento degli ultimi mesolitici del riparo del Romito.
Sulle coste, intanto, approdano i neolitici, portando, nelle loro fragili navi, tutti gli strumenti dell'economia agricola e nelle loro menti un patrimonio culturale capace di vincere ogni resistenza opposta dal nuovo ambiente.

L'ETÀ PREISTORICA IN CALABRIA

A Favella della Corte, nella piana di Sibari, è stato individuato e parzialmente scavato un villaggio di capanne databile nella primissima fase del Neolitico (6.000 anni a.C.) quella caratterizzata da ceramica decorata con impressioni eseguite con gli orli di una specie di conchiglia denominata «cardium».
La I fase del Neolitico Medio è rappresentata, in tutta l'Italia meridionale, dalla ceramica figulina dipinta a bande rosse; in Calabria, sul versante tirrenico, corrisponde a questo periodo uno degli strati del deposito della grotta della Madonna di Praia a Mare, quello direttamente posante sul livello mesolitico.
Recentemente diverse località della Calabria centrale e meridionale, come Soverito (Isola di Capo Rizzuto), Capo Alfiere (Crotone), Prestarona (Canolo) e altri siti presso Maida, Curinga e Nicotera, hanno restituito ceramica decorata con motivi impressi dello stile di Stentinello. Tale stile, che finora era noto solo in Sicilia, e che si trova generalmente associato alla ceramica dipinta a bande rosse, caratterizza il Neolitico medio siciliano. Il suo ritrovamento in Calabria permette quindi di stabilire l'esistenza di stretti rapporti fra le culture neolitiche delle due regioni.

Più ampiamente documentata è la vita durante la II fase del Neolitico medio, caratterizzata da ceramiche figuline dipinte con motivi in rosso e nero su fondo ingubbiato di color paglierino. Oltre che nella stessa grotta della Madonna di Praia a Mare un ricchissimo strato di ceramiche dipinte di questo stile è stato individuato alla base del deposito della grotta di S. Angelo III di Cassano Jonio. Alcuni vasi recuperati in esso conservano sul fondo dei contrassegni graffiti o dipinti che abbiamo ritenuto possibile interpretare come pittogrammi.
È questo un insospettato rinvenimento, che dimostra come già in questa epoca fosse in atto presso la gente neolitica della Calabria un tentativo di esprimere attraverso rudimentali segni grafici il proprio pensiero. Purtroppo tutto ci fa pensare che questo tentativo rimase sterile, cioè non ebbe il suo logico sviluppo nell'invenzione della vera e propria scrittura, come invece avvenne in Mesopotamia attorno al 3.000 a.C..
La fase più tarda del Neolitico medio, caratterizzata dalla ceramica dipinta dello stile di Serra d'Alto, è rappresentata in Calabria solo da ritrovamenti sporadici e dalla tomba più antica di Caria, nei pressi di Girifalco.
La fine dell'età neolitica vede affermarsi su tutta l'Italia meridionale e la Sicilia uno stile ceramico privo di ornamentazioni dipinte e caratterizzato da speciali anse a rocchetto. È questo lo stile denominato Diana-Masseria Bellavista dal nome di due località, rispettivamente nelle isole Eolie e in Puglia, dove per primo esso è stato individuato. In Calabria questo particolare tipo di ceramica è stato documentato in varie zone. Esso caratterizza anche i rinvenimenti di un'area del pianoro di Favella, contigua a quella che abbiamo visto interessata da capanne del Neolitico Inferiore. Ci possiamo domandare se si tratti della stessa gente, che è tornata nello stesso posto ad erigere un nuovo villaggio, dopo un periodo di abbandono durato per tutto il Neolitico medio. È quanto meno singolare il fatto che proprio a quest'ultimo periodo corrisponda lo strato inferiore della grotta di S. Angelo, situata sulle colline alle spalle di Favella. Quale motivo spinse gli abitanti di Favella ad abbandonare il pianoro e ad arroccarsi sulle colline per un certo tempo?

Non è facile rispondere a quesiti del genere. L'archeologia in molti casi può solo rilevare un fenomeno, non spiegarlo.
Alla stessa epoca del secondo villaggio di Favella appartengono alcuni frammenti sporadici rinvenuti nella grotta di S. Angelo, altri rinvenuti in un lembo del deposito ancora trovato *in situ* nel riparo del Romito e in un

livello del deposito della grotta della Madonna di Praia a Mare. Infine un corredo tombale, fra i due ritrovati a Caria, è chiaramente attribuibile allo stesso periodo.
A questi ritrovamenti se ne sono aggiunti altri in tutta la Calabria, come a Soverito di Isola Capo Rizzuto, Nicotera, S. Ferdinando, Curinga, in questi ultimi anni.

Come abbiamo visto, tutti gli stili ceramici presi dai paletnologi come modello per indicare le varie fasi e sottofasi in cui è possibile dividere il Neolitico dell'Italia meridionale, sono più o meno ampiamente rappresentati sul suolo calabrese. Si può affermare così che la Calabria, durante il Neolitico, non presenta, tranne forse qualche particolare che allo stato attuale delle conoscenze non è possibile cogliere, manifestazioni culturali autonome ed originali rispetto alle regioni circostanti (Sicilia, Puglia, Campania etc.).
La fine del periodo delle ceramiche dello stile di Diana-Masseria Bellavista si fa coincidere grosso modo con la fine del Neolitico e con l'inizio dell'età dei metalli.

Sebbene non tanto radicale quanto quella determinatasi con l'avvento dell'economia neolitica, anche l'introduzione dell'uso dei metalli operò nella vita delle popolazioni preistoriche una profonda rivoluzione economica e sociale.

Le pacifiche popolazioni agricole neolitiche, economicamente autosufficienti, vengono ora a trovarsi nella necessità di procurarsi il metallo, direttamente nei pochi posti dove esso di trova, oppure per tramite di chi svolge la specifica attività di procurarselo, lavorarlo e scambiarlo con altri beni di consumo.

Il commercio, che durante il Neolitico aveva già avuto manifestazioni apprezzabili, assume solo a cominciare dall'età dei metalli il suo vero e moderno significato.

Di questo fenomeno, almeno per la sua lunga fase di incubazione, che corrisponde all'incirca a tutto il terzo millennio a.C., non è possibile cogliere in Calabria che una debole eco. Ancora una volta è il Mediterraneo orientale ad essere il teatro di un simile rivolgimento economico e sociale.
In Calabria infatti durante l'Eneolitico non sembra che la vita delle comunità agricole abbia subito notevoli trasformazioni oltre a quelle manifestateci dal cambiamento di gusto nella produzione delle ceramiche. Allo stile di Diana — Masseria Bellavista si sostituisce nella stratigrafia della grotta della Madonna di Praia a Mare e in quella di S.Angelo di Cassano Jonio una produzione ceramica che presenta alcuni elementi in comune con lo stile detto di Piano Conte (Eolie) e altri con stili più tipici del Settentrione della Penisola, e cioè con lo stile della Lagozza.
Questo convergere nella nostra regione di influenze culturali provenienti da direzioni opposte può forse indicarci che le idee circolano nell'intera penisola con maggior rapidità di movimento di quanto non avvenisse durante il Neolitico, e che anche in Italia è ora incominciata la «febbre del metallo».
Questa nostra ultima illazione può essere meglio compresa prendendo in esame un importante rinvenimento avvenuto nei pressi di Roggiano Gravina in contrada Manche di Normanno. Si tratta di un corredo tombale, purtroppo rinvenuto casualmente, ma della cui unitarietà si è certi. Esso è costituito da quattro esemplari di armi, due in selce e due in metallo, databili ancora nell'ambito dell'Eneolitico. I due pugnali di selce chiaramente imitano il pugnale in metallo e trovano riscontro nelle culture del Gaudo e Rinaldone, che si estendono rispettivamente in Campania e nell'Italia Centrale e che sono entrambe di chiara derivazione egea. Il quarto esemplare è invece un'alabarda metallica di un tipo molto comune nelle regioni venete.
Se si guarda poi ad alcune ceramiche che all'incirca possono riferirsi alla stessa età, cioè

L'ETÀ PREISTORICA IN CALABRIA

la fine dell'Eneolitico, rivenute nello strato II della grotta S. Angelo di Cassano Jonio, è possibile osservare come certi caratteri siano direttamente derivati da stili ceramici dell'Italia settentrionale e centrale (stile della Polada e di Rinaldone), mentre altri trovano solo riscontro in stili coevi della Sicilia (Malpasso e Piano Quartara).

Questi contatti con le regioni settentrionali sembrano rafforzarsi ancor più durante la I età del Bronzo (prima metà del II Millennio a.C.). Purtroppo disponiamo di pochi rinvenimenti attribuibili a questa età, ma uno di essi è particolarmente significativo. Si tratta del ripostiglio di bronzi rinvenuto in Sila nei pressi di Cotronei. Esso è costituito da due tipi di armi (asce a margini rialzati e daghe) che possiamo considerare una importazione dal Nord, forse addirittura giunte in Calabria, passando di mano in mano, direttamente da regioni dell'Europa Centrale.
Quali sono gli interessi economici che hanno generato una simile rotta nella diffusione di questa foggia di armi fino alla Calabria?
Quale la contropartita offerta dai «Calabresi» per procurarsela?
Sono quesiti a cui, almeno per ora, non è possibile dare una risposta plausibile.
Durante la media età del Bronzo (1500-1250 a.C.) almeno la parte settentrionale della regione continuò a gravitare nella sfera di influenza peninsulare e partecipò così alla cultura denominata «appenninica» che ebbe come area di espansione quasi tutta l'Italia centro-meridionale, comprese le isole Eolie, ma esclusa la Sicilia. La grotta della Manca nei pressi del riparo del Romito ha restituito infatti, in uno strato unico, relitti di questa cultura e ad essa si riferisce anche uno degli strati della grotta della Madonna di Praia a Mare e della vicina grotta denominata «L. Cardini», dove è stato anche possibile isolare un livello inferiore, caratterizzato da forme di ciotole e capeduncole generalmente prive di decorazione (solo le ceramiche grezze sono decorate a «barbotine») e carenate, che possono essere inquadrate nel cosiddetto «protoappenninico B» o I età del Bronzo (XVIII-XVI sec. a.C.).
Anche in seguito, quando, scomparsa nella ceramica la tipica ornamentazione propriamente «appenninica» la cultura si trasforma in quell'aspetto che è stato chiamato «subappenninico» (XIII-XI sec. a.C.), la parte settentrionale della Calabria continua a mantenere contatti con le regioni situate a N di essa. Infatti uno strato subappenninico è stato isolato nella stratigrafia della grotta di S. Angelo.
Un altro fondamentale aspetto dell'età del Bronzo dell'Italia meridionale è costituito dai contatti con l'area egea e le grandi civiltà del Mediterraneo orientale, attraverso gli intensi commerci dei navigatori micenei che dal XVI al XII secolo a.C. frequentarono le nostre coste, soprattutto in Puglia, in Sicilia e nelle isole Eolie, nel golfo di Napoli, in Sardegna e nel Lazio.
In Calabria fino a pochi anni fa non erano segnalati indizi di presenze micenee che invece sono apparsi in recenti rinvenimenti nel promontorio del Poro presso Tropea e lungo le coste dello Jonio.
Alcune tombe a grotticella a S. Domenica di Ricadi hanno restituito corredi della prima e della tarda età del bronzo, nei quali sono presenti piccole perle ornamentali in pasta vitrea sicuramente prodotte nell'Egeo o in Oriente e qui giunte attraverso gli stanziamenti micenei delle vicine Eolie.

A Tropea un recente scavo ha evidenziato un insediamento della «cultura del Milazzese» (XVI secolo a.C.) che nelle Eolie corrisponde al momento di più intensa frequentazione micenea. Frammenti di ceramica micenea sono stati rinvenuti in un insediamento della media età del Bronzo a Capo Piccolo di Isola Capo Rizzuto;

nella zona di Sibari, frammenti sporadici provengono da Francavilla Marittima e Torre Mordillo, mentre l'importantissimo sito di Broglio di Trebisacce (scavato sistematicamente da alcuni anni con la direzione di R. Peroni, della cattedra di Protostoria Europea dell'Università di Roma) ha fornito abbondante ceramica micenea e permette di cogliere significativi aspetti dell'evoluzione delle strutture economiche e sociali.

Quando la crisi del mondo miceneo tra XII e XI secolo a.C. dirada e poi interrompe i contatti fra Grecia e Italia Meridionale, si evidenziano nuovamente i rapporti con le regioni a Nord della Calabria; durante il X e IX secolo a.C. attraverso tutta la Penisola fino alla parte Nord-orientale della Sicilia, si diffonde il rito dell'incinerazione assieme alla cultura protovillanoviana prima e villanoviana dopo.
Un campo d'urne protovillanoviano è stato segnalato nei pressi di Tropea e di influenze villanoviane in genere sono permeati tutti i numerosissimi ritrovamenti di quella che l'Orsi chiamò la «cultura pre-ellenica», cioè la cultura in possesso degli indigeni prima e durante l'instaurarsi delle colonie greche.

Ma per questa età, che è la fine dell'età del Bronzo e l'inizio dell'età del Ferro e che comprende i tre secoli che precedettero la fondazione di Locri, il quadro paletnologico della Calabria si presenta molto complesso e, nonostante le masse abbondanti di ritrovamenti, di difficile interpretazione.
Queste difficoltà sono determinate anche dal fatto che tutte le scoperte sinora fatte riguardano solo necropoli e nessuno dei villaggi ad esse relativo è stato indagato. Pertanto abbiamo solo una visione parziale della fisionomia culturale di quelle popolazioni protostoriche e, sconosciamo quasi totalmente lo sfondo su cui dobbiamo porre queste nostre parziali conoscenze, anche per gli scarsi dati disponibili sull'età del Bronzo nella Calabria centrale e meridionale.
All'apparente uniformità di caratteri riscontrabili in seno ai corredi tombali dell'età del Ferro, cioè tra i vasi e i bronzi che accompagnavano i defunti, si contrappone una stridente diversità di rito sepolcrale, che investe l'architettura della tomba e le modalità di seppellimento.
Almeno tre differenti riti funebri sono distinguibili:
a) il rito della incinerazione entro urna (Tropea e casi sporadici nell'ambito della necropoli di Roccella e forse anche di Torre Mordillo)
b) il rito di deposizione collettiva entro grotticelle scavate nella roccia (Necropoli di Canale, Ianchina, Patariti, Calanna, etc.)
c) il rito della deposizione singola, col defunto disteso entro una fossa scavata nella terra, delimitata da un filare di ciottoli (Roccella, Torre Galli, etc.).

Un altro tipo di seppellimento è stato recentemente riscontrato a Francavilla Marittima: consiste in deposizioni singole scavate nella terra e coperte da uno strato circolare di pietrame.
Non si può più, alla luce delle recenti constatazioni, continuare a credere, come suggeriva P. Orsi, che si tratti di un solo popolo e che solo la differente natura geologica del terreno abbia spinto gli abitanti di Canale a scavare grotticelle artificiali e gli abitanti di Torre Galli a scavare fosse nella terra. A S. Onofrio di Roccella, non molto distante da Locri, sarebbe bastato indietreggiare di 500 m. per trovare la roccia per ricavarne le grotticelle, eppure gli abitanti scavavano le fosse nella terra. Così perfino a Patariti, dove prevalentemente si scavarono camerette nella roccia, un gruppo di gente preferì scavare le fosse secondo il proprio costume.
Che questi diversi e ben definiti riti funebri possano avere fondamento nella diversa tradizione culturale e forse anche nella diversa

origine delle popolazioni che li praticavano, ci sembra almeno ipotizzabile; è infatti possibile che a queste tre differenti tradizioni funebri corrispondessero anche tre differenti «*ethne*», dei quali fosse solo quello che praticava il rito della grotticella artificiale può considerarsi indigeno in Calabria, essendo questo tipo di tomba molto diffuso nell'Italia peninsulare e in Sicilia (e quindi forse anche in Calabria), fin dall'Eneolitico.

Gli inumatori entro fosse sarebbero invece arrivati in quest'epoca in Calabria, e non sembra difficile ricercarne la provenienza in località dell'Etruria, del Lazio e della Campania.

Nessun dubbio esiste, infine, circa la provenienza esterna degli incineratori di Tropea, per i quali è ancora più assodato il punto di partenza dalle regioni centro-settentrionali della Penisola.

Il discorso diventerebbe troppo lungo, e certamente prematuro, se volessimo dare dei nomi a queste popolazioni, scegliendoli fra quelli che la tradizione scritta ci ha tramandato per i popoli con cui vennero a contatto i coloni greci.

È forse da individuare in uno di questi nuovi arrivati in Calabria il popolo siculo che Tucidide ci dice passato in Sicilia dalla penisola attorno al X sec. a.C.?

Sia per gli incineratori di Tropea, infatti, che per gli inumatori entro fosse di Roccella e Torre Galli è possibile riscontrare nella parte di Sicilia prospicente la Calabria tracce che attesterebbero il loro attraversamento dello stretto. A Milazzo si conosce un campo d'urne protovillanoviano simile a quello di Tropea, e a Terravecchia di Grammichele (Catania) è nota una necropoli di tombe architettonicamente del tutto simili a quelle di Torre Galli e Roccella, e con molte analogie anche nei corredi, specialmente tra i bronzi.

D'altra parte nella stessa provincia di Messina, purtroppo ancora poco nota dal punto di vista archeologico, si riscontra una forte impronta calabrese nei corredi ritrovati nella necropoli di grotticelle artificiali di Rodì Milici. Questi dati sembrerebbero additarci la via da seguire per risolvere il problema dei Siculi, problema la cui soluzione richiederebbe una approfondita indagine archeologica nella Sicilia Nord-orientale e nella parte estrema della Calabria.

IL PALEOLITICO

Vetrina n. 1

Paleolitico Inferiore. Stazione all'aperto di Caselle di Maida (Cz). Databile a 600.000 anni fa. Industria su ciottolo (choppers monofacciali e bifacciali, strumenti su scheggia con incavi ritoccati e con bordo ritoccato). Scavi della Soprintendenza Archeologica della Calabria in collaborazione con l'Università di Siena (1980-81) e raccolta D. Leone.

Vetrina n. 2
Dall'alto:

Paleolitico Inferiore. Stazione all'aperto di Rosaneto, in comune di Tortora (CS). Ricerche L. Cardini 1967, inedite.
Industria rappresentata da amigdale dell'acheuleano evoluto (150.000 anni fa), accompagnate da schegge in gran parte di lavorazione e da qualche strumento di tipo protolevalloisiano.

Paleolitico Medio: Riparo Est di Torre Talao, nei pressi di Scalea (CS). Scavo Mochi 1914.
Industria musteriana (90.000 - 40.000 anni da oggi).
Gli esemplari qui esposti costituiscono un campionario scelto fra i materiali che attualmente si trovano, pressoché inediti, nell'Istituto Italiano di Paleontologia Umana di Roma. Nell'insieme gli strumenti denotano una tecnica di lavorazione che rientra nella *facies* tipica del Musteriano italiano. La presenza di alcuni elementi piuttosto arcaici e la riscontrata associazione con fauna di tipo caldo, sembrano datare questo complesso ancora nell'ambito dell'ultimo interglaciale Riss-Wurm e cioè nella prima parte del Paleolitico Medio.
Seguono: Alcuni esempi dell'industria raccolta da D. Topa (1932) scavando nello stesso sito indagato dal Mochi nel 1914.

Vetrina n. 3
Grotta della Madonna di Praia a Mare (CS). Scavi dell'Istituto Italiano di Paleontologia Umana diretti da L. Cardini, 1957-1963.

Dal basso:
Paleolitico Superiore (da m. 5 a m. 8): (18.000 -8.000 anni fa) gli strati profondi contengono un'industria epigravettiana, in cui abbondano, specie nei livelli più alti, le punte a dorso abbattuto e gli strumenti geometrici; tutta l'industria si evolve verso il microlitismo tipico dell'epigravettiano.
Negli strati più alti è presente un'industria di «facies» mesolitica, caratterizzata da strumenti con ritocchi profondi e contigui.

Neolitico Medio (tagli 44-31). I livelli inferiori sono caratterizzati da ceramica impressa e da frammenti di

STRUMENTI COSTITUITI DA CIOTTOLI SCHEGGIATI (CHOPPERS). PALEOLITICO INFERIORE DA CASELLE, PRESSO MAIDA (CZ)

IL PALEOLITICO

figulina dipinta a bande rosse, mentre quelli superiori presentano anche figulina dipinta a bande marginate (stile Scaloria-Capri) e ceramica dello stile di Serra d'Alto.

Neolitico finale (tagli 30-24) caratterizzato da ceramica monocroma con anse a rocchetto (stile di Diana -Masseria Bellavista)

Eneolitico: (tagli 23-19). Nei livelli inferiori è presente ceramica levigata e generalmente priva di decorazione. Fase non ben determinabile (Eneolitico iniziale?).
Nei livelli superiori ceramica decorata con scanalature contigue che ricoprono parte o l'intera superficie del vaso (Eneolitico medio?).
Tagli 18-14: Presenza di ciotole carenate non decorate. Tale strato (protoappenninico B) non è isolato dalle tipiche ceramiche decorate appenniniche; esso è stato invece isolato nella vicina grotta «L. Cardini».

Media età del Bronzo (tagli 13-10) caratterizzata da ceramiche incise ed excise con fasce punteggiate o tratteggiate formanti motivi geometrici. Spesso la decorazione è incrostata con colore bianco (stile appenninico).

Età romana imperiale (tagli 9-1) Ceramica d'importazione africana del IV-V sec. d.C.: dopo un lunghissimo periodo di abbandono, la grotta è nuovamente frequentata nel periodo tardoantico.

Vetrina n. 4
Dall'alto: corno fossile di *Bos primigenius*, proveniente da Mosorrofa e mandibola di elefante da S. Agata di Cataforio (RC).
Resti fossili di animali ormai estinti, tipici rappresentanti di complessi faunistici di tipo caldo che, specialmente nell'Italia centro-meridionale, si trovano associati con le industrie umane del Paleolitico Inferiore (250.000-120.000) e per buona parte del Paleolitico Medio (120.000 - 40.000 anni fa).
Esempi di fauna domestica e selvatica del periodo olocenico (da 10.000 ad oggi) proveniente dagli strati di Praia a Mare (vedi vetrina n. 3).

Vetrina n. 5
Riparo e grotta del Romito (Papasidero)

Ricostruzione della trincea I scavata ai piedi del grande blocco su cui è inciso il toro.
Lo scopo della trincea era quello di liberare l'intera superficie del blocco e di raccogliere elementi per la datazione delle figure graffite.

Tali scopi vennero interamente raggiunti, pervenendo anche alla scoperta di alcuni graffiti lineari e di una terza figura, la protome di un toro, incisa con linea ancora più sottile di quella del secondo toro.
I materiali litici raccolti nella trincea (vedi vetrina n. 6) hanno permesso infatti di datare il periodo di più intensa frequentazione umana del riparo nel corso dell'ultima parte del Paleolitico, o Epipaleolitico. È in quest'epoca che le figure dei tori vennero graffite, come del resto era stato già supposto sulla base di considerazioni di carattere stilistico.
Questi caratteri sono stati così riassunti da P. Graziosi: «La superba figura di toro, lunga circa m. 1,20, è di proporzioni perfette, dal disegno tracciato di un sol getto, senza rifacimenti, così come è caratteristico della grande arte parietale paleolitica. È inciso con tratto profondo e uniforme. Le corna, viste ambedue di lato ed a profilo chiuso, sono proiettate in avanti. Alcuni particolari dell'animale appaiono descritti con cura, così come le narici, la bocca, l'occhio, e, appena accennato, l'orecchio. Sono pure evidenti le ampie pieghe cutanee del collo e gli zoccoli fessurati. Un segmento che attraversa obliquamente la figura dell'animale in corrispondenza delle reni potrebbe forse far pensare ad un'arma infissa nel corpo.
Al disotto di questa figura se ne scorge un'altra pure di bovide, di dimensioni assai più piccole ed incompleta. Pur essa è verista e mostra caratteristiche simili a quelle della figura più grande, di cui sembra essere contemporanea. È inciso molto più sottilmente e presenta anch'esso le corna proiettate in avanti, ma a profilo aperto e soltanto nella seconda metà del loro percorso esse sembrano dividersi in due, mentre nella prima parte appare un corno soltanto, così come si nota comunemente in analoghe figure dell'arte mediterranea».
Anche la terza figura di toro si può stilisticamente considerare contemporanea alle altre due.
A 10 m. di distanza è stato individuato un altro grande blocco, che presenta numerose incisioni lineari, disposte senza ordine, in parte intersecantesi fra loro e senza un apparente significato. Altri segni uguali si notano nella parte bassa del blocco del toro e uno che attraversa il dorso del toro stesso.
La loro datazione è probabilmente contemporanea ai graffiti figurativi, con i quali forse erano in rapporto nella esplicazione di qualche cerimoniale venatorio.
Segni simili sono stati segnalati anche in pareti di caverne siciliane nei pressi di Palermo e nelle grotte dei Balzi Rossi in Liguria.
Lo scavo della trincea I ha permesso anche di ricostruire (vedi colonna stratigrafica) la originaria stratigrafia del deposito, che doveva mostrare, sopra a quello paleolitico, uno strato a ceramiche di età neolitica ora completamente sostituito da uno di pietrame, forse ammassato allo scopo di drenare le acque di stillicidio e rendere l'ambiente abitabile. È probabile che questo lavoro di sterro del

deposito e di successivo riempimento a pietrame sia stato effettuato in epoca cristiano-medievale da parte di qualche eremita stanziatosi nel riparo, da cui prese il nome la contrada.
Un'ultima importante scoperta effettuata con lo scavo della trincea I è stata quella di due sepolture, trovate nei livelli epipaleolitici e datate al 10960 ± 350. Una di esse conteneva i resti scheletrici di due individui adulti, un uomo e una giovane donna, entrambi di statura molto bassa. Quest'ultima, che giace alla sinistra dell'uomo che affettuosamente le passa il braccio sinistro sotto la nuca, stringendola al petto, presenta evidentissimi segni di rachitismo. Essa in vita non doveva essere più alta di un metro, ed anche l'uomo presenta caratteri di nanismo.

Il particolare caso patologico dei due scheletri e l'incompletezza di quello maschile, specie per quanto riguarda il cranio, non avevano permesso di riconoscere bene, nel 1963, le caratteristiche razziali dei paleolitici di Papasidero. Questo è stato invece possibile con la scoperta della seconda sepoltura, nel 1964, dove il cranio di un maschio adulto ha mostrato i tratti somatici di tipo «cromagnon».

Vetrina n. 5
Riparo e grotta del Romito (Papasidero). Scavo dell'Istituto Italiano di Preistoria e Protostoria diretto da P. Graziosi, 1963-68.
Dal basso:

Paleolitico superiore: industria epigravettiana proveniente dallo scavo entro la grotta. Lo strato 34 è stato datato, col metodo del radiocarbonio, all'anno 18.700 ± 350.

Epipaleolitico o Mesolitico: Industria epipaleolitica romanelliana proveniente dalle due trincee aperte nel riparo, rispettivamente ai piedi del blocco coi graffiti lineari. Si noti la tendenza al microlitismo presentata dall'industria.

CALCO DI MASSO INCISO CON FIGURA DI TORO.
PALEOLITICO SUPERIORE. DAL RIPARO DEL ROMITO,
PRESSO PAPASIDERO (CS)

IL NEOLITICO

Vetrina n. 6

La civiltà neolitica in Calabria.

Si presenta un quadro sinottico dei vari elementi che compongono la civiltà neolitica della Calabria e di come questi elementi si evolvono nel tempo. Un tale quadro, naturalmente, illustra lo stato attuale delle nostre conoscenze e pertanto non deve essere ritenuto completo né tanto meno definitivo.

Le datazioni in esso indicate tengono conto del risultato delle analisi al radiocarbonio eseguite su campioni provenienti dalle regioni circostanti ed appartenenti alle varie fasi del Neolitico.

Tale quadro potrà essere consultato in due modi:

a) Per fasi cronologiche. All'estremità sinistra della vetrina un pannello indica la porzione (in altezza) del quadro dedicato al Neolitico inferiore. Spostandosi verso destra si incontra l'argomento ceramica, segue l'industria litica, quella ossea, gli strumenti domestici, la fauna domestica ed il rito funebre.

Ritornare al punto di partenza per riprendere gli stessi argomenti durante il Neolitico medio, ed,infine, durante il Neolitico superiore.

b) Per argomento (od elemento culturale). In alto di ogni pannello è indicato l'argomento, per esempio la ceramica. Osservarne il cambiamento di tecnica e di decorazione, di forme, etc., attraverso le tre fasi in cui l'epoca neolitica è divisa. La stessa cosa va fatta per gli altri elementi (industria litica, ossea, etc.).

Consultiamolo ora per fasi cronologiche:

Neolitico inferiore (VI millennio a.C.).

La ceramica è rappresentata qui da soli frammenti raccolti sporadici nell'area del villaggio Nord di Favella nella piana di Sibari. La tecnica decorativa è ad impressioni eseguite con strumenti vari. Si noti, all'estremo sinistro del pannello, un gruppetto di frammenti decorati con un motivo a linea ondulata. Tale linea è stata ottenuta premendo sull'argilla ancora fresca l'orlo di una conchiglia di *cardium*. Questo tipo di ceramica è quello in possesso dei primi coloni neolitici approdati sulle coste della penisola italiana.

La distribuzione prevalentemente costiera dei giacimenti finora noti di questa età, sia in Italia che più in generale nel Mediterraneo, sembra volerci indicare una diffusione via mare di questa cultura.

L'industria litica è caratterizzata dalla presenza di corte lame di selce, in genere prive di ritocco, e di asce levigate. Sono presenti anche due nuclei di ossidiana, un vetro naturale eruttato da pochi vulcani (Lipari, Pantelleria, Milo etc.). Essendo la Calabria priva di giacimenti di ossidiana, la presenza di questo materiale dimostra l'esistenza di relazioni commerciali che gli abitanti di Favella intrattenevano con altri popoli.

L'industria ossea non è ancora stata documentata nel sito di Favella.
Fra gli strumenti domestici è presente un peso fittile conico, utilizzato probabilmente per reti da pesca.
La fauna domestica di quest'epoca è generalmente rappresentata da bovidi, ovidi e suidi; a Favella, dove non è stato eseguito un ampio scavo, essa non è stata finora documentata.
Il rito dei morti è stato attestato proprio a Favella, in occasione di una breve campagna di saggi di scavo nel 1964, durante la quale è stata trovata sotto il suolo di una capanna una sepoltura con scheletro in posizione fortemente contratta.
Questa usanza di seppellire i morti in posizione contratta ed entro l'area dell'abitato è ampiamente documentata nel vicino Oriente; la scoperta di Favella confermerebbe quindi quanto si è supposto circa il luogo di provenienza delle popolazioni neolitiche della penisola italiana.

Il Neolitico medio (V e IV millennio a.C.).
La ceramica è caratterizzata da vasi figulini ingubbiati e decorati con motivi in rosso (ceramica bicromica), che sono tipici della I fase del Neolitico medio e che sono stati trovati in vari giacimenti dell'Italia meridionale, dalla Puglia alla Sicilia.
Nello strato IV della grotta di S. Angelo di Cassano è stata trovata associata con ceramica figulina tricromica (stile della Scaloria - Capri), che è stilisticamente una sua diretta derivazione (II fase del Neolitico medio). L'ultima manifestazione di questa splendida produzione ceramica, ineguagliata in seguito fino all'età greca, è costituita dalla ceramica detta dello stile di Serra d'Alto, dal nome della località nei pressi di Matera dove essa è stata per prima ritrovata.
Essa, che rappresenta la III fase del Neolitico medio, è rappresentata in Calabria da una tazza sporadica proveniente dalla grotta di S. Angelo III, dal poco materiale di una tomba in contrada Caria e da un frammento sporadico dal riparo del Romito. Oltre alla decorazione miniaturistica sono tipiche di questo stile le complesse ed originalissime anse di gusto «baroccheggiante».

L'industria litica è molto ben rappresentata da lame ricavate dalla ossidiana, generalmente non ritoccate, ed in qualche caso con ritocco marginale sulla faccia di distacco dal nucleo. La presenza di un piccolo nucleo e di alcune schegge informi fanno pensare che gli strumenti venissero prodotti localmente, dopo aver importato, probabilmente dalle Eolie, la materia prima. Meno abbondanti sono gli strumenti in selce, ma questo dato è quasi certamente accidentale, e privo di significato.
Delle due asce di pietra la più piccola poteva forse non

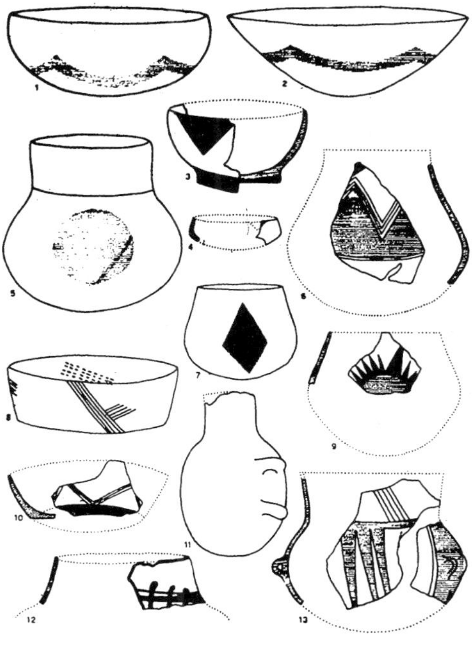

CERAMICHE DIPINTE DELLO STILE SCALORIA-CAPRI. NEOLITICO MEDIO. (V-IV MILLENNIO A.C.). DALLA GROTTA S.ANGELO III, PRESSO CASSANO IONIO (CS)

VASO CON DECORAZIONE DIPINTA DELLO STILE DI SERRA D'ALTO. NEOLITICO MEDIO (V-IV MILLENNIO A.C.). DALLA GROTTA S.ANGELO III, PRESSO CASSANO IONIO (CS)

IL NEOLITICO

essere destinata ad un uso pratico, ma solo a scopo votivo. Asce levigate, una bella lama di selce e frammenti di ossidiana costituiscono il corredo litico (in alto nel pannello) della tomba I di Caria, probabilmente databile alla fine di questo periodo.
L'industria ossea è riccamente rappresentata da punteruoli, due dei quali (in alto nel pannello) ricavati da schegge di osso lungo ed immanicati con segmenti di ossa tubolari, un terzo con un segmento di conchiglia (*dentalium*). Si noti una spatola, ottenuta da una costola, che poteva servire per la lavorazione della ceramica.
Singolare è l'oggetto in quarta fila: una vertebra di grosso pesce sulla quale è stato inciso un motivo stellare e che veniva forse appesa come ornamento.
Strumenti domestici: oltre alle macine costituite da pietre piatte su cui venivano triturati i cereali con altre pietre arrotondate, si noti un levigatore in pomice ed una pietra d'arenaria con delle scanalature parallele, utilizzata forse per levigare i punteruoli ossei.
Animali domestici: due frammenti di mandibola di maiale (in alto); mandibole e metacarpale di pecora (al centro); ossa di bovini (in basso).
Rito dei morti: benché non sia stato attestato in Calabria, è mantenuto lo stesso tipo di seppellimento del Neolitico inferiore.

Il Neolitico superiore (fine IV — inizi III millennio a.C.).
La ceramica è caratterizzata da due fondamentali forme di vasi: tazze più o meno espanse, talvolta carenate, e bicchieri cilindriformi. Quasi tutti i vasi di questo periodo presentano anse a rocchetto, spesso fortemente insellato (stile di Diana - Masseria Bellavista). Sul finire di questo periodo le forme dei vasi si irrigidiscono e le anse, subendo un processo di stilizzazione (vedi tazza all'estrema sinistra del pannello), vengono a perdere la loro funzionalità per divenire puro elemento decorativo.
L'industria litica presenta, di notevole, una testa di mazza discoidale con foro conico, che faceva parte del corredo della tomba II di Caria.
L'industria ossea non è documentata. Un dischetto forato, probabilmente un elemento di collana, può forse essere attribuito a questo periodo.
Strumenti domestici: una sola piccola pietra per macina trovata nel corredo della tomba II di Caria.
Fra gli animali domestici, qui non documentati, non ci sono sostanziali differenze rispetto al Neolitico medio.
Rito dei morti: le tombe di Caria erano probabilmente a fossa scavata nella terra ma la posizione degli inumati non venne accertata e mancano anche notizie circa il rapporto dell'area della necropoli e quella del vicino villaggio.

VASO CON ANSA A ROCCHETTO DELLA CULTURA DI DIANA. NEOLITICO SUPERIORE (IV-III MILLENNIO A.C.). DA UNA TOMBA PRESSO GIRIFALCO (CZ)

Vetrina n. 7
Dall'alto: ceramiche impresse di tipo stentinelliano provenienti da Prestarona, in comune di Canolo (RC).
Seguono:
a destra, industria litica su ossidiana raccolta a S. Pietro a Maida (CZ), insieme a ceramica stentinelliana.
A sinistra, ceramica stentinelliana proveniente da Capo Alfiere (Crotone).
Questo tipo di ceramica, databile al Neolitico medio, era finora conosciuto solamente in Sicilia; il suo ritrovamento in varie località della Calabria meridionale specialmente nella Piana di S. Eufemia, assume perciò una particolare importanza, indicando l'area culturale su cui gravita la nostra regione durante quest'epoca.
In basso: parte della *Collezione Lovisato*.
Asce e martelli litici rinvenuti alla fine del secolo scorso in diverse zone della Calabria, e specialmente intorno a Catanzaro dall'ing. Lovisato, appassionato raccoglitore di oggetti preistorici.
Fino a poco tempo fa questi erano gli unici oggetti che testimoniassero una cultura neolitica ed eneolitica in Calabria.

Vetrina n. 8

Grotta S. Angelo III di Cassano Jonio (Cosenza). Scavi S. Tiné, 1962-63.
Dall'alto: Strato IV - *Neolitico medio* (V-IV mill. a.C.).
Ceramiche dipinte con motivi in rosso con o senza marginature in nero su fondo ingubbiato. Notare i cinque contrassegni presenti sui fondi di vasi. Di essi quello sul fondo della grande scodella può essere interpretato come la testa schematizzata di un bovide; quello sul fondo dell'orciolo come uno stelo di grano; il triangolo dipinto sul fondo dell'altro orciolo come la figura di un monte.
Anche se il significato letterale di questi pittogrammi potrebbe essere così spiegato, il valore di essi, posti sul fondo dei vasi, rimane oscuro. Contrassegni del vasaio o del proprietario? Oppure indicazioni di uso magico o rituale dei vasi o del contenuto?
Materiali analoghi ai precedenti con qualche esempio di ceramica acroma e grossolana che si associa a quella dipinta nello strato IV della grotta di S. Angelo III di Cassano Jonio (per i restanti materiali dello stesso strato si veda la vetrina n. 6).
In basso a sinistra: materiali di età eneolitica. A destra: *Età del Bronzo Iniziale*. Grotta di S. Angelo II di Cassano Jonio.

L'ETÀ DEI METALLI

Vetrina n. 9

L'esposizione degli oggetti è stata realizzata seguendo lo stesso criterio della grande vetrina n. 5, pertanto si seguano i suggerimenti ivi indicati per la consultazione.

Eneolitico (terzo millennio a.C.):
La ceramica presenta una caratteristica che la distingue nettamente dalla produzione precedente e seguente: si tratta della decorazione a solcature parallele prodotte durante la steccatura del vaso. Questa tecnica è propria dello stile di Piano Conte nelle isole Eolie, dove rappresenta appunto le prime fasi dell'Eneolitico. Esempi di questo stile ceramico sono stati ritrovati anche in Puglia (grotta S. Angelo di Ostuni) e in Campania (Villaggio di La Starza ad Ariano Irpino).
È probabile che la diffusione di questo stile abbia seguito una direttrice Nord-Sud, cioè da queste ultime regioni verso la Sicilia, attraverso la Calabria. Nello stesso senso ci parlano anche alcuni elementi che ritroviamo associati nello stesso strato III della grotta di S. Angelo di Cassano Ionio, che hanno confronti solo in culture delle regioni centrali e settentrionali della penisola: il vaso a bocca quadrata e la tazza a bassa carena e spalla diritta (al centro del pannello).
L'industria litica presenta lame di selce con ritocco marginale, lamette di ossidiana ed un'ascia levigata. Si noti la presenza di una punta di freccia con ritocco lamellare esteso sulle due facce, che è un elemento caratteristico delle culture eneolitiche italiane.
Alla destra del pannello è esposto il corredo della tomba di Roggiano Gravina, che comprende un'alabarda, un pugnale di bronzo e due pugnali di selce, uno dei quali chiaramente imitante l'esemplare in bronzo dello stesso corredo.
Rito dei morti: rimane incerto in Calabria non essendo stato ben documentato in occasione della scoperta fortuita di Roggiano Gravina. In Sicilia in questo periodo si diffonde la tomba a forno.

L'età del Bronzo (secondo millennio a.C.):
L'evoluzione della ceramica permette una suddivisione in tre fasi, delle quali solo le ultime due presentano con discreta abbondanza il metallo.
La prima fase (XVIII-XVI sec. a.C.), che si va sempre meglio delineando nel resto della penisola e viene denominata «Protoappenninico B», è attestata in Calabria da alcuni elementi della stratigrafia della grotta della Madonna di Praia a Mare (cfr. vetrina 3, tagli 18-14) e dallo strato inferiore della vicina grotta «L. Cardini» (cfr. vetrina 11 ripiano medio).
Alla stessa età, ma a differenti influenze, vanno attribuiti i rinvenimenti della grotta di S. Angelo II di Cassano Ionio (cfr. vetrina 10, ripiano basso a destra) e alcuni elementi dello strato II della grotta S. Angelo III. Essi infatti presentano caratteristiche ciotole con anse ad anello che si elevano sul bordo, che trovano riscontro nella cultura eoliana degli inizi dell'età del Bronzo (Capo Graziano I), specialmente nel complesso del «relitto di Capo Graziano» recentemente scoperto ed esposto nel Museo di Lipari.
La seconda fase (XV-XIII sec. a.C.) è rappresentata nella Calabria settentrionale dalla tipica cultura appenninica, attestata da uno strato della grotta di Praia a Mare (cfr. vetrina n. 3, ripiano IV, tagli 13-10), dallo strato superiore della vicina grotta «L. Cardini» (cfr. vetrina 11, ripiano basso) e dai materiali qui esposti provenienti dallo strato unico della grotta della Manca in contrada Romito di Papasidero.
Insieme ad alcune anse a piastra soprelevata, caratteristiche della cultura appenninica, si noti, all'estrema destra del pannello, un frammentino che reca la tipica decorazione della produzione ceramica di questa cultura.
La fase tarda del Bronzo, o subappenninica, è stata ancora individuata alla superficie del deposito della grotta S. Angelo III di Cassano Ionio. Per quanto siano pochi gli elementi ivi recuperati e non tutti molto caratteristici, essi sono ben datati dalla tipica ansa a doppio anello (all'estremità destra del pannello) e dallo spillone in bronzo.
La ceramica di questa fase è caratterizzata dall'assenza di decorazione.
L'industria litica e metallurgica. Lo strato II della grotta S. Angelo III di Cassano Ionio, che, come abbiamo detto, si riferisce almeno in parte alla prima fase dell'età del Bronzo, presenta solo rari strumenti litici. Il metallo è assente anche nella grotta della Manca, e ciò sembra chiaramente indicare quanto raro esso dovesse essere presso le popolazioni dell'età del Bronzo della Calabria. D'altra parte questa considerazione trova conferma nel carattere dei pochi oggetti metallici finora ritrovati nel suolo calabrese. Essi mostrano fogge tipiche che indicano la provenienza da regioni molto lontane dalla Calabria. Il ripostiglio della contrada Timparella del Ladro di Cotronei comprende infatti una serie di bellissime daghe di tipo europeo e due asce a margini rialzati che certamente provengono da regioni situate nel centro Europa.
Il tipo di seppellimento è attestato solo da alcune deposizioni praticate nella galleria bassa della grotta S. Angelo II di Cassano Ionio, che sembra possibile datare agli inizi dell'età del Bronzo.
La fine dell'età del Bronzo (X sec. a.C.) è rappresentata nella Penisola italiana dalla cultura protovillanoviana che dalle regioni settentrionali si diffonde verso quelle meridionali portando con sé un nuovo rito funebre, quello dell'incinerazione.

La presenza di incineratori protovillanoviani è stata recentemente documentata anche in Calabria, con la scoperta di un vero e proprio campo d'urne nella contrada Annunziata nei pressi di Tropea, sulla costa tirrenica (vedi vetrina n. 11). Ma questo rinvenimento resta, per ora un fatto isolato.

L'età del Ferro in Calabria inizia nel corso del IX sec. a.C. e presenta, da una parte (fase A), caratteri propri delle cosiddette culture italiche, mentre dall'altra, almeno a partire da un certo momento nel corso dell'VIII secolo (fase B), caratteri che denotano influenze greche precoloniali e coloniali. Questi caratteri sono ben visibili nei pochi esempi di vasi qui esposti: si noti ad esempio l'anforetta di tipo villanoviano (all'inizio del pannello) e i quattro ultimi vasi che sono di produzione greca. Gli ornamenti personali in bronzo (armille e bracciali, fibule di varie forme, ecc.) sono riccamente rappresentati nei corredi funerari, che spesso contengono armi (punte di lancia, corte spade) indicanti l'importanza attribuita ai guerrieri da queste popolazioni. Anche le armi sono per lo più ancora in bronzo, poiché l'uso del ferro (si notino qui due punte di lancia) rimane limitato e si diffonde maggiormente a partire dall'VIII secolo a.C..
Delle tre differenti manifestazioni del rito funebre abbiamo già accennato in precedenza.

Vetrina n. 10
Età del Bronzo.
Dal basso:
— Necropoli a grotticelle di S. Domenica di Ricadi (CZ).
Tomba n. 5: Vasi di corredo attribuiti al Protoappenninico (XVI-XV sec. a.C.)
— Francavilla Marittima, Timpone della Motta: è qui esposto un frammento rinvenuto fortuitamente di un'anfora a staffa micenea con motivi floreali dipinti, databile al 1300-1200 a.C. (Miceneo III B).
Tomba n. 4: Oggetti di un corredo funerario pertinenti alla fase subappenninica della necropoli (metà XIII-XI sec. a.C.)
— Grotta L. Cardini di Praia a Mare (CS)
Il giacimento consta di due livelli sovrapposti. Sono esposti alcuni tipici vasi con decorazione incisa di tipo geometrico del Protoappenninico B e alcuni materiali tra cui modelli di anse tipiche della fase appenninica.
— Tropea. Campo d'urne in loc. Annunziata. Scoperta fortuita, 1962.
Durante lavori edili venne individuato il sito di una necropoli ad incinerazione. Il corredo qui esposto è l'unico che si sia potuto ricostruire e comprende un tipico cinerario protovillanoviano, un bicchiere monoansato, un vasetto biconico ed un rasoio quadrangolare con tacca semilunare.

DUE VASI DA UNA TOMBA A GROTTICELLA PRESSO S.DOMENICA DI RICADI (CZ). ANTICA ETÀ DEL BRONZO (XVI-XV SEC. A.C.)

VASO CINERARIO DELLA CULTURA PROTOVILLANOVIANA. ETÀ DEL BRONZO FINALE (X SEC. A.C. CIRCA). DALLA NECROPOLI DI TROPEA (CZ)

L'ETÀ DEL FERRO

Vetrina n. 11
Necropoli di tombe a fossa della contrada S. Onofrio di Roccella Ionica. Scavo B. Chiartano 1961. *Prima età del Ferro.*
Furono esplorate 34 tombe, quasi tutte a fossa terragna delimitata da un filare di ciottoli, come a Torre Galli. Anche i corredi funebri presentano caratteristiche ceramiche, come la capeduncola con alta ansa bifora od a ponticello, che trovano frequentissimi confronti a Torre Galli, piuttosto che nella vicina Canale.
L'assenza completa di influenze greche nella ceramica, la scarsezza del ferro (documentato solo nei corredi delle tombe 13, 24 e 31) e la stessa tipologia dei bronzi sembrano indicare una datazione nell'ambito del IX sec. a.C., precedente cioè allo stabilirsi lungo le coste calabresi delle colonie greche.

Vetrine n. 12 e 13.
Necropoli di tombe a fossa di Torre Galli (Drapia, presso Tropea). Scavi P. Orsi, 1922.
Furono esplorate 324 tombe a fossa rettangolare od ellittica, delimitate da un filare di ciottoloni come a S. Onofrio di Roccella.
Gli scheletri erano completamente dissolti, tranne i denti, che permisero di stabilire l'orientamento delle deposizioni.
La fase principale della necropoli di Torre Galli risale al IX e al principio dell'VIII secolo a.C. e, come quella di S.Onofrio, riguarda popolazioni non ancora in contatto con i greci.
Dopo una interruzione nell'uso delle necropoli, si riscontra qualche tomba con materiali indigeni misti a ceramiche greche del VI secolo a.C.: si tratta di una fase tarda ormai influenzata dal vicino centro greco di Hipponion (Vibo Valentia) fondato intorno al 600 a.C..
È stata presentata una scelta di materiali da vari corredi. Gli oggetti metallici, essendo per la maggior parte in avanzato stato di decomposizione, sono esposti in piccola parte, ma vennero a suo tempo documentati graficamente da Paolo Orsi. Si notano le spade con i foderi in bronzo ornati da ricche incisioni a motivi geometrici.
Si notino le affinità stilistiche tra le ceramiche di questa necropoli e quella di S. Onofrio di Roccella, e come invece si distinguono, per la frequenza di alcune forme e per la preferenza di alcuni motivi decorativi, da quelle delle necropoli a grotticelle artificiali.

Vetrina n. 14
È qui ricostruita una tomba a grotticella, del tipo attestato nelle necropoli di Canale e Janchina presso Locri. Esse erano scavate entro dirupi di arenaria tenera, la porta era chiusa da una lastra di pietra, la piccola camera rettangolare presentava un affossamento centrale, mentre i corpi (talvolta numerosi, trattandosi di tombe di

SPADA IN BRONZO CON FODERO A DECORAZIONE GEOMETRICA. PRIMA ETÀ DEL FERRO (IX-VIII SEC. A.C.). DALLA NECROPOLI DI TORRE GALLI, PRESSO DRAPIA (CZ)

ASKOS DI IMPASTO CON DECORAZIONE GEOMETRICA INCISA. PRIMA ETÀ DEL FERRO (IX-VIII SEC. A.C.). DALLA NECROPOLI DI TORRE GALLI PRESSO DRAPIA (CZ)

famiglia o di clan) erano deposti con abbondanti elementi di corredo.

Vetrina n. 15.
Sono esposti reperti dell'*Età del Ferro*, rinvenuti in varie località.
Dal basso:
— Cirò (CZ): ripostiglio di asce in bronzo a cui non furono mai rimosse le sbavature di fusione, impedendone l'uso come strumenti da taglio; è possibile che rappresentino una concentrazione di oggetti metallici di peso e valore ben determinato, destinati a facilitare scambi e baratti, secondo il cosiddetto «uso premonetale» del bronzo.
— Torano (CS): spada «ad antenne» di un tipo noto nell'Italia centro-settentrionale, dalla necropoli di Cozzo La Torre.
— Amendolara (CS): vari reperti bronzei, tra cui un coltello «a fiamma» e fibule a disco, a quattro spirali, ad ago separato.

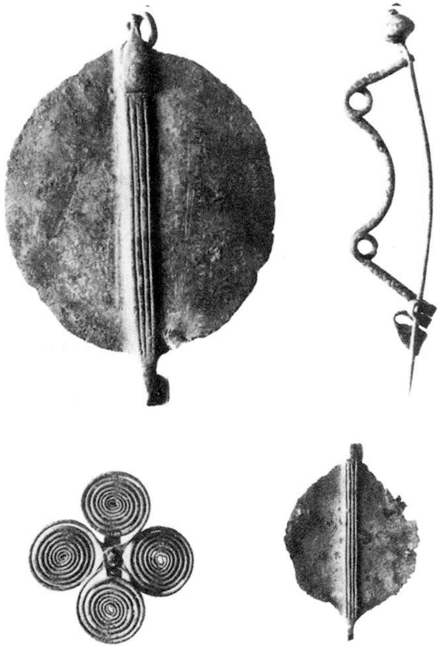

FIBULE IN BRONZO DEI TIPI A DISCO, A QUATTRO SPIRALI E AD AGO SEPARATO. ETÀ DEL FERRO (VIII SEC. A.C.). DA AMENDOLARA (CS)

SPADA IN BRONZO CON ELSA AD ANTENNE. ETÀ DEL FERRO (VIII SEC. A.C.) DA TORANO (CS)

L'ETÀ DEL FERRO

— Serra Aiello (CS): reperti in bronzo, tra cui un pendaglio a forma di animale e un fuso; alcune fuseruole in terracotta dovevano costituire il contrappeso di altri analoghi fusi.
— Castiglione di Paludi (CS): alcuni vasi di impasto e oggetti in bronzo di ornamento personale dalla necropoli di Piana Agretto.

Vetrina n. 16:
Necropoli di tombe a grotticella artificiale della contrada Ronzo di Calanna (RC). Scavi G. Procopio, 1953.
Furono esplorate dieci tombe, aperte nella parete verticale d'un canalone ricavato artificialmente sulla balza rocciosa. In ogni caso venne accertato il seppellimento collettivo. Molto scarsi, fra i corredi, gli oggetti metallici, tra cui si distinguono alcune fibule in bronzo ad arco semplice, anelli in verga di bronzo piano-convessa ed altri anelli in verga di ferro. Tra i fittili si nota l'assenza di imitazioni e di originali greci, il che fa supporre che la datazione del complesso debba porsi prima dell'inizio della colonizzazione.

Vetrina n. 17
Dal basso:
— Materiali provenienti dalla necropoli di Calanna.
— Reperti funerari da Castellace di Oppido Mamertina, contrada Torre Inferrata. Si distinguono le armille auree a doppia spirale, le fibule bronzee a drago e a 4 spirali.
— Vasetti dalla contrada Valanidi di Reggio Calabria e alcuni elementi di collana in ambra, di probabile provenienza dall'Europa settentrionale.

VASO DI IMPASTO CON DECORAZIONE GEOMETRICA INCISA. PRIMA ETÀ DEL FERRO (IX-VIII SEC. A.C.) DALLA NECROPOLI DI TORRE GALLI, PRESSO DRAPIA (CZ)

Vetrine n. 18, 19, 20.
Sono esposti i materiali provenienti dalle necropoli di tombe a grotticelle artificiali delle contrade Canale, Ianchina, Patariti e Scorciabove. (Scavi P. Orsi 1909-1912).

Si tratta di un gruppo di necropoli corrispondenti ad una serie di villaggi sulle alture che dominano la costa ove più tardi sorse Locri Epizefiri; esse documentano in modo particolarmente significativo i rapporti tra indigeni e greci al momento della colonizzazione.
I ricchi corredi, risalenti all'VIII secolo a.C., presentano numerosi vasi di impasto non depurato, talvolta con forme (come le olle a sagoma biconica) che echeggiano i vasi di tradizione villanoviana; alcuni presentano decorazioni incise con motivi geometrici come il meandro e la svastica. Analoghe decorazioni ricorrono sui singolari pesi tronco-piramidali in terracotta, forse troppo grandi per essere utilizzati nei telai e destinati piuttosto ad usi simbolici o rituali. Tra i reperti bronzei si osserva una pisside con piccole figure di animali stilizzati posti sul coperchio.
Intorno al 730 a.C. appaiono nelle necropoli alcuni vasi prodotti al tornio con argilla depurata, con decorazioni dipinte a motivi geometrici e schematici uccelli, derivati dalle contemporanee ceramiche della Grecia: essi attestano l'inizio dei contatti commerciali tra gli indigeni e i primi navigatori greci che frequentavano le coste dell'Italia meridionale. Questa fase di rapporti pacifici cessa improvvisamente intorno al 700 a.C., in concomitanza con l'arrivo dei Locresi che si insediano scacciando gli indigeni dalle alture prossime alla nuova *polis*, con la conseguente cessazione dell'uso delle necropoli. Sono infatti assenti nei corredi indigeni i vasi protocorinzi in possesso dei primi coloni di Locri Epizefiri.

Vetrina n. 21:
Necropoli di tombe a grotticella artificiale della contrada S. Stefano di Grotteria (RC). Scavo G. Foti, 1962.
Furono esplorate 15 tombe aperte in una parete rocciosa e con cella di forma quadrangolare, contenenti diversi inumati.
L'abbondanza di originali greci tra i vasi di corredo e tra quegli stessi di produzione locale, le numerose forme ispirate da prototipi greci, fanno pensare che la massima attività delle necropoli coincise con i primi secoli della colonizzazione (VIII - VI sec. a.C.) e che gli abitanti di S. Stefano intrattennero pacifici ed intensi scambi con gli abitanti greci della vicina Locri.

S.T.

PESO IN TERRACOTTA DECORATO A MEANDRO. ETÀ DEL FERRO (SECONDA METÀ DELL'VIII SEC. A.C.). DALLA NECROPOLI DI CANALE-IANCHINA, PRESSO LOCRI (RC)

VASO IN ARGILLA FIGULINA CON DECORAZIONE DIPINTA DI TIPO GRECO. ETÀ DEL FERRO (730-700 A.C.). DALLA NECROPOLI DI CANALE-IANCHINA, PRESSO LOCRI (RC)

LOCRI EPIZEFIRI

Locri Epizefiri, fra le grandi *poleis* greche della Calabria, è forse oggi quella maggiormente nota, per numerose notizie storiche trasmesse dalle fonti letterarie antiche e per testimonianze archeologiche di eccezionale risalto e completezza, a cominciare da quelle acquisite tra il 1890 e il 1918 con gli scavi di Paolo Orsi, le quali costituiscono uno dei fondamentali nuclei del Museo.

Locri fu detta dagli antichi «Epizefiri», cioè vicina al Capo Zefirio (oggi Capo Bruzzano), un promontorio lungo la costa jonica ove i coloni appena giunti dalla Locride, regione della Grecia centrale, sostarono per qualche anno prima di spostarsi nel sito definitivo, circa 20 km. più a nord. La fondazione avvenne intorno alla fine dell'VIII secolo a.C. secondo la testimonianza di Strabone, storico e geografo antico, avvalorata dalla cronologia dei più antichi reperti archeologici rinvenuti nell'area della *polis*.

La città ben presto si organizza con rigidi ordinamenti di impronta aristocratica, sanciti dal codice di leggi attribuito a Zaleuco, forse il più antico codice del mondo greco e della cultura europea.

La fondazione sul versante tirrenico delle subcolonie di Medma (oggi Rosarno) e Hipponion (oggi Vibo Valentia) intorno al 600 a.C. ed la successiva clamorosa vittoria su Crotone nella battaglia del fiume Sagra, segnano la massima fioritura di Locri in età arcaica. Nel V secolo a.C. le ripetute ostilità contro Reggio rinsaldarono l'alleanza con la potente Siracusa, che nel IV secolo si trasformò in vera dipendenza di Locri dai tiranni siracusani Dionisio I e Dionisio II; la violenta cacciata di quest'ultimo da Locri segna l'introduzione di un regime democratico documentato dalle tabelle bronzee iscritte dell'archivio di Zeus Olimpio, qui esposte.

Dopo aver parteggiato per Pirro, Locri entra stabilmente nell'orbita politica romana, a cui si

ribella durante la seconda guerra punica, venendo quindi duramente punita da Scipione. In età romana Locri si riduce a un centro di provincia, di importanza solo locale. Le incursioni arabe e la diffusione della malaria causano l'abbandono delle fasce costiere e gli abitanti si rifugiano nell'interno a Gerace, che sarà il centro principale della zona fino al secolo scorso.
La città si sviluppò in un tratto di costa rettilinea e importuosa, su una vasta superficie (oltre 230 ettari) situata in parte nella fascia costiera pianeggiante, in parte sulle colline retrostanti incise da profondi valloni.
La cinta muraria ha percorso rettilineo in pianura, quindi sale seguendo il ciglio delle alture fino alle potenti fortificazioni alla sommità dei colli di Castellace, Abbadessa, Mannella.
Nel settore pianeggiante, l'abitato è organizzato secondo uno schema urbanistico regolare, con strade rettilinee incrociantesi ad angolo retto, con caratteristiche affini ad altre città greche dell'Italia Meridionale e della Sicilia. Una fitta serie di strade parallele larghe soltanto circa m. 4,50, definite dagli antichi *stenopoi*, (= strade strette), erano disposte da monte verso mare per facilitare lo scorrimento delle acque piovane, e formavano isolati rettangolari lunghi e stretti. Gli *stenopoi* erano intersecati da poche grandi strade, dette *plateiai* (= strade larghe): ne conosciamo una, larga circa m. 14, che corre non lontano dalle mura in senso parallelo alla costa, ma non è ancora accertata la distanza fra le *plateiai*. È possibile che una *plateia* corresse all'incirca presso l'attuale strada del Dromo, che conserva il nome di origine greca e forma un percorso naturale ai piedi delle colline che si prolunga per centinaia di chilometri lungo la costa dello Jonio.

È possibile che nell'area intorno al Dromo, ai piedi delle colline, si trovasse l'*agorà* di Locri, la piazza del mercato e della vita pubblica, non ancora localizzata con sicurezza.
Il reticolo urbano si estendeva fino ai piedi delle colline ove uno *stenopos* è stato messo in luce accanto al teatro, costruito nel IV sec. a.C. in una concavità naturale dalla notevole eco.
A breve distanza dal teatro è situata la teca in pietra che conteneva le tabelle bronzee iscritte con i rediconti finanziari e amministrativi dell'archivio del santuario di Zeus Olimpio; un poco più a monte era ubicato il tempio dorico detto di Casa Marafioti, dal nome dell'edificio moderno che vi si sovrappose oltre due secoli fa.
Tra gli altri santuari, si ricordano quello di contrada Marasà, situato presso l'angolo Nord-Est delle mura, che conserva resti di due successivi templi del VI e del V sec. a.C., il santuario di Persefone nel profondo vallone ai piedi del colle della Mannella, celebre nell'antichità e dotato di ricchissimi depositi votivi, il piccolo tempio di Atena sulle pendici orientali della Mannella, il santuario di grotta Caruso sviluppato in età ellenistica intorno a una sorgente sacra che scaturiva in una grotta situata all'esterno delle mura.
Il plastico esposto nella sala VI permette di cogliere la natura accidentata di parte dell'area urbana, il percorso delle mura evidenziato in giallo, e i principali monumenti quali il teatro e il santuario di Marasà, il vasto scavo dell'abitato di Centocamere, dove si coglie l'andamento degli isolati.

C.S.

LA NECROPOLI IN CONTRADA LUCIFERO

Le aree di necropoli a Locri in età greca risultano tutte distribuite ai margini dell'area urbana, nelle contrade Lucifero, Parapezza, Monaci, al di fuori del perimetro della cinta muraria. Questo fatto presuppone che le scelte fondamentali di organizzazione della città risalgano al momento della fondazione, definendo da un lato l'area destinata all'impianto urbano e dall'altro gli spazi sepolcrali, individuati nelle aree costiere e pedemontane poste a NE ed a SW della città.
Solo in età romana tale rigorosa determinazione viene meno e, in concomitanza con il contrarsi dell'abitato lungo l'asse viario del Dromo, si impiantano tombe anche a ridosso del tratto costiero della cinta muraria, e anche all'interno di essa, in settori non più abitati.
La necropoli meglio nota è sicuramente quella di contrada Lucifero, posta a circa 500 metri a NE della città antica, oltre l'omonimo torrente. Paolo Orsi vi condusse tra il 1910 e 1915 quattro campagne di scavo che portarono all'individuazione di circa 1700 tombe. Esse offrono un panorama completo degli usi funerari in vigore a Locri tra il VII ed il II sec. a.C., anche se la maggior parte delle tombe esplorate sono da riferire al V ed al IV sec. a.C.
Il rito prevalente è l'inumazione, con una presenza percentualmente limitata di incinerazioni. La tipologia delle tombe è quanto mai eterogenea con soluzioni costruttive che tendono a variare nel corso del tempo. A parte le frequenti deposizioni in semplici fosse scavate nel terreno sabbioso, le tombe sono realizzate con i grandi tegoloni (cm. 57 × 92) correntemente utilizzati nell'area urbana per la copertura degli edifici.
In età più antica questi erano posti a formare una cassa con copertura piana; dalla fine del V sec. a.C. si diffonde sempre più la copertura a doppio spiovente, cosiddetta alla «cappuccina», o una copertura curva ottenuta con laterizi a semibotte simili a quelli usati per rivestire le pareti dei pozzi.

Il corredo funebre veniva posto parte all'interno della tomba e parte all'esterno, spesso frantumandolo ritualmente all'atto della deposizione o rendendo inservibili, attraverso un foro intenzionale praticato sul fondo, le forme ceramiche deposte (vetrina 26).
Molto rara è l'usanza di collocare segnacoli in pietra al di sopra della tomba allo scopo di individuarne la presenza. Tra i pochi rinvenuti si segnalano (vetrina 34) un pilastrino iscritto ('Αγαθοκλῆς χαῖρε) e frammenti di decorazione architettonica pertinenti forse ad un tempietto funerario. Analoga funzione di segnacolo doveva rivestire la riproduzione in pietra di un vaso pervenutoci privo del collo e del piede, decorato a bassorilievo con scena di congedo funebre, di cui rimane leggibile una figura femminile ammantata; è databile al IV sec. a.C.
È possibile che talvolta fungessero da segnacolo le arule, piccoli altari in terracotta, o i grandi crateri figurati. Le prime recano generalmente sui lati lunghi una decorazione a rilievo realizzata a matrice, con scene di valore simbolico attinenti il mondo ultraterreno, quali lotte di animali, sfingi, quadrighe in corsa e la bella serie di arule con Eracle in lotta con Acheloo, mitica figura di toro a testa umana (vetrina 25)
Dei crateri restano purtroppo solo frammenti sparsi, sovente di notevole livello qualitativo, sì da consentirne l'attribuzione ad alcuni dei ceramografi di maggior spicco ad Atene nel V sec. a.C., artigiani per lo più anonimi e pertanto individuati dagli studiosi con un nome convenzionale, che allude ad esempio ad un particolare soggetto rappresentato o al museo ove si conservano loro opere. Tra gli altri sono presenti il Pittore di Kleophrades, il Pittore dei Niobidi, il Pittore di Borea, attivi tra il 480 e il 460 circa a.C., e Polygnotos, noto tra il 440 ed il 420 a.C. (vetrina 28).

Nel rito funebre locrese la composizione del corredo non appare fissata rigidamente. I materiali rinvenuti offrono quindi un panorama assai vario e significativo degli oggetti di produzione locale e di importazione diffusi a Locri nel periodo di maggior sviluppo della città, testimonianza diretta sia del raggio degli scambi commerciali e culturali, sia del clima artistico della colonia.
I corredi sono esposti in ordine cronologico progressivo dal VII sec. a.C. all'ultima fase di utilizzo della necropoli, corrispondente ai secc. III e parte del II a.C.
Tra il materiale più antico della necropoli di Lucifero (vetrina 22) eccezionale importanza riveste un *aryballos*, rinvenuto fuori corredo, inquadrabile nella fase cosiddetta del protocorinzio antico, e quindi databile alla fine dell'VIII sec. a.C.

Insieme ad un altro esemplare analogo, rinvenuto poco

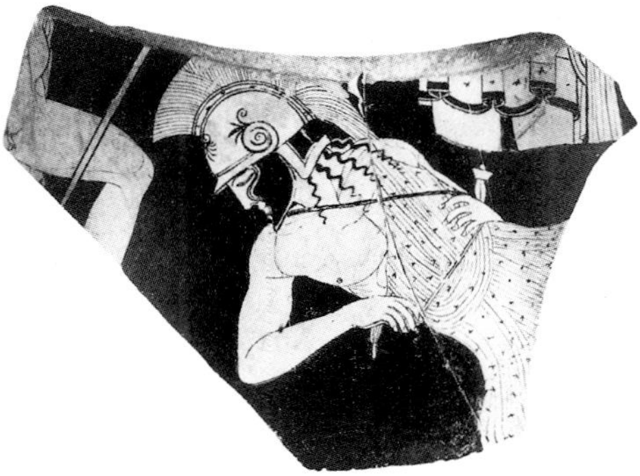

lontano da Lucifero, in contrada Parapezza, sempre in contesto di necropoli, rappresenta la più antica testimonianza ceramica dell'avvenuta fondazione della colonia greca di Locri, confermando per essa una cronologia verso la fine dell'VIII sec. a.C., indicata da Strabone, piuttosto che nel 673-2 o nel 679-8 secondo lo storico Eusebio di Cesarea.
I due *aryballoi*, molto frammentari, si caratterizzano per il corpo globulare percorso da sottili linee parallele in vernice rossastra o bruna, con motivo a triangoli sulla spalla, secondo una tradizione figurativa di età geometrica. Significativo è il vicino confronto con altri *aryballoi* medio e tardo-protocorinzi, databili nel corso del VII sec. a.C., che testimoniano l'evolversi progressivo della forma, dagli esemplari antichi, più tozzi, al tipico profilo piriforme degli esemplari più recenti. Si noti sulla spalla e sul ventre l'elegante decorazione di animali in corsa (levrieri, pantere ecc.) secondo caratteristici modelli iconografici originari del Vicino Oriente.
Gli scambi con il mondo greco-orientale nella seconda metà del VI sec. a.C. sono testimoniati da *lydia* e anforette dalla caratteristica argilla rossiccia, con decorazione a fasce di vernice nera o rosso-bruna, da unguentari e monili in pasta vitrea dagli squillanti colori blu, giallo e azzurro e, nel corredo della tomba 259, da un unguentario configurato a sirena, una classe questa di prodotti che, giunti in Magna Grecia, hanno rappresentato i prototipi ed il veicolo di trasmissione di moduli stilistici elaborati nel mondo greco orientale, ma ampiamente diffusi ed imitati nelle colonie di occidente.

FRAMMENTO DI CRATERE ATTICO A FIGURE ROSSE, DEL PITTORE DEI NIOBIDI 475-450 A.C..

ARYBALLOS PROTOCORINZIO. METÀ VII SEC. A.C.

LA NECROPOLI IN CONTRADA LUCIFERO

Completano il quadro delle importazioni, e dei riflessi nella produzione locale, anfore laconiche e ceramiche corinzie e attiche tra cui una notevole coppa della classe detta di Siana (575-550 a.C.), un segnale dell'ormai massiccio diffondersi in occidente dell'artigianato ceramico ateniese.

Nel corso del VI sec. a.C. si assiste infatti al progressivo decadere delle fabbriche di Corinto, detentrici del mercato nella prima età arcaica, a favore della produzione dell'Attica, commerciata ed apprezzata in tutto il bacino del Mediterraneo, come riflesso della sempre maggior importanza economica e politica assunta dalla città di Atene.

Questo fenomeno trova ampia attestazione nei corredi funerari di Lucifero, dove il materiale di importazione si configura come il bene di prestigio, posto accanto al defunto a testimonianza del livello sociale ed economico raggiunto nella vita terrena. Pertanto dalla metà circa del VI sec. a.C. e fino alla fine del V, nei corredi più significativi è costante la presenza di ceramiche attiche, con decorazione figurata o semplicemente a lucente vernice nera, quest'ultime largamente diffuse soprattutto a partire dagli inizi del V sec. a.C.

In età arcaica si tratta spesso di anfore (vetrina 23) ma soprattutto frequenti sono le *lekythoi* di ogni dimensione. La *lekythos* infatti, in quanto contenitore di olio per toeletta, era ampiamente utilizzata nel rituale funerario che prevedeva l'unzione del corpo del defunto e ripetute offerte di olio. Il corredo funebre a Locri è quindi una testimonianza piuttosto fedele della vita terrena del defunto, attraverso i simboli che ne caratterizzavano la vita trascorsa.

Il mondo maschile trova riscontro nell'anfora a figure nere dalla tomba 223 (vetrina 23) databile al 530 a.C., forse premio per la vittoria conseguita in una gara musicale, come sembra indicare la rappresentazione della dea Atena in armi tra due colonne doriche con il gallo alla sommità, secondo uno schema analogo a quello delle cosiddette anfore panatenaiche. E ancora nelle *kylikes* per il banchetto, inteso come momento centrale della vita associata, tra cui i due notevoli esemplari della tomba 193, decorati a figure nere (vetrina 23), e la bella serie a vernice nera, nella variante priva di stelo, dalle tombe 754 e 1168 (vetrina 26), databili alla prima metà del V sec. a.C..

All'attività sportiva, vista nel mondo greco come esaltazione delle capacità dell'uomo, e quindi espressione di grande rilevanza sociale, sono da ricondurre (vetrina 27) gli *alabastra*, unguentari dalla caratteristica forma subcilindrica, realizzati frequentemente in alabastro e importati dall'area egizio-palestinese, contenenti l'olio per ungere il corpo prima della lotta sportiva. Dalla tomba

ARYBALLOS ATTICO CONFIGURATO A TESTA DI NEGRO. INIZIO V SEC. A.C.

944 proviene un elemento di una coppia di *halteres* in piombo, i pesi sagomati impugnati dagli atleti per migliorare la prestazione nel salto. Assai più comuni sono gli strigili, raschiatoi in bronzo usati per detergere il corpo dopo l'attività in palestra.
L'esercizio sportivo non sembra tuttavia essere una prerogativa esclusivamente maschile a Locri, come testimoniano la presenza di strigili in corredi riconosciuti come pertinenti ad individui femminili e soprattutto la nota raffigurazione di una giovane donna con uno strigile in mano, in un ambiente caratterizzato come palestra, raffigurato su uno dei grandi crateri a calice della tomba 1119 (vetrina 33).
Il mondo femminile è tuttavia quello meglio documentato nella necropoli, segno indiretto della grande importanza rivestita dalla donna nella società locrese.
Ben rappresentati sono gli oggetti di ornamento personale (vetrina 27) quali collane e bracciali in pasta vitrea, anelli digitali in bronzo, orecchini in argento, fibule in bronzo e con elementi in avorio inseriti, configurati a colomba o a cicala.
Notevoli sono due anelli in argento arcaici, uno, dalla tomba 259, con castone rettangolare su cui sono raffigurati due uccelli (vetrina 22), e uno con castone a scarabeo, dalla tomba 23 (vetrina 23).
Ma ciò che rende unica la necropoli di Lucifero nel panorama del mondo greco occidentale è la straordinaria frequenza con cui, dalla metà del VI sec. a.C. a tutto il IV sec. a.C., nei corredi compare lo specchio, evidentemente oggetto da toeletta ma soprattutto bene di prestigio, tanto da rappresentare in alcuni casi l'unico componente del corredo funebre. Lo specchio, costituito da un disco in bronzo lucidato, era sorretto da manici di fogge eterogenee, dai più comuni a semplice codolo destinato ad essere inserito in un supporto in osso modanato, a quelli con il manico configurato a figura umana, o con motivo decorativo di volute vegetali stilizzate, o ancora con capitello ionico.
Il centro di produzione di questi specchi sembra da ricercare quasi certamente nell'ambito stesso della città di Locri, come è confermato dalla varietà tipologica e dall'evoluzione stilistica che è possibile cogliere nel tempo.
I sostegni a figura umana nella seconda metà del VI secolo (vetrina 23) appaiono stilisticamente legati ad influssi provenienti dal mondo ionico, fra le isole Cicladi e la costa turca dell'Egeo: ciò è particolarmente evidente nelle figure maschili nude con le braccia alzate a sorreggere il disco dello specchio, e nelle fanciulle offerenti (*korai*) con chitone e corto *himation*, una delle quali poggia sul dorso di una tartaruga; è invece probabilmente importata dalla Ionia la *kore* acefala con fiore di loto nella mano destra.

DUE STRIGILI IN BRONZO, E HALTER IN PIOMBO. V E IV SEC. A.C.

LA NECROPOLI IN CONTRADA LUCIFERO

LEKYTHOS ATTICA CON CORTEO DIONISIACO. INIZIO V SEC. A.C.

MANICO DI VENTAGLIO (?) IN AVORIO. PRIMA METÀ V SEC. A.C.

SPECCHIO IN BRONZO CON MANICO A FIGURA DI ATLETA OFFERENTE. 480-460 A.C.

SPECCHIO IN BRONZO CON MANICO A FIGURA DI EFEBO AMMANTATO 480-450 A.C.

LA NECROPOLI IN CONTRADA LUCIFERO

Gli esemplari intorno alla metà del V secolo (vetrina 27) in genere di livello qualitativo piuttosto elevato, rappresentano la riproduzione in scala minore della grande statuaria bronzea del tempo e sono quindi un documento insostituibile per la conoscenza delle espressioni artistiche in Magna Grecia.
Si osserva soprattutto il manico raffigurante un atleta nudo in gesto di offerta e il singolare efebo avvolto nell'ampio e pesante mantello, e dalla elaborata acconciatura tipica del periodo dello stile severo.
Negli specchi cosiddetti «a volute» è possibile seguire costantemente l'evolversi del tipo dai rigidi esemplari della seconda metà del VI sec. a.C. (vetrina 22) con accurata decorazione graffita sul bordo del disco, fino all'opulenza che le volute raggiungono nel corso del IV sec. a.C. (tomba 749, vetrina 34)
Sempre a fabbrica locrese sono assegnati lo splendido specchio della tomba 632, con manico configurato a sirena nell'iconografia arcaica di uccello a testa femminile, databile alla seconda metà del V secolo a.C., e l'esemplare lavorato «a giorno» dalla tomba 975, collocabile invece alla fine del V (vetrina 33) con la rappresentazione di Elettra che stringe tra le braccia l'urna con le ceneri del fratello Oreste.
Contemporanea alla produzione degli specchi, ma forse di diversa ispirazione stilistica, è quella di figure in bronzo, umane ed animali, che costituiscono probabili *appliques* o chiavi di mobiletti in legno non conservatisi nel tempo (vetrina 27), e quella di raffinati oggetti di uso domestico, come la coppia di avambracci in bronzo con cerniera centrale che si è voluta interpretare come uno schiaccianoci (vetrina 30), e ancora quella di oggetti forse di destinazione cultuale come il cosiddetto «candelabro» o «incensiere» nel corredo della tomba 739 (vetrina 29).
Ancora pertinenti al mondo femminile sono l'elegante manico (forse di un ventaglio?) in avorio dorato dalla tomba 1676 (vetrina 30), databile alla prima metà del V secolo a.C., sormontato su un lato da una figura femminile vestita di chitone e *himation*, il fuso in avorio dalla tomba 704 (vetrina 24) il cui corredo comprende anche un pregiato uovo di struzzo, simbolo di vita, e le frequenti palline in bronzo che si sono volute interpretare quali offerta simbolica alla divinità dei giochi infantili abbandonati con il matrimonio.
I corredi infantili si caratterizzano frequentemente per la presenza di oggetti miniaturizzati come le arule e le minuscole forme ceramiche dalle tombe 800 (vetrina 24), 308 e 1242 (vetrine 31 e 33) e veri e propri giocattoli come la biga in bronzo della tomba 400 (vetrina 31) e le bamboline in terracotta con arti snodabili (vetrine 24 e 27).
Uno degli aspetti più singolari della necropoli è la diffusa

MANICO DI SPECCHIO IN BRONZO A FIGURA DI GIOVANE NUDO (KOUROS) FINE DEL VI SEC. A.C.

presenza di astragali, posti sia all'interno che all'esterno delle tombe, a volte in numero rilevante, e distribuiti secondo precisi intenti magico-rituali. L'astragalo è un osso dell'articolazione della caviglia utilizzato per gioco, analogamente ai moderni dadi, e per predire il futuro. Nei corredi compaiono di ogni dimensione, prevalentemente di ovini e suini, a volte segati ed incorniciati in piombo come nella tomba 1013 (vetrina 30).
Tra i corredi di V secolo devono ancora segnalarsi quello della tomba 1143 (vetrina 24) per la presenza di una cetra, di cui resta la cassa armonica ricavata da una corazza di tartaruga opportunamente forata, ed il corredo della tomba 844 (vetrina 30) con il caratteristico *askos* configurato a cinghiale, dipinto sui lati a figure nere con scene caricaturali di nani in corsa e a caccia di una lepre, prodotto di officine del Kabirion, un santuario presso Tebe, in Beozia.

ASKOS IN FORMA DI CINGHIALE, CON SCENE CARICATURALI A FIGURE NERE. PRODUZIONE DELLA BEOZIA. SECONDA METÀ DEL V SEC. A.C.

SPECCHIO IN BRONZO CON MANICO A FIGURA DI SIRENA. SECONDA METÀ DEL V SEC. A.C.

LA NECROPOLI IN CONTRADA LUCIFERO

FIGURA FEMMINILE (KORE) IN BRONZO, FORSE MANICO DI SPECCHIO. SECONDA METÀ VI SEC. A.C.

LEKANE A FIGURE ROSSE CON COPERCHIO DECORATO DA FIGURE FEMMINILI SEDUTE. IV SEC. A.C.

INTERNO DEL COPERCHIO DI UNA LEKANE CON SILENO VILLOSO. ATTRIBUITO AL «AL GRUPPO DELL'EROTE INGINOCCHIATO». 375-350 A.C.

CRATERE A CALICE A FIGURE ROSSE: LICURGO ASSALE LE MENADI. ATTRIBUITO AL «PITTORE DI LOCRI», 375-350 A.C.

LA NECROPOLI IN CONTRADA LUCIFERO

Nel IV secolo la struttura del corredo si trasforma in rapporto alla preferenza assegnata a forme ceramiche diverse. Alle alte *lekythoi* cilindriche subentrano anforette a vernice nera con decorazione stampigliata e basse *lekythoi* dal corpo globulare a vernice, oppure a profilo ovoidale con leziosa decorazione arcaistica a figure nere. Ma soprattutto si diffonde nei corredi la presenza della *lekane* dal coperchio frequentemente decorato con scene di gineceo o a motivi geometrici e vegetali.
Tra i più significativi corredi di questo periodo (vetrina 33) è quello della tomba 1119, databile intorno al 375-350 a.C. con i grandi crateri di fabbrica italiota attribuiti ad una personalità di artigiano, il «Pittore di Locri», così denominato dal luogo di rinvenimento di gran parte dei vasi a lui attribuiti. Opera del medesimo pittore è il vaso a bariletto della tomba 884, mentre la raffinata piccola situla dello stesso corredo viene variamente attribuita ad un artigiano apulo o ad un seguace del Pittore di Maron, personalità operante nell'ambito siceliota. Si noti la grande finezza disegnativa e la varietà cromatica dei ritocchi sovraddipinti: sul ventre è una scena dionisiaca, sulla spalla un corteo di nereidi cavalcanti mostri marini.
Forse locrese, anche se con stretti contatti con l'area campana, è anche il gruppo di ceramografi detto dell'«Erote inginocchiato» operante negli anni 375 - 350 circa a.C., a cui viene attribuita la bella *lekane* dalla tomba 1491 con figura di vecchio sileno dal corpo villoso, dipinto in colore bianco all'interno del coperchio.
A partire dal IV secolo a.C. si diffonde l'uso, prima attestato solo sporadicamente, di inserire in corredo terrecotte figurate. Oltre a caratteristiche figure femminili nude e sedute, compare una folla di personaggi mitologici minori, satiri, piccole figure giovanili di Pan, ritratti in atteggiamento di danza o in atto di suonare strumenti musicali, figure femminili panneggiate in gesti e con acconciature un po' leziose, secondo il gusto delle cosiddette «tanagrine».
Un caso a parte sono i vasi plastici, quello splendido configurato a menade danzante con timpano e pelle di pantera, dalla tomba 934 (vetrina 33), di cui si conservano ampi resti dell'originaria policromia, e *l'oinochoe* sporadica, configurata a testa femminile (vetrina 35) con vivace resa plastica dell'acconciatura.
Ancora al IV secolo a.C. si data la tomba 1496 con singolare corredo costituito da un grande coperchio di *lekane* e da una serie di lamine in bronzo destinate con ogni probabilità a poggiare su un supporto deperibile in cuoio di incerta ricostruzione funzionale, forse un diadema o un elmo da parata.
Nei corredi databili al III secolo a.C. le forme ceramiche a vernice e acrome sono in gran parte di produzione locale; ormai sganciate dal condizionamento del modello

PICCOLA SITULA A FIGURE ROSSE CON SCENA DIONISIACA E CORTEO DI NEREIDI. ATTRIBUITA ALLA CERCHIA DEL «PITTORE DI MARON». SECONDA METÀ DEL IV SEC. A.C.

attico come avveniva nei secoli precedenti si presentano in forme peculiari di profonde coppe ad orlo estroflesso. L'ultima fase di vita della necropoli è testimoniata (vetrina 35) da pochi corredi inquadrabili nel II secolo a.C., caratterizzati dalla presenza dei tipici unguentari fusiformi che, deposti sovente in numero ragguardevole, vengono a sostituire le *lekythoi* dei secoli precedenti. Completa il corredo della tomba 702 una bella coppa «megarese», una classe di ceramica, questa, così definita da una delle più note località di rinvenimento; emisferica, presenta una fitta decorazione a rilievo di eroti, mostri marini e motivi vegetali, realizzata a stampo, secondo un gusto che nasce forse in area alessandrina, ma trova ampio sviluppo in tutto il mondo greco e sarà alla base del sorgere, a partire dal I secolo a.C., della ben nota produzione ceramica a vernice rossa di Arezzo e dell'area italica largamente diffusa nel mondo romano durante i primi secoli dell'impero.

L.C.

COPPA «MEGARESE» CON DECORAZIONE A RILIEVO.
II SEC. A.C.

LA NECROPOLI IN CONTRADA LUCIFERO

VASO POLICROMO A FORMA DI MENADE DANZANTE. IV SEC. A.C.

CRATERE A CALICE A FIGURE ROSSE: SCENA DI PALESTRA, CON PERSONAGGIO FEMMINILE. ATTRIBUITO AL «PITTORE DI LOCRI». 375-350 A.C.

IL SANTUARIO DI PERSEFONE IN CONTRADA MANNELLA

Il santuario di Persefone a Locri Epizefiri, spesso citato dalle fonti storiche antiche e definito da Diodoro Siculo «il più illustre santuario dell'*Italía* (da intendersi come la parte meridionale della Magna Grecia)» fu localizzato e intensamente scavato da Paolo Orsi tra il 1908 e il 1912 su un breve terrazzo al fondo dello stretto e suggestivo vallone che separa i colli di Mannella e Abbadessa.
Il rinvenimento di iscrizioni con dediche a Persefone (oppure «alla Dea» per antonomasia, cioè Persefone) assicura che il santuario era dedicato a questa dea; la sua posizione immediatamente all'esterno della cinta muraria corrisponde perfettamente alla esplicita indicazione in tal senso fornita da Tito Livio e conferma che il santuario della Mannella è il celebre *Persephoneion*, i cui tesori furono depredati da Pirro re d'Epiro durante la sua guerra contro Roma (ma una tempesta suscitata dalla dea avrebbe indotto il re a restituire il bottino), e nuovamente al tempo della seconda guerra punica da Q. Pleminio, luogotenente di Scipione, che aveva riconquistato la città precedentemente passata ai Cartaginesi; ma la protesta dei Locresi ottenne dal Senato Romano la restituzione delle ricchezze al santuario e la punizione di Pleminio.

Il limitato spazio del santuario non consentì la costruzione di un grande edificio templare (la cui presenza non era essenziale, e poteva mancare anche in santuari molto importanti); Orsi mise in luce solo pochi resti di un piccolo edificio addossato al ripido pendio della Mannella, probabilmente costruito intorno alla fine del V o al principio del IV sec. a.C.
Il terrazzo era sostenuto da grandi muri di contenimento in blocchi di arenaria, costruiti nella seconda metà del V sec. a.C., dietro ai quali fu scaricata una grande massa di oggetti votivi offerti in precedenza al santuario.
I rituali del culto greco prevedevano l'offerta alla divinità di animali e di prodotti agricoli, per

TESTA FEMMINILE CON CAPELLI DORATI, PROBABILMENTE DA VASO CONFIGURATO DI PRODUZIONE ATTICA. V SEC. A.C.

IL SANTUARIO DI PERSEFONE IN CONTRADA MANNELLA

i sacrifici, e di doni votivi di svariata natura, come immagini di divinità e di offerenti di grandi o piccole dimensioni, in materiali pregiati oppure in economica terracotta, e ancora recipienti spesso decorati, gioielli e ornamenti personali anche in metalli preziosi, attrezzi di lavoro e armi; quando le offerte conservate negli edifici del santuario divenivano troppo ingombranti, si usava affidare alla terra i materiali votivi seppellendoli all'interno del perimetro del santuario, cioè in terreno appartenente alla divinità, generalmente dopo aver spezzato intenzionalmente gli oggetti, quasi per confermare la precedente consacrazione e impedirne eventuali riusi «profani». Il deposito votivo (o stipe) del santuario di Persefone alla Mannella si è rivelato uno dei più ricchi e importanti della Magna Grecia.

Il culto di Persefone era largamente praticato non solo a Locri Epizefiri e nelle sue subcolonie Medma (Rosarno) e Hipponion (Vibo Valentia), ma in molte città greche dell'Italia Meridionale e della Sicilia.

Nel mito greco, Persefone e la madre Demetra presiedevano alla agricoltura e in particolare alla coltivazione dei cereali, fondamentale in regioni dall'economia eminentemente agraria.

Hades, signore dell'oltretomba, invaghitosi della giovane Dea, la rapì nel suo regno sotterraneo, causando l'arresto e la scomparsa della vegetazione, finché le suppliche di Demetra ottennero che la figlia per metà dell'anno alternativamente tornasse a vivere sulla terra facendo rifiorire la natura, e poi riprendesse il posto di regina degli Inferi accanto ad Hades. Questa interpretazione mitica del ciclo delle stagioni e della fertilità della natura pone un nesso significativo fra l'agricoltura e il destino dei mortali, adombrato anche dai culti misterici e orfici, molto diffusi in Magna Grecia.

Sono dedicate al santuario della Mannella le sale IX e X che ospitano rispettivamente i reperti del VI e del V sec. a.C., fra i quali dominano le statuette e i rilievi in terracotta e la ceramica.

I vasi, oggi incompleti, sottoposti alla frammentazione rituale, sono per lo più importati e consentono di ricostruire i rapporti commerciali con alcuni dei principali centri della Grecia. Le statuette e i rilievi in terracotta erano prodotti in serie mediante l'uso di matrici con il materiale più economico disponibile sul posto, l'argilla, e poi decorate con colori vivaci quasi sempre oggi perduti; la coroplastica locrese riflette a livello artigianale le tendenze e gli sviluppi stilistici delle produzioni artistiche di maggiore impegno, realizzando spesso esemplari di alto livello artistico anche se di modesto pregio intrinseco.

Nella vetrina 36 sono esposti i materiali più antichi: solo un frammento di *oinochoe* protocorinzia risale alla prima metà del VII sec. a.C., ma il culto e le offerte votive al santuario della Mannella diventano consistenti intorno al 600 a.C.

Nella prima metà del VI sec. a.C. è largamente rappresentata la ceramica corinzia, soprattutto con piccoli vasi (*aryballoi, alabastra, amphoriskoi,* ecc.) per contenere profumi e unguenti pregiati, generalmente decorati con figure di animali e motivi vegetali stilizzati e derivati dall'arte dei popoli dell'Oriente mediterraneo (Fenici, Assiri, Egiziani); si osservano inoltre alcuni frammenti decorati in stile corinzio, ma realizzati in argilla locrese, probabilmente ad opera di ceramisti emigrati da Corinto a Locri.

Sono presenti anche *aryballoi* e altri frammenti di vasi importati dalla Laconia: la regione di Sparta nel VI sec. a.C. si distinse per una produzione di ceramica di notevole livello qualitativo.

Le più antiche statuette in terracotta rinvenute alla Mannella (inizio del VI sec. a.C.) derivano dal cosiddetto «stile dedalico» sviluppato nel VII sec. a.C. a Creta e nel Peloponneso ed evidenziano gli stretti rapporti fra le prime espressioni artistiche a Locri e la cultura figurativa di centri d'arte come Corinto e Sparta.

Nella vetrina 37 sono esposti materiali prodotti nelle regioni della Grecia dell'Est, corrispondenti alle città della costa turca del mar Egeo (Mileto, Efeso, Focea, ecc.) e delle isole antistanti (Rodi, Samo, Chio, ecc.); gli intensi rapporti di questi centri con Locri sono attestati da frammenti ceramici, da un gruppo di vasi per profumi modellati in forma di animali (colombe, testa di ariete, una lepre morta con la testa reclinata all'indietro), di esseri mitologici (una sirena con corpo di uccello e testa femminile, una testa di Acheloo), di figure femminili stanti, tutti di notevole finezza e vivacità, e da alcune piccole figure (cavaliere, flautista, colomba) in terracotta smaltata (detta *faïence*), all'uso orientale; i rapporti commerciali con l'Oriente sono qui documentati da alcuni oggetti egiziani, tra cui uno scarabeo e una figura femminile (frammentaria) in avorio.

GRANDE ARYBALLOS CORINZIO. PRIMA METÀ VI SEC. A.C.

IL SANTUARIO DI PERSEFONE IN CONTRADA MANNELLA

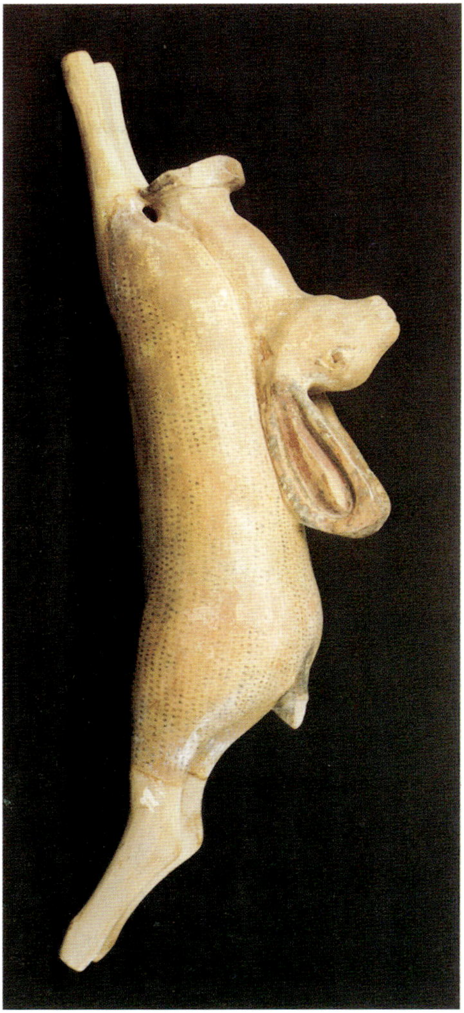

VASO CONFIGURATO GRECO-ORIENTALE, A FORMA DI LEPRE MORTA. INTORNO ALLA METÀ DEL VI SEC. A.C.

FRAMMENTO DI ANFORA A FIGURE NERE: DEMETRA CONSEGNA LE SPIGHE A TRIPTOLEMOS, ERACLE AGLI INFERI. CERCHIA DI EXEKIAS (GRUPPO E). 550-530 A.C.

ARULA CON DUELLO DI GUERRIERI (ACHILLE E MEMNONE?). SECONDA METÀ DEL VI SEC. A.C.

IL SANTUARIO DI PERSEFONE IN CONTRADA MANNELLA

Le statuette di terracotta prodotte a Locri rappresentano per lo più figure di divinità femminili sedute in trono, talvolta con il *polos* (copricapo cilindrico tipico delle divinità), e figure femminili stanti, spesso di offerenti; tutte mostrano pose statiche, rigide e frontali tipiche dell'arte del VI sec. a.C., ma notevole vivacità e varietà nelle teste, le quali in alcuni casi presentano rapporti stilistici con Corinto, mentre in altri esemplari si afferma (all'incirca intorno alla metà del VI sec. a.C.) una corrente artistica ispirata ai vasi plastici e alle sculture della Grecia dell'Est.
Nelle vetrine 37 e 38 sono esposti numerosi frammenti di vasi prodotti ad Atene nella tecnica a figure nere: abbastanza rari i frammenti dei primi decenni del VI sec. a.C. (coperchio con fregi di animali, della cerchia di Sophilos; pisside con guerriero che si arma, del Pittore Corinzieggiante, e altri), mentre divengono abbondanti nella seconda metà del VI sec. a.C. quando i vasi attici si affermano completamente sui mercati di tutto il Mediterraneo soppiantando la concorrenza dei vasi corinzi; sono qui rappresentate anfore e coppe.
Nella vetrina 38 è presentato un tipo di figura in terracotta di divinità femminile fra i più diffusi a Locri sia in posizione stante, sia seduta in trono; Orsi lo definì «statua a leggío» per il torace rappresentato da un elemento orizzontale piatto, mentre la parte inferiore della figura stante è tubolare; si tratta forse dell'imitazione di una statua di culto di grandi dimensioni. Il volto con guance gonfie e fossetta nel mento, è tipico dell'influsso greco-orientale a Locri, ed è utilizzato anche per figure di altro tipo, come maschere (vetrina 39) e sirene (vetrina 42).

MANIGLIA IN BRONZO CON TESTA DI CAVALLO E DI ARIETE. VI SEC. A.C.

STATUETTA FEMMINILE IN TERRACOTTA DI DERIVAZIONE CORINZIA. 570-550 A.C.

VASO CONFIGURATO GRECO-ORIENTALE, A FIGURA FEMMINILE (KORE). INTORNO ALLA METÀ DEL VI SEC. A.C.

GRANDE FIGURA IN TERRACOTTA DI DIVINITÀ FEMMINILE (COSIDDETTA «STATUA A LEGGIO»). INTORNO ALLA METÀ DEL VI SEC. A.C.

IL SANTUARIO DI PERSEFONE IN CONTRADA MANNELLA

Una delle «figure a leggío», frammentaria, ha il braccio destro sollevato lateralmente per brandire un'asta: si tratta quindi della rappresentazione di una divinità femminile armata (Atena? Hera?) oggetto di culto nell'ambito del santuario della Mannella accanto a Persefone.
Nelle vetrine 39 e 40 vi sono numerose «maschere», rappresentazioni di volti femminili isolati dal corpo. Alcuni esemplari sono stilisticamente vicini ai modelli greco-orientali nella ricerca di forme piene e arrotondate, mentre altri evidenziano la struttura squadrata delle teste, secondo la tradizione peloponnesiaca. In molte maschere è particolarmente evidente il cosiddetto «sorriso arcaico», ottenuto rialzando gli angoli della bocca e disponendo obliquamente gli occhi: si tratta di una convenzione figurativa che riporta sul piano frontale i tratti del volto disposti in profondità, senza alcuna intenzione di esprimere sentimenti o moti psicologici estranei alle concezioni figurative dell'età arcaica.
Nella vetrina 41 si osservano in particolare due grandi figure in trono con volti nitidamente delineati, di tradizione peloponnesiaca, e un'arula con combattimento fra due guerrieri dall'armatura pesante, alla presenza di due donne che si coprono il volto in segno di timore e orrore; si tratta forse del duello fra Achille e Memnone assistiti dalle madri. Le figure, modellate senza uso di matrice e con forti sottosquadri, hanno forme massicce e vigorose, che sottolineano lo slancio e la drammaticità della lotta.
Nella vetrina 42 sono alcuni dei più notevoli esemplari di ceramica attica a figure nere della seconda metà del VI sec. a.C., come un frammento con la rara rappresentazione di Anchise sulle spalle del figlio Enea, di Exekias, un grande frammento di anfora con scene di Eracle e Cerbero, e Demetra che consegna le spighe a Triptolemos, attribuito alla cerchia di Exekias, il collo di un cratere con carri e con banchetto, del Gruppo di Leagros. Vi sono inoltre numerosi frammenti di ceramica calcidese, l'unica classe di vasi a figure nere prodotti in Occidente, forse a Reggio, nella seconda metà del VI sec. a.C.; la consistente presenza di vasi calcidesi alla Mannella avvalora l'ipotesi che il centro di produzione non fosse lontano da Locri.
Nel salone X, la vetrina 43 è ancora dedicata a statuette in terracotta della fine del VI sec. a.C. (si nota qualche figura stilizzata con il collo allungato in modo innaturale), e a frammenti a figure nere, in parte attici, in parte di imitazione, prodotti a Locri e in altri centri non identificati.
Una significativa campionatura delle offerte votive simboliche di frutta e ortaggi in terracotta (melograni, grappoli d'uva, zucche ecc.) e di animali in bronzo e in terracotta (galli, colomba, tori ecc.), è esposta nella vetrina 44, ove è anche un grande rilievo con due figure femminili panneggiate, del principio del V sec. a.C., e un interessante frammento con la spalla sinistra di una statua femminile in terracotta a grandezza naturale, databile alla prima metà del V sec. a.C., con chitone dalle fitte e morbide pieghe ondulate e con la manica fermata da una serie di abbottonature; la finezza del panneggio dà un'idea dell'alta qualità delle grandi statue in terracotta, usate come statue di culto o come offerte votive di eccezionale impegno.

GRANDE MASCHERA IN TERRACOTTA, DI DERIVAZIONE GRECO-ORIENTALE. METÀ VI SEC. A.C.

Nelle vetrine al centro del salone sono esposti i *pinakes* locresi, che costituiscono uno degli esiti più notevoli dell'arte della Magna Grecia.
Si tratta di sottili tavolette rettangolari (*pinakes* = quadretti) in terracotta decorate a basso rilievo con scene relative al mito di Persefone e ai rituali del culto nel santuario locrese della Mannella; erano prodotte a matrice, completate con colori vivaci (di cui rimangono purtroppo pochi resti), e poi offerte nel santuario ove venivano appese grazie ai fori praticati sul lato superiore.
La fragilità dei *pinakes* e la stessa frammentazione rituale li hanno fatti pervenire a noi quasi sempre incompleti, ma è possibile ricostruire le scene confrontando esemplari diversi usciti dalla stessa matrice; si sono osservate numerose varianti e modifiche apportate alle matrici dei principali tipi, che hanno richiesto un meticoloso lavoro di classificazione non ancora giunto a compimento.
Pur trattandosi di manufatti votivi di modesto valore intrinseco, i *pinakes* furono prodotti dagli artigiani locresi con notevole impegno stilistico, in un periodo ben definito, all'incirca tra il 490 e il 450 a.C., tra la fine dell'arcaismo e il pieno stile severo. La stessa singolarità di questi rilievi pone non facili problemi per il loro inquadramento fra le correnti artistiche dell'epoca in Magna Grecia; a tale proposito si è più volte ricordato lo stile ionico del periodo severo, che unisce ad un robusto senso plastico un gusto molto sensibile alla modulazione dei contorni e al gioco lineare dei panneggi, che ritroviamo anche nei bronzetti locresi di quest'epoca e nei rilievi marmorei del cosiddetto «Trono Ludovisi», spesso accostato allo stile dei *pinakes* e attribuito all'arte locrese.
La recente scoperta a Francavilla di Sicilia, nell'entroterra dell'antica Naxos, di un deposito votivo con molti *pinakes* fortemente analoghi a quelli locresi per i soggetti e per lo stile, pone in

GRANDE FIGURA IN TERRACOTTA DI DEA IN TRONO. SECONDA METÀ VI SEC. A.C.

IL SANTUARIO DI PERSEFONE IN CONTRADA MANNELLA

nuova luce i rapporti artistici fra le città greche della Magna Grecia e della Sicilia; è anzi possibile che un ruolo importante nell'elaborazione e diffusione dei temi e delle cadenze dei *pinakes* risalga ad ambienti siciliani, nel momento in cui il governo dei tiranni Dinomenidi unifica la Sicilia orientale sotto il dominio di Siracusa e lega fortemente anche Locri Epizefiri.

I *pinakes* sono attualmente esposti secondo la classificazione per soggetti operata da P. Zancani Montuoro in oltre 170 tipi, suddivisi in 10 gruppi tematici e indicati da sigle in cui la prima cifra indica il gruppo e la seconda il tipo.
Si ricordano brevemente i tipi principali.
Nelle vetrine 45 e 46 sono esposti i numerosi tipi raffiguranti il rapimento di Persefone, in forme assai differenti: il rapitore è talvolta rappresentato con barba ed è pertanto identificabile con il dio Hades (come nel tipo 2/22, uno dei più antichi e dei più raffinati nella minuziosa resa dei dettagli), mentre più spesso il rapimento è operato da un giovane imberbe, sicuramente differente da Hades (nel tipo 2/30 accanto al giovane rapitore compare la testa barbata di Hades), variamente identificato con uno dei Dioscuri o con un giovane eroe: si tratta di una particolarità della versione locrese del mito di Persefone, non attestata in altre fonti antiche.
In alcuni tipi Persefone reagisce alla violenza con ampi gesti della braccia (ad esempio tipo 2/5) e talvolta lascia cadere il *kalathos* in cui stava raccogliendo frutta (tipi 2/10 e 2/11); altrove la dea sale sul carro senza resistere, mentre alcune compagne fuggono impaurite (tipi 2/2, 2/3).
In molti tipi (ad esempio 2/22) le zampe dei cavalli sono giustapposte per descrivere in modo elementare ma efficace il numero dei cavalli e il loro disporsi affiancati in profondità.
Nella vetrina 47 sono esposti i tipi 4/1, 4/2, 4/3, relativi alla raccolta della frutta sacra (melagrane o mele cotogne) da parte di una giovane alla presenza di Persefone seduta; si tratta di scene di alta eleganza formale che offrono esempi interessanti di rappresentazioni di natura, inconsuete per l'arte greca. Si osservano inoltre una scena di sacrificio prenuziale davanti ad un tempio (tipo 3/6), e una scena con figure femminili, di cui una suona il flauto, entro un tempio (tipo 3/5); entrambi gli edifici sacri hanno capitelli ionici e fregio dorico con triglifi e metope, con una commistione fra ordini architettonici diversi che ricorre più volte in Magna Grecia.

Ancora nella vetrina 47 si osserva una figura femminile che ripone in un mobile una stoffa ripiegata (tipo 5/2), forse lo stesso peplo che viene trasportato in processione (tipi 5/3, 5/4) per adornare la statua della dea; anche in altre scene di processione (tipi 5/5, 5/7, 5/9) il corteo è guidato da una sacerdotessa che regge una coppa (*phiale*) e un breve scettro (*rhabdos*).

PINAX CON RAPIMENTO DI PERSEFONE DA PARTE DI HADES (TIPO 2/22). PRIMA METÀ V SEC. A.C.

PINAX CON RACCOLTA DELLA FRUTTA ALLA PRESENZA DI PERSEFONE (TIPO 4/3). PRIMA METÀ V SEC. A.C.

PINAX CON PROCESSIONE E TRASPORTO DI ARREDI DI CULTO (TIPO 5/5). PRIMA METÀ V SEC. A.C.

Nella vetrina 48 altre scene alludono, come le precedenti, ai rituali di preparazione delle nozze: la sposa si acconcia guardandosi allo specchio (tipi 6/3 - 9) e infine si reca alle nozze in corteo su un carro tirato da muli (tipo 7/3).
Nella vetrina 49 Persefone sola o con Hades riceve doni da altre divinità: Apollo (tipo 8/1), Hermes (8/8-18), Dioniso (8/20-23; si notano resti di colore), Ares (8/29), Triptolemos (8/30), Atena (8/44). Significativo il tipo 8/31, ove Persefone è in trono insieme a Hades, con numerosi attributi alludenti alla fertilità della natura, il gallo, la pigna, le spighe, i fiori; la composizione nitida ed equilibrata è tipica degli esemplari di più alto livello artistico.
Nella vetrina 50 sono esposti i tipi 9/1-5 con Persefone che apre la cesta contenente un fanciullo divino (forse Ploutos che le fonti letterarie collegano a Demetra e Persefone), raffigurazione mitica del destino della sposa ormai divenuta madre.

Altri importanti aspetti del culto nel santuario della Mannella sono attestati nelle vetrine 52-57.
Alcuni esempi di gioielli tra cui orecchini in argento e anelli in argento e in oro, alcuni dei quali con castoni figurati, sono esposti nella vetrina 52, insieme a placchette in osso che probabilmente rivestivano cofanetti o piccoli mobili, un flauto in osso, fibule in bronzo, maniglie ed elementi decorativi in bronzo pertinenti a recipienti e a mobili e un grande amo da pesca (tutte le attività umane potevano dare occasione a offerte votive).
Tra i reperti in bronzo si osservano alcuni specchi, tutti forati al centro (tipico caso di frammentazione rituale), un manico di patera a figura maschile con le braccia sollevate (vetrina 52), un bellissimo piccolo leone in posizione di attacco, originariamente applicato all'orlo di un grande vaso e un elmo in bronzo con iscrizione votiva sulla calotta, databile all'inizio del V sec. a.C.: Φρασιάδας ἀνέθε̄κε ταῖ θεοῖ («Phrasiadas dedicò alla

PINAX CON LA PREPARAZIONE DELLA SPOSA PER LA CERIMONIA NUZIALE (TIPO 6/8). PRIMA METÀ V SEC. A.C.

PINAX CON PERSEFONE E HADES IN TRONO (TIPO 8/31). PRIMA METÀ V SEC. A.C.

PINAX CON DIONISO CHE RENDE OMAGGIO A PERSEFONE E HADES IN TRONO (TIPO 8/20). PRIMA METÀ V SEC. A.C.

IL SANTUARIO DI PERSEFONE IN CONTRADA MANNELLA

Dea») (vetrina 53). Inoltre tre notevoli statuette databili intorno al 470-440 a.C.: una massiccia figura di atleta nudo in gesto di offerta, una figura maschile in rapido movimento verso destra col braccio sinistro sollevato (Perseo?) e soprattutto una bellissima figura femminile in peplo, originariamente pertinente a un manico di specchio, in atteggiamento di offerta di una palla e di una ciocca di capelli tenuta con la mano destra, a simboleggiare l'abbandono dei giochi infantili e delle acconciature giovanili da parte della fanciulla che va sposa, in modo analogo alle rappresentazioni dei *pinakes* (vetrina 54).

Nella vetrina 53 sono esposti alcuni interessanti frammenti di ceramica a figure nere del V sec. a.C., con rappresentazioni talvolta grottesche e di sapore arcaistico, nonché notevoli frammenti di ceramica attica a figure rosse esposti anche nelle vetrine 53 e 54. Sono attestati per lo più vasi di grandi dimensioni come crateri e anfore, e *lekythoi* per contenere oli e unguenti; seppure in stato frammentario, si osservano esemplari di eccezionale suggestione e potenza stilistica, attribuiti a molti dei massimi pittori vascolari ateniesi dalla fine del VI alla seconda metà del V sec. a.C., quali ad esempio Euthymides, il Pittore di Kleophrades, il Pittore di Berlino, il Pittore di Brygos, Makron, il Pittore di Borea, il Pittore dei Niobidi, il Pittore di Pentesilea, il Pittore di Achille, il Pittore di Schuwalov e altri.

Grazie ai frammenti della Mannella, Locri assume un ruolo fondamentale per ricostruire i modi e i percorsi di distribuzione della ceramica attica del V secolo a.C.; in Magna Grecia si possono riscontrare simili concentrazioni di vasi dei grandi pittori attici solo in pochi fra i maggiori santuari, mentre in Etruria essi sono largamente presenti nelle ricchissime necropoli.

Nella vetrina 54 fra altre terrecotte della prima metà del V secolo a.C. spicca una eccezionale testina femminile con il volto dipinto in bianco e i capelli biondi resi da una sottile lamina d'oro, di produzione attica.

La vetrina 55 presenta alcune statuette in terracotta della seconda metà del V secolo a.C., fra cui figure maschili e femminili alate, talvolta reggenti bende e altri oggetti relativi a sacrifici e offerte rituali: è incerto il significato religioso di queste figure di impostazione grandiosa e di notevole livello stilistico.

Nella vetrina 56 si osservano frammenti di grandi bacili in marmo, con grappe in piombo di riparazioni antiche, sostenuti da colonnine marmoree e usati nel santuario per i rituali lavacri di purificazione, rappresentati anche nei *pinakes*; sul bordo di uno di essi vi è l'iscrizione di dedica, databile al IV secolo a.C.: [- -]α Τιμάρεος ἀνέθηκε τᾶι θεῶι

FIGURA FEMMINILE ALATA IN TERRACOTTA, CHE REGGE ARREDI DEL CULTO E FRUTTA VOTIVA. SECONDA METÀ V SEC. A.C.

STATUETTA BRONZEA (DA MANICO DI SPECCHIO) DI FANCIULLA CHE OFFRE UNA PALLA E UNA CIOCCA DI CAPELLI. 480-450 A.C.

(«[...]a, figlia di Timares dedicò alla Dea»).
La vetrina 57 raccoglie reperti di particolare interesse in quanto attestano la vita e la frequentazione del santuario della Mannella dopo la seconda metà del V secolo a.C., fino alla piena età ellenistica.
La grande antefissa a testa femminile con diadema e velo appartiene alla serie che probabilmente decorava il piccolo edificio di cui Orsi mise in luce parte delle fondazioni; altre antefisse, a testa femminile e a palmetta, documentano la presenza di altri edifici nel corso del IV secolo a.C.. Le terrecotte di età ellenistica mostrano un interessante gruppo erotico con scena di bacio, e soprattutto una grande testa modellata a mano senza matrice, di notevole qualità nel sensibile rendimento dell'acconciatura e nell'infossarsi degli occhi che accentuano l'espressione patetica del volto.

ANTEFISSA A TESTA FEMMINILE IN TERRACOTTA. FINE V SEC. A.C.

GRANDE TESTA FEMMINILE CON DIADEMA IN TERRACOTTA. III SEC. A.C.

I SANTUARI DI ATENA E DI CASA MARAFIOTI

Il salone XI presenta alcuni siti tra i più significativi di Locri Epizefiri, tra santuari ed edifici pubblici non sacri.
Nel 1912 P. Orsi esplorò il piccolo tempio di Atena, sulle pendici orientali del colle della Mannella, cioè sul lato opposto al più celebre santuario di Persefone.
I pochi resti delle fondazioni in blocchi di arenaria di un piccolo tempio *in antis*, privo del colonnato della peristasi, furono successivamente ricoperti. La divinità a cui era dedicato il tempio fu identificata in seguito al rinvenimento di un piccolo deposito votivo con statuette di Atena.

Nella vetrina 58 sono esposte le terrecotte votive, tra cui parte di due figure molto lacunose di Atena, in posizione di attacco (*promachos*), con il consueto mantelletto a squame con teste di serpente (egida), databili intorno alla fine del VI - inizio del V sec. a.C., e parecchie teste in buona parte appartenenti alla seconda metà del V sec. a.C. dotate di vari tipi di elmo, con paragnatidi rialzate (tipo attico), e in forma di berretto frigio.
Il culto di Atena a Locri, seppure incentrato su un tempio di dimensioni modeste, doveva avere importanza significativa, a giudicare dal ruolo della dea come ispiratrice e protettrice del mitico legislatore Zaleuco, e dalla stessa presenza di statuette di Atena rinvenute in altri scavi, al teatro, al santuario di Grotta Caruso, nell'abitato in contrada Centocamere.
Nella stessa vetrina 58 sono esposti anche reperti di altre località tra cui due interessanti rilievi in terracotta raffiguranti Ulisse (o Diomede?) mentre rapisce da Troia la statua di Pallade Atena.

Gli elementi più monumentali esposti nel salone XI sono pertinenti al tempio detto di Casa Marafioti, scavato da Paolo Orsi nel 1910. Dell'edificio rimasero visibili alcuni resti monumentali fino a epoche abbastanza vicine a noi: ad esso forse sono relative le due colonne rappresentate in una stampa del 1781 con veduta della piana di Locri. La stessa notorietà delle rovine attirò il duca de Luynes, avventuroso studioso francese, che intorno al 1830 scavò e descrisse parte del basamento;

LASTRE DI TERRACOTTA DIPINTA E A RILIEVO. DALLA DECORAZIONE DEI GEISA E DELLA SIMA DEL LATO FRONTALE DEL TEMPIO DI CASA MARAFIOTI. SECONDA METÀ DEL V SEC. A.C.

all'epoca non vi erano più colonne in piedi e sul lato orientale del tempio era da tempo sorta una casa, di proprietà Marafioti.
Lo scavo del de Luynes ebbe conseguenze deleterie per il monumento: dopo la partenza del francese, i blocchi furono divelti e asportati per reimpiegarli, tanto che lo scavo di Orsi incontrò soltanto le trincee praticate nel terreno vergine per le fondazioni, e scarsi resti dei blocchi.
La quasi totale sparizione delle strutture ha dato luogo a interpretazioni differenti del tempio: secondo P. Orsi ed E. Ostby si tratterebbe di un tempio periptero, mentre W.D. Dinsmoor e G. Gullini pensano a un tempio *in antis*, oppure amfiprostilo, cioè con il colonnato soltanto lungo i lati brevi dell'edificio.
I pochi resti dei capitelli dorici e della cornice hanno forme singolari, così come non ha confronti in altri edifici il fregio dorico costituito da grandi «pentaglifi» (ne è esposto

LASTRE DI TERRACOTTA DIPINTA E A RILIEVO. DALLA DECORAZIONE DEL GEISON E DELLA SIMA LATERALE DEL TEMPIO DI CASA MARAFIOTI. SECONDA METÀ DEL V SEC. A.C.

I SANTUARI DI ATENA E DI CASA MARAFIOTI

uno), cioè triglifi a cinque elementi verticali invece che i consueti tre.
La costruzione del tempio è databile intorno al 540-520 a.C.; appartengono invece a un rifacimento del tetto, più tardo di oltre un secolo (fine del V sec. a.C.) le bellissime terrecotte architettoniche, ricomposte al centro della sala.

Il *geison* è decorato da elementi di meandro, a rilievo; sul lato frontale del tempio, la sima disposta lungo la linea degli spioventi del tetto è decorata con palmette e fiori di loto alternati. La sima laterale è molto singolare: le teste di leone, solitamente usate come gocciolatoi per l'acqua piovana, non sono qui funzionali, ma soltanto decorative, poiché l'acqua piovana defluiva attraverso le aperture triangolari praticate tra gli elementi floreali stilizzati, che decorano le lastre della sima.
Le terracotte architettoniche conservano notevoli resti dei colori originali, intensi e fortemente contrastanti (rosso, nero, ocra) che davano ai templi greci un aspetto riccamente e vivacemente policromo, ben lontano dall'idea, erronea, anche se tuttora diffusa, che l'architettura greca fosse «tutta bianca di marmi».
Lungo il fronte occidentale del tempio si rinvennero numerosi frammenti di un grande gruppo in terracotta che probabilmente costituiva l'acroterio centrale, posto sopra la sommità del trave di colmo del tetto; esso rappresenta un giovane a cavallo, sostenuto da una sfinge. Figure di cavalieri usate come acroteri sono attestate fin da età arcaica in vari centri della Sicilia e della Magna Grecia; la presenza della sfinge induce a identificare il cavaliere con uno dei Dioscuri, i quali talvolta (come a Sparta) venivano effigiati insieme a sfingi.
Il gruppo rappresenta uno degli esempi più tipici della predilezione dell'arte magnogreca per l'uso della terracotta anche in statue di grandi dimensioni: tale materiale facilita la resa vivace, quasi espressionistica, di dettagli, quale il muso del cavallo, ed evidenzia una certa sensibilità coloristica del modellato (la testa del cavaliere è però in buona parte di restauro) che conferma la datazione intorno alla fine del V sec. a.C.; si rileva peraltro qualche incertezza disegnativa nel corpo della sfinge, forse meno evidente quando il gruppo era posto alla sommità del tetto.
Nella vetrina 59 sono esposti alcuni reperti dallo scavo del tempio, fra cui un frammento di capigliatura molto stilizzata appartenente ad un *kouros* in marmo databile intorno alla metà del VI sec. a.C., uno dei pochissimi esempi di statue in marmo di età arcaica a Locri.
Importanti anche i frammenti di laterizi con bolli dell'officina produttrice, appartenente a Caio Claudio Pulcher, esponente della nota famiglia senatoria di Roma, che evidentemente ebbe possedimenti ed attività economiche anche nella zona di Locri; il nome latino è trascritto in alfabeto greco e ciò sembra indicare una data non posteriore al I sec. a.C., poiché in età imperiale l'uso del greco a Locri non è più attestato e le epigrafi sono ormai tutte in latino.

GRUPPO DI TERRACOTTA CON CAVALIERE SOSTENUTO DA UNA SFINGE, PERTINENTE ALL'ACROTERIO CENTRALE DEL TEMPIO DI CASA MARAFIOTI. SECONDA METÀ DEL V SEC. A.C.

L'ARCHIVIO DEL SANTUARIO DI ZEUS OLIMPIO

Al centro della sala XI, nelle vetrine 60 e 61 sono esposte le 39 tabelle bronzee iscritte appartenenti all'archivio del santuario di Zeus Olimpio, rinvenute clandestinamente, nel 1959, all'interno di una grande teca di pietra, in contrada Pirettina e fortunosamente recuperate in seguito.
I documenti, di estremo interesse per la storia economica e politica di Locri, nonché per la lingua (un dialetto di tipo dorico), l'onomastica, le istituzioni ed il calendario, sono scritti da più mani, in caratteri greci del IV-III sec. a.C.. Si vollero scrivere su materiale durevole e conservare in una specie di forziere le registrazioni di somme di denaro che la città prese in prestito dal santuario per decreto della *bolà* (= consiglio) e del *damos* (= assemblea popolare) e che solo in misura assai limitata e senza interessi talora restituì. Ogni tabella presenta in apertura la menzione del magistrato eponimo e di altri magistrati sempre in terne, corrispondenti evidentemente alle tre tribù doriche, i cui nomi sono preceduti da sigle probabilmente indicanti una ulteriore suddivisione della popolazione (demotico).

Solo in qualche caso si specificano i proventi, per lo più di carattere agricolo, del santuario; più spesso è invece indicato lo scopo del prelievo da parte della città, che talora è costituito dall'esecuzione di opere di difesa, e in cinque delle tabelle dal pagamento di una «contribuzione per il re» (βασιλεύς). Le cifre sono espresse con il sistema numerale acrofonico. Le somme in denaro rivelano un sistema monetale basato sulla *litra* e sul talento leggero, simile a quello siracusano. La presenza dell'assemblea popolare, la pluralità dei magistrati, la rigida rotazione delle cariche presuppongono una costituzione a carattere democratico, certamente posteriore all'abbattimento, intorno alla metà del IV sec. a.C., della tirannide di Dionisio II. Poiché i magistrati eponimi sono più di trenta, le tabelle

TECA DI PIETRA, CONTENENTE LE TABELLE BRONZEE DELL'ARCHIVIO DI ZEUS OLIMPIO. DALLA CONTRADA «PIRETTINA»

debbono appartenere a un lasso di tempo di oltre trent'anni. Indizi di cronologia più precisi sono stati visti nella menzione del *basileus*, identificato per lo più con Pirro (che dominò Locri tra il 280 e il 274 a.C.) o con Agatocle (che ebbe interessi nell'Italia meridionale tra il 298 e il 289 a.C.); ma il *basileus* potrebbe essere anche un magistrato locrese.

La teca che conservava l'archivio si trova a breve distanza dal teatro e ai piedi dell'altura su cui sorgeva il tempio di Casa Marafioti, distante poco più di 100 m. in linea d'aria. Si è supposto che la teca facesse parte del santuario di Casa Marafioti, che risulterebbe perciò dedicato a Zeus Olimpio; tuttavia la distanza e il forte dislivello tra teca e tempio, e soprattutto la presenza lungo il pendio di un grosso muro di terrazzamento che probabilmente fungeva da limite del santuario, lasciando all'esterno la teca, rendono problematico il collegamento fra i due monumenti.

Si cita qui, come esempio, la tabella 12:

Αστ. ἐπὶ Τιμοδάμω· *hιερομναμονῶν/των ἐπὶ θησαυρῶ* Ευρ., Ἀγησιδάμω Ἱηρία, / Κυλ. Ξενάρεος Ζωΐλω, Πυρ. Ἀρχίππω Ὀναίω, / *προβώλων προαρχόντων* Λακ. / Φιλιστίωνος Σωσίππω, Σωτ. Νικοδάμω / Τίμωνος, Αλχ. Νικασικράτεος Φρυνίσκω, / *προδικεόντων* Θρα. Γλαυκία Σωσιβίω / Μνα. Καλλίππω Καλλικράτεος, Αλχ. / Φαικίωνος Εὐπόλιος, *ἐχρήσαντο / δόγματι βωλᾶς και τῶ{ι} δάμω πὰρ τῶ* / Διὸς *ἐν τὰν πυργοποιίαν τάλαντα* / ΨΗΗΗΗΒΒΒΗΞΔΓΛΛΛΛ⊢

«Sotto Timodamos del demo Ast., essendo ieromnamoni addetti al tesoro Agesidamos figlio di Hierias del demo Eur., Xenares figlio di Zoilos del demo Kyl., Archippos figlio di Onaios del demo Pyr., essendo probuli proarchontes Philistion figlio di Sosippos del demo Lak., Nikodamos figlio di Timon del demo Sot., Nikasikrates figlio di Phryniskos del demo Alch., essendo prodikoi Glaukias figlio di Sosibios del demo Thra., Kallippos figlio di Kallikrates del demo Mna., Phaikion figlio di Eupolis del demo Alch., presero in prestito per decreto del consiglio e dell'assemblea popolare dal (santuario di) Zeus per i lavori di fortificazione 1785 talenti, 5 stateri, 18 litre e 1/2».

M.L.L.

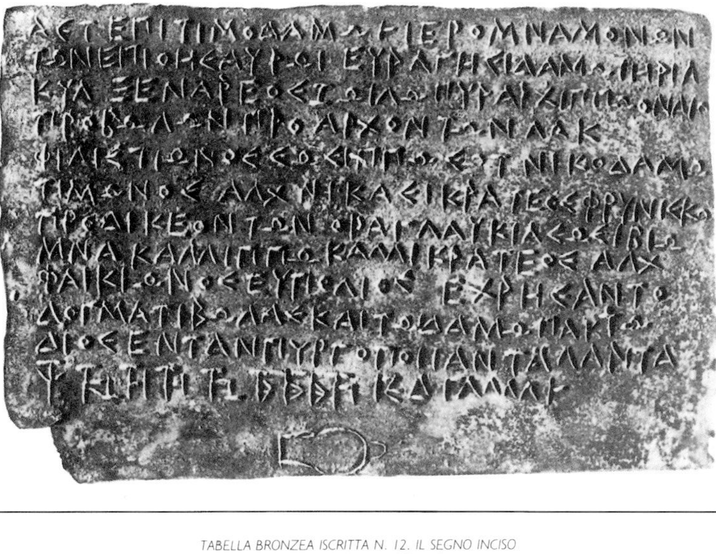

TABELLA BRONZEA ISCRITTA N. 12. IL SEGNO INCISO IN BASSO PROBABILMENTE ALLUDE ALLA PLANIMETRIA DI UNA TORRE DELLE MURA DI CINTA, ED È IN RAPPORTO CON I LAVORI DI FORTIFICAZIONE CITATI NEL TESTO

IL TEATRO

Il teatro di Locri Epizefiri fu identificato da P.E. Arias nel 1940 su indicazione del custode Ugo Serafino, che aveva notato una forte eco in una conca ai piedi dell'altura su cui sorge il tempio di Casa Marafioti. Lo scavo, completato da A. De Franciscis nel 1958-61, mise in luce il monumento, realizzato secondo l'uso greco di adattare una concavità naturale per sfruttarne le particolari caratteristiche acustiche. È possibile che l'edificio fosse usato oltre che per spettacoli (alle tragedie e alle commedie della tradizione letteraria ateniese, da Eschilo a Menandro, si aggiungevano le tipiche farse magnogreche recitate da attori con maschere grottesche detti fliaci), anche per assemblee e riunioni politiche, e che la sua costruzione sia in rapporto con l'introduzione a Locri di ordinamenti democratici, dopo la cacciata del tiranno siracusano Dionisio II nel 356 a.C.

Rimane solo una parte limitata dei gradini della cavea in blocchi di arenaria tenerissima, purtroppo fortemente degradata dagli agenti atmosferici, ed è quindi difficile calcolare la capienza del teatro, non inferiore a 2500 persone ma forse assai maggiore.
L'edificio scenico conserva le sole fondazioni in arenaria.

In età romana imperiale l'edificio fu trasformato eliminando le file più basse di gradini e costruendo un alto muro in blocchi di calcare, probabilmente per proteggere gli spettatori e usare l'edificio anche per spettacoli usualmente praticati negli anfiteatri, come le lotte di gladiatori o le cacce di animali feroci portati dall'Africa (*venationes*).
L'ammodernamento dell'edificio nell'inoltrata età imperiale romana mostra che Locri, seppure in parte spopolata rispetto alla fioritura di età greca, conservava strutture e funzioni tipiche di un centro di buona importanza.

Nello scavo si rinvennero alcune antefisse a testa silenica, ricavate tutte da una stessa matrice, con abbondanti resti

STATUETTA IN TERRACOTTA, PROBABILMENTE RAFFIGURANTE UN ATTORE CON MASCHERA A MUSO DI ANIMALE. IV-III SEC. A.C.

di colore rossiccio sul volto e di colore bruno sulla barba; sono databili intorno alla metà del IV sec. a.C., età che sembra corrispondere alla prima fase di costruzione dell'edificio scenico; tuttavia non è sicuro che le antefisse appartenessero realmente al coronamento della scena del teatro.
I materiali esposti nelle vetrine 62 e 63 sono di carattere eterogeneo, poiché nello spazio corrispondente alla cavea e all'orchestra si rinvennero anche materiali franati dall'alto, dalla zona del tempio di casa Marafioti; da alcuni scarichi e pozzi situati a valle dell'edificio scenico provengono numerose terrecotte votive ellenistiche, di tipi assai vari, forse da porre in rapporto alle cerimonie religiose di cui erano originariamente parte gli spettacoli teatrali greci.
Si ricordano qui: una grande testa di dea del V sec. a.C. di cui manca quasi totalmente il volto e rimane il complesso copricapo decorato da volute e palmette; parte di un singolare vaso (?) cilindrico a pareti traforate su cui erano applicate figure di cariatidi arcaizzanti.
Fra le statuette ellenistiche, vi sono tipi attestati anche nel santuario di Grotta Caruso, come le tavolette con tre teste di ninfe, le figure di satiri e di *paniskoi* recumbenti oppure seduti in paesaggi rocciosi, la figura femminile distesa e addormentata (una menade? Arianna abbandonata?), busti femminili.
Si ricordano inoltre una bellissima figura maschile nuda, dalle membra particolarmente snelle e scattanti, in posizione di rapido avanzamento; una singolare figura probabilmente di attore con una maschera appuntita a muso di animale (un ranocchio? un topo?); alcune figure femminili e maschili stanti, dai panneggi semplificati, che forse scendo

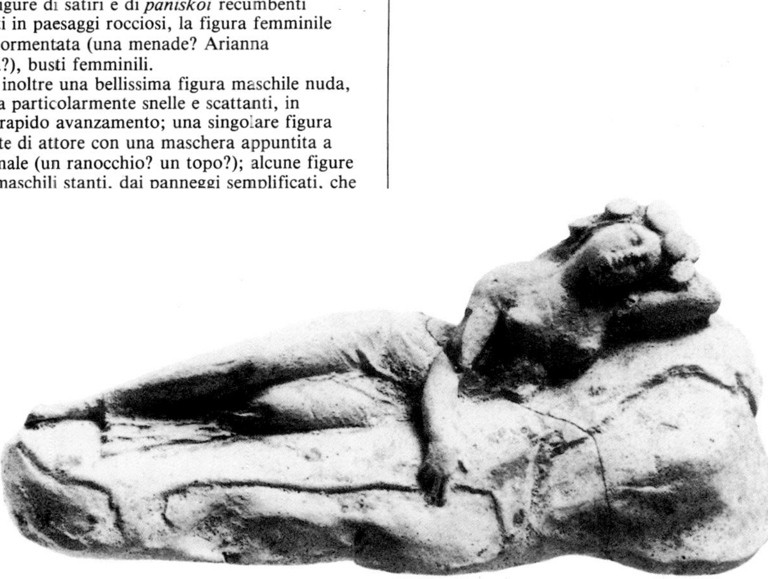

MENADE (O ARIANNA?) ADDORMENTATA SU UNA PELLE DI ANIMALE DISTESA SU UNA ROCCIA. TERRACOTTA. III SEC. A.C.

FRAMMENTO DI VASO (O BRACIERE?) IN TERRACOTTA CON PICCOLE CARIATIDI APPLICATE ALLA PARETE ESTERNA. III SEC. A.C.

IL SANTUARIO IN CONTRADA MARASÀ

Il santuario di contrada Marasà è il più monumentale fra quelli esplorati a Locri Epizefiri; l'area, utilizzata come cava di pietra da costruzione fino al 1880, fu nel 1889-90 scavata da P. Orsi ed E. Petersen, che misero in luce i resti di un tempio ionico sovrapposti a un tempio più antico. Nel 1955-59 A. De Franciscis estese l'esplorazione all'area circostante, con gli altari e un tratto della cinta muraria della città. Nella più antica fase costruttiva, databile intorno alla fine del VII sec. a.C., l'edificio templare era costituito da una semplice cella, con *pronaos* e *naos*, ma senza colonnato all'intorno, dalle dimensioni di m. 22,50 × 8,20 circa; si tratta di uno dei più antichi templi finora noti in Magna Grecia.

A questa fase appartengono numerose terrecotte architettoniche, che rivestivano e proteggevano dalle intemperie le strutture in legno dell'elevato del tempio. Sono qui ricomposte alcune grandi lastre in terracotta decorate a meandro, in colore nero sul fondo chiaro; esse erano inchiodate alle travi in legno di intelaiatura e rinforzo del muro in mattone crudo che costituiva l'elevato della cella, ma è incerto se esse rivestissero tutta la parete oppure soltanto lo zoccolo inferiore.
Alla stessa fase appartenevano anche le basse lastre decorate a meandro nero che rivestivano il *geison* (cornicione) e le lastre con treccia semplice che costituivano la sima (bordo rialzato dalla linea di gronda del tetto) dei rampanti del frontone (mancano infatti i fori per il passaggio dell'acqua, necessari nelle sime applicate ai lati lunghi dei templi) nonché il grande acroterio a disco concavo decorato a scaglie, sempre in colore nero, il quale molto probabilmente ornava l'estremità del trave di colmo del tetto.

Intorno alla metà del VI sec. a.C. il tempio arcaico fu ristrutturato, rinforzando gli spigoli della cella con blocchi in calcare, rifacendo le basi allineate all'interno della cella per reggere il trave di colmo dell'edificio, e soprattutto circondando la cella con una peristasi assai spaziosa (m. 35,30 × 17,05 circa) costituita probabilmente da colonne in legno (forse 6 sui lati corti e 14 su quelli lunghi). Il tetto fu

FRAMMENTO DI CRATERE CON DECORAZIONE SUBGEOMETRICA. VII SEC. A.C.

naturalmente rifatto e dotato di terrecotte architettoniche dalla decorazione dipinta più complessa di quella precedente, in cui, oltre al nero, erano usati i colori rosso e ocra.

Sono esposti tre esemplari nei quali il *geison* e la sima sono realizzati in un solo pezzo, caratteristica abbastanza rara, pur trovando altri esempi in Sicilia: la parte inferiore, corrispondente al *geison*, è decorata a treccia multipla, mentre la sima presenta una serie di foglie a colori alternati; lo scorrimento dell'acqua piovana è assicurato da semplici aperture semicircolari.
Sono attestate alcune varianti, nella direzione della treccia del *geison* e nella forma delle foglie della sima, e si sono pure rinvenute sime dalla decorazione analoga ma realizzate separatamente dal *geison*; è possibile che tali varianti risalgano a parziali rifacimenti e sostituzioni delle terrecotte architettoniche durante il periodo di vita del tempio ormai dotato di peristasi.
La vita del santuario in età arcaica è documentata (vetrina 66) da qualche frammento ceramico e da una statuetta acefala di dea che afferra per il collo due cigni, gesto che simboleggia il potere divino sugli animali e sulla natura, riconosciuto in età arcaica a molte dee, da Afrodite ad Artemide, da Hera e Cibele e altre ancora. Nella stessa vetrina sono esposti alcuni frammenti di terrecotte architettoniche arcaiche rinvenute da P. Orsi in uno scarico a circa 300 m. di distanza dal tempio di Marasà; esse sono diverse dai tipi sopra citati, e, qualora appartenessero al nostro santuario (non si può escludere infatti che provengano da un'altra area sacra non ancora individuata) sarebbero indizio dell'esistenza di altri edifici sacri accanto a quello già noto.

Nel V secolo a.C. il tempio arcaico fu abbattuto e sostituito da un nuovo e più grande tempio (m. 45,40 × 19 circa), di stile ionico, interamente in calcare molto fine ed omogeneo, che si sovrappose ai resti del tempio più antico ma con orientamento diverso da esso.
Del tempio ionico rimane oggi circa un terzo delle strutture del basamento e la parte inferiore di una sola colonna, ma l'attento studio di molti frammenti dell'elevato scavati da P. Orsi ha permesso di ricostruire graficamente forme e decorazioni del tempio.

Nelle vetrine 64 e 65 sono esposti alcuni frammenti dei capitelli a volute, della decorazione a palmette e fiori di loto posta alla sommità delle colonne, delle modanature ad ovuli e ad astragali che ornavano varie parti della trabeazione e della cornice del tempio; è notevole il ricco e vigoroso plasticismo di questa decorazione. È qui esposta anche una delle grosse chiavi in ferro a doppia T, che trattenevano i blocchi del basamento della peristasi ionica.
Nello scavo 1890-91 P. Orsi rinvenne i resti della decorazione scultorea della fronte occidentale del tempio, in marmo proveniente dall'isola di Paros nel mar Egeo: due gruppi speculari e simmetrici rappresentano due giovani nudi in atto di scendere da cavalli sostenuti da Tritoni, esseri mitici con corpo in forma umana terminante a coda di pesce.
Il gruppo di sinistra è in massima parte conservato, con poche integrazioni di restauro, mentre la testa del giovane fu rinvenuta da A. de Franciscis nello scavo del 1956; del gruppo di destra restano invece poche parti originali largamente integrate in gesso chiaro da un restauro del principio di questo secolo.
I due giovani sono stati identificati con i Dioscuri, rappresentati mentre giungono a cavallo dal mare (a cui alludono i tritoni) per portare alla vittoria contro Crotone nella battaglia al fiume Sagra l'esercito locrese molto inferiore di numero; è tipico della mentalità greca ricorrere a elementi mitici anche per celebrare fatti militari o politici di cui pure doveva essere viva la memoria storica.
La figura femminile oggi posta fra i Dioscuri è stata variamente identificata con una Vittoria (con ulteriore allusione alla battaglia della Sagra) oppure con una Nereide o altro personaggio divino connesso al mondo marino; essa fu rinvenuta nell'area di Marasà nel secolo

FRAMMENTO DI VOLUTA DI UNO DEI CAPITELLI IONICI, DAL TEMPIO DEL V SEC. A.C., NEL SANTUARIO DI MARASÀ

NELLE PAGINE SUCCESSIVE:
GRUPPI IN MARMO CON DIOSCURI. DALLA FRONTE OCCIDENTALE DEL TEMPIO IONICO.

LASTRE IN TERRACOTTA DIPINTA. DAL RIVESTIMENTO DELLA CELLA DEL TEMPIO ARCAICO.

IL SANTUARIO IN CONTRADA MARASÀ

scorso, prima degli scavi di Orsi, e non è quindi sicuro che appartenesse alla composizione con i Dioscuri.

È controversa la stessa collocazione dei gruppi con i Dioscuri: secondo alcuni studiosi essi costituivano gli acroteri, posti al di sopra delle estremità degli spioventi del tetto, mentre secondo altri essi decoravano lo spazio triangolare del frontone occidentale del tempio.
Lo stile di queste sculture, fra le più notevoli della Magna Grecia, mostra un trattamento sintetico del nudo e una resa morbida e chiaroscurale del volto dei Dioscuri che sembrano sentire gli echi dello stile elaborato da Fidia e dai suoi seguaci; si possono quindi datare intorno alla fine del V o al principio del IV sec. a.C.

Tale data fu assegnata in passato alla costruzione del tempio che fu a lungo ritenuto l'unico in stile ionico nell'Occidente greco; negli ultimi decenni sono stati scoperti altri templi ionici (a Velia, a Siracusa, a Metaponto) e un recente studio del tempio di Marasà condotto da G. Gullini ne ha messo in risalto i rapporti con il tempio ionico di Siracusa (circa 500 a.C.) suggerendo per il nostro una datazione intorno al 480-470 a.C., nel momento in cui il tiranno siracusano Jerone aveva aiutato i Locresi, attaccati dai Reggini.
P. Orsi riconobbe come importato da Siracusa il calcare usato per il tempio di Marasà; da ciò deriva l'ipotesi che Jerone avesse promosso il costoso trasporto per mare del materiale e il trasferimento a Locri di manodopera formata nel cantiere del tempio ionico siracusano.
Resta incerta la divinità a cui era dedicato il tempio, non essendosi finora rinvenute iscrizioni dedicatorie o materiali votivi che caratterizzino in modo preciso il culto. L'ipotesi che il tempio fosse dedicato a Zeus, basato sul rinvenimento di un deposito votivo con statuette del dio in atto di lanciare il fulmine (alcune sono esposte nella vetrina 66) non appare convincente, poiché il deposito votivo si trovava all'esterno delle mura, quindi sicuramente al di fuori del santuario e senza rapporto diretto con esso.

C.S.

IL SANTUARIO DI GROTTA CARUSO

Nel 1940 furono avviate da P.E. Arias richerche in una zona collinare poco fuori le mura della città, alla base di un ripido pendio prospiciente il Vallone Caruso-Polisà, dove in precedenza erano state rinvenute sporadiche terrecotte figurate di insolita tipologia.
Lo scavo portò all'individuazione di un santuario dedicato alle ninfe, divinità protettrici di una fonte sacra posta all'interno di una grotta, purtroppo franata poco tempo dopo l'esplorazione.
La grotta, scavata nella roccia tufacea, comprendeva un bacino per la raccolta delle acque, convogliate da una lunga canalizzazione di tubi di terracotta.
Accanto al bacino era un blocco trapezoidale di calcare e poco lontano tre blocchi di tufo sovrapposti sorreggevano un piccolo altare quadrangolare.
Il santuario è analogo ad altri individuati sulle pendici settentrionali dell'Acropoli di Atene dedicati al culto di Pan e delle Ninfe, ma anche ad Eros ed Afrodite. Il materiale votivo testimonia che anche in quello di Locri dovevano essere venerate divinità collaterali, legate al mondo silvestre e pastorale, insieme, molto probabilmente, ad Afrodite.
Le terrecotte votive emerse dallo scavo datano il sorgere del culto verso la fine del V secolo a.C. attestandone il massimo fiorire nei secoli IV e III e offrendo una campionatura assai significativa dei tipi prodotti localmente e del clima artistico di Locri in età ellenistica.

Tra il materiale votivo spiccano le riproduzioni di fontane, (vetrine 67-68) vivacemente modellate in terracotta secondo due indirizzi principali: nel primo tipo si tende a una riproduzione naturalistica e per così dire fedele della grotta locrese sede del culto, con modellini di forma più piccola che presentano una grotta alta e stretta, all'esterno della quale sono rese plasticamente felci e conchiglie o semplicemente lè irregolarità della roccia. Il secondo tipo elabora modelli più complessi e di maggiori dimensioni che evidentemente dovevano richiamarsi a celebri fontane ad esedra, dai prospetti

RILIEVO IN TERRACOTTA CON LE TESTE DI TRE NINFE. IN BASSO, DIVINITÀ FLUVIALE RAPPRESENTATA COME TORO A TESTA UMANA, POSTO SU UN BASAMENTO SU CUI È GRAFFITO IL NOME EUTHYMOS. III SEC. A.C..

architettonicamente strutturati e con complessi sistemi di vasche e di getti d'acqua zampillanti da protomi animali.

Il deposito votivo comprendeva centinaia di piccole tavolette in terracotta (vetrina 69) con la rappresentazione delle tre ninfe oggetto del culto, simbolicamente limitata alle sole teste. Il riquadro ad esse sottostante può essere liscio (e in questo caso era forse completato da elementi dipinti non conservati) o con varie rappresentazioni a rilievo quali, tra le più comuni, un tirso, Acheloo, probabilmente identificato con il torrente stesso che scorreva sotto la grotta, e Pan, piccola divinità silvestre dal corpo ferino. Il nome *Euthymos*, graffito su una di queste tavolette accanto ad una figura di divinità fluviale, è stato messo in rapporto con l'omonimo eroe locrese, vincitore di numerose gare olimpiche, che ricevette onori divini dopo la morte e fu detto figlio di un fiume.
Molto comune quale ex voto è la figura femminile nuda seduta (vetrina 71), spesso con braccia e gambe tronche, forse rese con elementi distinti. Ad esse sono probabilmente da riferire piccoli troni in terracotta recuperati nella medesima stipe.

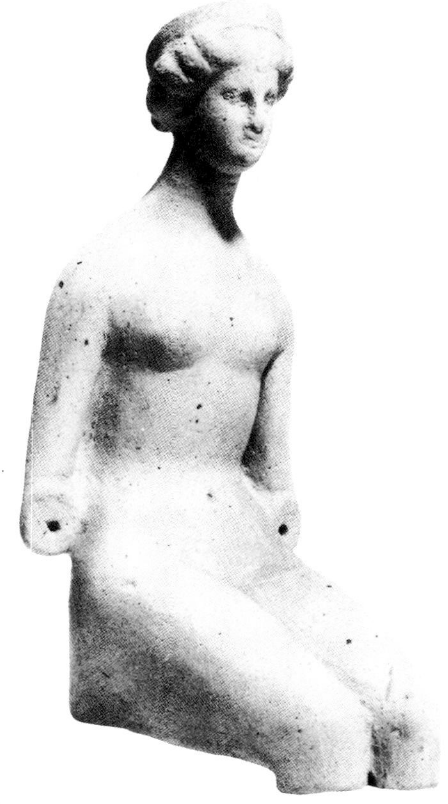

DIVINITÀ NUDA SEDUTA IN TERRACOTTA. III SEC. A.C.

FIGURA FEMMINILE PANNEGGIATA IN TERRACOTTA, DEL TIPO DELLE COSIDDETTE «TANAGRINE». III SEC. A.C.

IL SANTUARIO DI GROTTA CARUSO

Assai varia è invece la tipologia delle figure femminili panneggiate (vetrina 70), analoghe alle cosiddette «tanagrine», per la caratteristica leziosità e ricercatezza degli atteggiamenti, degli abiti e delle acconciature. Oltre a questi tipi più diffusi la stipe comprende un panorama molto vario (vetrina 72) di graziose o bizzarre figure di musici, di personaggi caricaturali o legati al mondo del teatro, di ermafroditi e di divinità minori, ninfe e menadi, tradizionali nel mondo ellenistico, nonché tipi che si rifanno alla grande statuaria dell'età ellenistica. Una ricerca condotta negli anni successivi sul piano soprastante la grotta, i cosiddetti «Piani Caruso», portò all'individuazione di strutture abitative, di un'area artigianale con due fornaci, e ancora di materiali votivi (vetrina 73) tra cui spicca una serie di busti femminili a base tronca e con copricapo a «*polos*», secondo un tipo assai diffuso in Sicilia, in rapporto generalmente al culto di Demetra, e da alcune notevoli teste femminili di grandi dimensioni, databili al IV secolo a.C.

L.C.

TESTA DI DIVINITÀ FEMMINILE CON BASSO POLOS, IN TERRACOTTA. DALL'AREA DEI PIANI CARUSO. IV SEC. A.C.

RILIEVO IN TERRACOTTA CON ATTORE COMICO IN ATTEGGIAMENTO DA PORTATORE. III SEC. A.C.

MODELLI IN TERRACOTTA DI GROTTE-NINFEO DI TIPO NATURALISTICO E DI TIPO ARCHITETTONICO.

L'ABITATO IN CONTRADA CENTOCAMERE

Dagli anni '50 la ricerca archeologica a Locri è rivolta essenzialmente allo studio dell'abitato con scavi estensivi condotti in contrada Centocamere, dove sono stati messi in luce più isolati di un complesso quartiere artigianale posto alla periferia della città, lungo il tratto prossimo al mare della cinta muraria.
I risultati degli scavi sono illustrati ed esposti più in dettaglio presso l'Antiquarium sorto a Locri nel 1971 con questo specifico intento, ove trovano pertanto ampio spazio sia i materiali raccolti nelle campagne di scavo degli anni 1950-1956 condotte dalla Scuola Archeologica Nazionale di Roma guidata da Gaspare Oliverio, sia le più recenti campagne avviate a partire dal 1969 e tuttora in corso condotte in collaborazione tra la Soprintendenza della Calabria e l'Università di Torino.
Nella presente sezione del Museo di Reggio la scelta dei materiali esposti, frutto degli scavi a Centocamere negli anni '50, si propone di mettere l'accento sul carattere artigianale del quartiere, legato in gran parte all'attività dei ceramisti.
Nel corso degli scavi sono state rinvenute infatti numerose fornaci, alcune delle quali conservano ancora il piano forato della camera di cottura, dove venivano impilati i vasi, sotto cui si apriva, scavata nel terreno, la camera di combustione, preceduta da un lungo corridoio d'accesso.
La diffusa presenza di canalette in terracotta per convogliare l'acqua necessaria alla lavorazione dell'argilla conferma il carattere artigianale del quartiere.
Lo scavo ha evidenziato un impianto urbanistico regolare a isolati di forma allungata, risalente ad età arcaica, tranne che nel settore più prossimo alle mura, dove gli isolati, esplorati negli anni '50, denunciano nella forma irregolare il loro sorgere in un momento successivo. La vita dell'intero quartiere durò fino alla fine del III secolo a.C..

UTENSILE IN TERRACOTTA PER LA LAVORAZIONE DI MANUFATTI IN ARGILLA. IV-III SEC. A.C.

I materiali esposti offrono una scelta tipologica dei prodotti di queste botteghe ceramiche insieme ad alcuni «ferri del mestiere» (vetrina 74), quali impastatoi per l'argilla, valvole per la regolazione del calore nella fornace e soprattutto una serie di matrici in terracotta, accanto alle quali è riprodotta in gesso la statuetta che poteva ottenersi da quella matrice.
Si ricorda infatti che la stragrande maggioranza delle terracotte figurate in epoca greca veniva realizzata attraverso l'impiego di matrici e apportando eventuali successivi ritocchi a stecca. La statuetta veniva poi completata con il colore, steso di consueto su una scialbatura di latte di calce.
Nella vetrina 75 sono esposti reperti per lo più del IV e del III sec. a.C., il momento di più intensa vita nel settore di abitato di contrada Centocamere: in alcuni casi le statuette in terracotta qui rinvenute mostrano gli stessi tipi già conosciuti dai santuari (quale ad esempio quello di grotta Caruso) e testimoniano l'uso di compiere sacrifici domestici con modeste offerte votive anche entro le abitazioni.

Nella sala XV è temporaneamente collocata una grande giara rinvenuta a Reggio Calabria.

Sul pianerottolo della scala è esposto un notevole sarcofago in marmo del IV sec. d.C. rinvenuto presso Ardore, a pochi chilometri da Locri; esso fu probabilmente fatto venire già lavorato da Roma da qualche ricco latifondista del territorio di Locri, ma non fu evidentemente possibile trovare poi sul posto uno scultore che completasse il ritratto del defunto nel medaglione centrale, che rimase quindi solo abbozzato.
Le figure pastorali agli angoli del sarcofago e al centro di esso possono essere interpretate sia come simboli pagani all'epoca largamente diffusi, sia come rappresentazioni del *pastor bonus* cristiano: non è quindi possibile dedurre con certezza da esse le credenze religiose del proprietario.

L.C.

RILIEVO IN TERRACOTTA CON TESTE DI NINFE E TORO A TESTA UMANA (DIVINITÀ FLUVIALE). III SEC. A.C.

REGGIO

Le sale che si aprono al primo piano sono dedicate a Reggio

Com'è noto, il destino di questa città è intrecciato con il suo antico passato sul quale via via si sono sovrapposte le case, i monumenti, le difese, le strade di Reggio medioevale e moderna. Quanto ciò può aver influito sulla conservazione delle memorie della *polis Rhegion* si può intuire; a ciò dovremo aggiungere il non indifferente peso di alcune calamità naturali, quali i terremoti: ad esempio quello del 1783 e, ultimo, tragico, quello del 1908, che quasi rase al suolo la città.

Non meno decisivo, tuttavia, deve considerarsi l'intervento dell'uomo: nell'attuazione dei piani di ricostruzione e, più recentemente, quando con accanimento speculativo, innalzando case con fondamenta profonde, si è cancellato in modo definitivo ciò che restava della storia di Reggio.

Quanto è esposto in queste sale - fatta eccezione per lo scavo dell'area di Reggio Lido (vetrina 21), distrutto per far spazio al nuovo tracciato ferroviario Reggio Calabria - Villa S. Giovanni -è perciò frutto di raccolte di privati cittadini o del personale della Soprintendenza, nel corso di ricognizioni e sopralluoghi sui principali siti e cantieri della città.

La lettura del materiale esposto nelle vetrine è facilitata da un buon numero di tabelloni didattici. I primi a sinistra sono dedicati alle vicende della fondazione.
Incerta è l'etimologia del nome *Rhegion*, che già gli antichi avevano tentato di spiegare. La più diffusa è quella secondo cui il nome deriverebbe dal greco ῥήγνυμι (= rompere) in riferimento all'avvenuto distacco dalla terraferma della Sicilia che, secondo la tradizione antica, sarebbe stata un'appendice della penisola italiana. Secondo un'altra ipotesi *Rhegion* deriverebbe

invece dalla parola latina *regius* e pertanto il nome della città non sarebbe greco, ma italico.

La città di Reggio fu fondata nella seconda metà dell'VIII secolo a.C. nel corso di un vasto movimento migratorio dalla Grecia verso Occidente, che diede luogo alla fondazione di numerose colonie in Magna Grecia e in Sicilia. Fra i più attivi colonizzatori si segnalarono gli abitanti dell'Eubea, isola dell'Egeo che si estende lungo le coste dell'Attica e le cui principali città sono Calcide ed Eretria. Attraverso le notizie forniteci dalle fonti letterarie (soprattutto dallo storico Tucidide e dal geografo Strabone), si sono potute ricostruire, sia pure con qualche approssimazione, le tappe principali della colonizzazione «calcidese», mirante, nella maggior parte dei casi, alla conquista dei principali punti strategici delle rotte commerciali occidentali.

Fu dapprima occupata, poco prima della metà dell'VIII secolo, l'isola di *Pithekoussai* (odierna Ischia) cui seguì, intorno al 740 a.C., la fondazione di Cuma, sulle coste della Campania. Nel decennio successivo si collocano la fondazione di *Naxos*, la più antica colonia greca della Sicilia (734 a.C. secondo Tucidide) e la fondazione di *Zancle* (odierna Messina), cui seguirono, tra il 730 e il 720 a.C., la fondazione di *Rhegion* e quella di *Mylai* (odierna Milazzo). L'idea di fondare una città sulla sponda orientale dello stretto, che consentisse alle popolazioni calcidesi, già attestate sulla sponda siciliana, un totale controllo dello stretto stesso, sembra risalire agli abitanti di Zancle. L'iniziativa non dovette dispiacere al santuario di Delfi, sotto il cui controllo si svolse la maggior parte delle imprese coloniali, che intervenne in modo determinante in questa impresa, indirizzando alla fondazione della nuova città un gruppo di cittadini di Calcide, consacratisi ad Apollo a causa di una carestia. La guida della spedizione fu affidata a due «ecisti», Antimnestos di Zancle e Artimedes di Calcide.

Così si era espresso l'oracolo di Delfi:
«*Laddove l'Apsias, il più sacro dei fiumi, si getta nel mare,*
laddove, mentre sbarchi, una femmina si unisce ad un maschio,
là fonda una città; (il dio) ti concede la terra ausone».

«E quelli — prosegue lo storico Diodoro, (VIII, framm. 23,2), che riporta il testo dell'oracolo —, avendo trovato presso il fiume Apsias una vite abbracciata ad un fico selvatico, chiamato ermafrodito, fondarono la città».

Accanto a questo fondamentale nucleo di Calcidesi varie fonti indicano la presenza di un gruppo di Messeni, costretti ad abbandonare la loro patria nel corso della prima delle guerre che essi dovettero sostenere contro gli Spartani e che si datano intorno al ventennio 740-720 a.C. L'elemento messenio si arricchì probabilmente di altre unità nel corso dei secoli successivi ed ebbe grande importanza nella storia della città.

Subito a sin. nella sala (vetrina n. 1) una piccola teca è dedicata ai frammenti più antichi sinora rinvenuti nell'area urbana di Reggio.

Della fine dell'VIII sec. a.C. sono, sul ripiano in alto, un'*oinochoe* a decorazione geometrica (n. 1) con linee parallele orizzontali a vernice bruna, le quali chiudono un campo metopale sul collo riempito da linee angolari, imitazione di vasi corinzi della «classe di Thapsos», tipica del momento di fondazione delle colonie magno-greche, ed una serie di frammenti di produzione corinzia (cfr. nel primo pannello a sin., n. 1, un frammento di coppa del tipo di Thapsos) e di fabbrica locale.

Si segnalano, inoltre, una brocchetta cilindrica di tipo euboico della prima metà del VII a.C. (n. 3), una piccola brocchetta di fabbrica argiva (n. 7), l'orlo di una c.d. coppa «ad uccelli» di fabbrica rodia (n. 8/2), esposta sul ripiano di mezzo, in un pannello che raccoglie gli interessantissimi frammenti, rinvenuti nel corso dello scavo delle fondazioni dell'Hotel Excelsior (l'albergo si trova davanti al Museo, verso il mare; cfr. tav. IX, n. 1) ed un frammento di calice prodotto a Chio, con figura di danzatore dipinta in rosso su fondo bianco.

REGGIO

Sul fondo della teca, ancora su un pannello (n. 9), quattro frammenti di produzione rodia, su cui spiccano corpi di stambecchi circondati dalle tipiche rosette puntiformi o da rombi reticolati. Chiudono due frammenti di anfore dette del tipo SOS (n. 10); contenitori d'olio di fabbrica attica, databili tra la fine del VII e la prima metà del VI sec. a.C.

Tentare in modo pur succinto la ricostruzione della topografia di Reggio antica, è compito assai arduo con i dati a disposizione, poiché Reggio ha — lo abbiamo già ricordato — subíto trasformazioni assai violente ed incisive.
Ubicata più a Sud rispetto a Messina, Reggio si attestò, in prossimità della punta Calamizzi (oggi non più esistente) tra il torrente Calopinace (in antico *Apsìas*) e il torrente Annunziata (cfr. tav. IX). È evidente la sua funzione di testa di ponte a controllo dello Stretto e perciò a vantaggio di Zancle, che inizialmente ebbe un ruolo preminente.
Nel VI secolo a.C. la colonia è realtà di primo piano nel mondo magno-greco. Lo dimostrano gli edifici pubblici monumentali e sacri rinvenuti a più riprese, ad es. in occasione della costruzione della Prefettura, dopo il terremoto del 1908, o della recentissima realizzazione del raddoppio ferroviario Reggio-Villa S. Giovanni. Primo fra tutti è il santuario dell'area Griso-Laboccetta (vetrine 2-7), per il quale la documentazione archeologica attesta un periodo di splendore nel corso del VI secolo a.C. e l'apertura culturale e artistica di Reggio verso il mondo mediterraneo.

OINOCHOE CON DECORAZIONE GEOMETRICA. FABBRICHE LOCALI. FINE VIII SEC. A.C..

FRAMMENTO DI CALICE CON SATIRO IN CORSA. FABBRICHE CHIOTE. FINE VII-INIZIO VI SEC. A.C..

IL SANTUARIO NEL FONDO GRISO-LABOCCETTA

L'area Griso-Laboccetta, così denominata dagli antichi proprietari del terreno, è situata al centro della città attuale (tav. IX, n. 2), ed è compresa tra le vie Torrione, Tripepi, 2 Settembre e Palamolla. Tuttavia, ben più vasta doveva essere la superficie del complesso antico, il quale si estendeva in alto fino alla via Aschenez e oltre.

Spicca tra tutto la lastra in terracotta policroma comunemente nota come «lastra Griso-Laboccetta», in cui due figure femminili a rilievo sono come «fotografate» in movimento verso destra, in atto di danzare. Le figure sono modellate vigorosamente, senza uso di matrice, mentre i panneggi conservano la raffinata decorazione dipinta, che riproduce i ricami delle stoffe. Il grande frammento, di problematica identificazione (altare? decorazione templare?), databile all'ultimo quarto del VI secolo a.C., è esposto a sinistra, sul fondo della sala dalla parte del mare.

Dalla vetrina 2, simmetrica alla lastra Griso-Laboccetta, inizia l'esposizione del materiale raccolto nello scavo di questo importante santuario.

In alto, a sinistra, una statuetta di tipo egittizzante (n. 33) in argilla chiara si accorda con il piccolo *aryballos* di tradizione orientale nel quale è incastonata la sagoma di un guerriero in pasta vitrea azzurra (n. 6): la figura, incedente verso destra, tiene uno scudo ed una lancia.

Nel ripiano a destra una serie di statuette ispirate a tipi locresi (n. 2, tipo c.d. «a leggio») ed a modelli orientali, come dimostra la figura seduta con alto copricapo (*polos*) e velo (n. 4). Degni di nota da questa parte ancora i tipi con la colomba e la corona.

I successivi ripiani, verso il basso, espongono importanti frammenti di ceramica attica a figure nere. Si ricordano, al n. 17 il frammento d'anfora con guerrieri e cavalli, al n. 18 un frammento di anfora panatenaica (il vestito di Atena è a rombi graffiti) ed al n. 19 un frammento con scena di combattimento tra opliti.

Seguono, in basso, frammenti di coppe con fascia centrale (*band-cup*) decorata a figure quasi miniaturistiche o con personaggi affrontati tra due caratteristici occhioni apotropaici (coppe «ad occhioni», n. 24).

A sinistra, un gruppetto di frammenti è dipinto a figure nere su fondo bianco: al n. 27 è rappresentata Artemis con un cerbiatto. Si tratta di produzioni attiche della fine del VI sec. a.C.

Sul fondo un gran numero di vasi minaturistici tipici dei santuari: crateri, brocchette, ciotole e le caratteristiche

IL SANTUARIO NEL FONDO GRISO-LABOCCETTA

LASTRA FITTILE RAFFIGURANTE UN CHOROS DI FANCIULLE. VI SEC. A.C..

MASCHERA VOTIVA FEMMINILE IN TERRACOTTA.
SECONDA METÀ VI SEC. A.C..

IL SANTUARIO NEL FONDO GRISO-LABOCCETTA

pissidi dipinte a piccole figure ed appartenenti al «Gruppo del cigno» (n. 30).
La vetrina 3 è dedicata ancora alla produzione ceramica. In alto, una scelta di *lekythoi* a figure nere, databili tra la fine del VI e il primo quarto del V sec. a.C.: al n. 1, è raffigurato Teseo che uccide il Minotauro; al n. 2, una sequenza di guerrieri con il caratteristico copricapo a punta, di tipo frigio e al n. 3, la partenza del guerriero sul carro.
Nel ripiano centrale, al n. 4, frammenti di una splendida coppa a figure rosse attribuita al maestro Epiktetos (fine VI a.C.): nel lato principale, una Gigantomachia, dall'altra parte, danza di Menadi. Sempre sullo stesso ripiano: n. 5, frammento di una coppa in cui, a figure nere, è rappresentato un atleta con il disco (il frammento è attribuito a Skythes); n. 6, fondo di coppa con etera che attinge ad un grande *skyphos*; n. 8, frammento di un boccaletto con la civetta; n. 9, gruppo di frammenti dipinti con la tecnica detta di Six, cioè a figure bianche su fondo nero. Chiudono la vetrina un gruppo di statuette femminili sedute con collane di *kardia* (= ornamenti a forma di cuore), n. 12, e l'insolito frammento di un cratere con decorazione policroma a rilievo, n. 13.
Della vetrina 4 (il materiale esposto proviene dagli scavi effettuati nell'area Griso-Laboccetta, dal lato della Via Torrione, alla fine degli anni cinquanta) si segnalano alcuni frammenti di produzione corinzia, esposti nel ripiano superiore. Inoltre: un frammento di coppa attica (*band-cup*, n. 10) sulla quale sono raffigurati una sfinge ed un leone; il frammento di un coperchio di *lekane* (n. 7) con grandi fiori di loto, quasi sbiaditi sul fondo ad ingubbiatura giallina (il prodotto può essere attribuito a fabbriche reggine della metà del VI sec. a.C.). Infine, una grande maschera votiva in terracotta (n. 8), vicina a modelli sicelioti e databile alla metà del VI secolo a.C..
Sul fondo: micro-ceramica votiva e piccole maschere femminili di terracotta. Il volto dai tipici tratti arcaici è circondato dal velo che copre i capelli, girando sulla testa in una linea continua.
Il panorama della coroplastica votiva, scoperto nell'area del più grande santuario cittadino, si completa con la vetrina n. 5, dove al n. 8 è esposto il bordo di un bacino (*louterion*) decorato a matrice, raffigurante un *choròs* di fanciulle che si tengono per mano; dall'altra parte al n. 2 si segnalano due piccoli leoni seduti ed uno accosciato in *faïence* (invetriata), probabilmente di produzione orientale. Al n. 7 due teste, ripetute in diversa proporzione, rappresentano un volto femminile con i capelli trattati calligraficamente e sono vicine al modello esposto nella vicina vetrina 6 (n. 8).
Nel ripiano centrale, a sinistra, frammenti di *pinakes* rappresentanti a rilievo cavalli visti di profilo (n. 11) e di

KYLIX ATTICA A FIGURE ROSSE ATTRIBUITA AL PITTORE EPIKTETOS: SCENE DI GIGANTOMACHIA E DI DANZA DI MENADI. FINE VI SEC. A.C.

BORDO DI LOUTERION CON DECORAZIONE A MATRICE: CHOROS DI FANCIULLE. SECONDA METÀ VI SEC. A.C.

fronte (n. 12); in mezzo due statuette femminili di terracotta con peplo (n. 10) e due di divinità sedute, ornate con collane di *kardia* (n. 14); infine, mascherette votive con la testa ricoperta dal velo, che, come si è potuto osservare, sono un tipo assai diffuso in Magna Grecia e, a Reggio, nel santuario Griso-Laboccetta. Sul fondo, tra due torsi di figure maschili nude in terracotta (n. 16), sono esposti animali votivi di piccole dimensioni (n. 24).

Tra i più significativi rinvenimenti effettuati nel santuario occorre inoltre segnalare una serie di frammenti ceramici che, per peculiari caratteristiche, sono denominati calcidesi. Questi vasi, databili in gran parte nella seconda metà del VI secolo a.C., furono fabbricati da un limitato numero di botteghe per non più di due o tre generazioni di artigiani e tennero testa per circa mezzo secolo alla ceramica attica a figure nere, lanciando sul mercato prodotti di alto livello e dal gusto raffinato, esportati in tutta la Magna Grecia, in Sicilia, in Etruria ed a Marsiglia.
Il termine «calcidese» deriva dalle iscrizioni di alcune anfore redatte con caratteri tipici dell'alfabeto di Calcide in Eubea. Tale alfabeto può, però, riferirsi sia alla madrepatria, sia alle colonie che essa fondò in Occidente.
Fabbricati al tornio con argilla depurata di colore arancio tendente al giallognolo, dipinti con vernice nero-bruna o lucente e con ritocchi violetti e bianchi, questi vasi presentano decorazioni generiche con boccioli, fiori di loto, palmette; più tardi appariranno tralci di edera ed anche scene figurate con episodi mitologici.
La varietà delle figure e dei gesti, la vivacità delle scene e l'accuratezza dei particolari realizzati con rigorosa precisione mediante il graffito (la incisione della superficie del vaso con un sottile punteruolo), dimostrano come il principale interesse di questi abili ceramografi fosse la narrazione chiara della vicenda in modo che l'osservatore potesse comprendere immediatamente la storia narrata e riconoscerne senza difficoltà i protagonisti.
Varie ipotesi sono state finora formulate sull'origine dei vasi calcidesi, che per lungo tempo furono confusi con quelli di produzione attica.
Tra le teorie più consolidate è quella del francese George Vallet che, sulla base di stringenti confronti, colloca queste fabbriche a Reggio.
La vetrina 6 accoglie una larga scelta di frammenti, esposti secondo la loro attribuzione ai principali «*ateliers*» nei quali operarono i maestri di questo stile.
Degni di nota, nel ripiano in alto, sono il c.d. coperchio delle Leucippidi e il *deinos* di Troilos. Nel primo è rappresentata la scena del matrimonio-rapimento di Phoibe, figlia di Leucippo, da parte di Polydeukes, figlio di Zeus. L'eroe trasporta velocemente sul carro la giovane

COPERCHIO DETTO DELLE LEUCIPPIDI: MATRIMONIO-RAPIMENTO DI PHOIBE DA PARTE DI POLYDEUKES. PRODUZIONE CALCIDESE. 550-530 A.C..

STATUETTA FITTILE DI TANAGRINA
SECONDA METÀ IV SEC. A.C..
DALL'AREA GRISO-LABOCETTA.

PARTICOLARE DEL CASTONE DI UN ANELLO D'ORO
CON FIGURA DI POTNIA THERON. FINE VI SEC. A.C..
DAL CRATERE LACONICO RINVENUTO IN LOCALITÀ
«S. GREGORIO» (REGGIO CALABRIA).

MANICO DI PATERA IN BRONZO RAFFIGURANTE UN KOUROS. FINE VI SEC. A.C.. DAL CRATERE LACONICO RINVENUTO IN LOCALITÀ «S.GREGORIO» (REGGIO CALABRIA).

IL SANTUARIO NEL FONDO GRISO-LABOCCETTA

Phoibe, che ha volto e braccia dipinti in bianco. Accanto a ciascun personaggio è scritto il nome. Il frammento è datato tra il 550 ed il 530 a.C.
La scena del *deinos* di Troilos raffigura appunto Troilos, sceso dal cavallo, vicino ad Elena che riempie un'*hydria* ad una fonte con doccioni leonini.
Ancora su questo ripiano il gruppo delle «*Bauchamphoren*» (= anfore panciute): frammento di *hydria* con carro e cavalli e frammenti con animali (aquile, sirene) derivati dal repertorio della ceramica corinzia. Nel ripiano di mezzo: frammenti del gruppo del «Pittore dell'Hydria» e del «Pittore di Phineus».
Spiccano, inoltre, un frammento con oplita ripreso frontalmente, ed un frammento con satiro ed iscrizioni.
Nel fondo della vetrina, una grande ansa di cratere dov'è raffigurata una testa di profilo a vernice piena, un coperchio con teoria di carri e micro-ceramica a vernice bruna (piccoli crateri, olpette, etc.).
La vita nel santuario Griso-Laboccetta, in cui è possibile riconoscere una divinità femminile polimorfa, collegata ai cicli vitali e produttivi, continuò dall'età arcaica all'età ellenistica e romano-imperiale.
Nella vetrina 7 sono esposte tre grandi statuette del tipo c.d. di Tanagra di cui quella di centro rappresenta una divinità cacciatrice (Artemide?). In queste figure è in particolare evidenza il chitone variamente drappeggiato e sottolineato da plastici ritocchi a stecca, resi ancor più vivaci dal colore violaceo ed azzurro, per quarto parzialmente conservato (n. 2).

LEKANE CON KYMA LESBIO SOVRADDIPINTO A VERNICE BIANCA. FABBRICHE LIPARESI. III SEC. A.C..

CRATERE LACONICO VI-V SEC. A.C.. DALLA LOCALITÀ «S.GREGORIO» (REGGIO CALABRIA).

FRAMMENTO DEL FONDO DI UNA COPPA DI STILE MEGARESE. A RILIEVO UNA ROSETTA A QUATTRO PETALI. III SEC. A.C..

Oltre ad alcuni frammenti graffiti con lettere in alfabeto greco con il nome della divinità, cui il vaso era dedicato (n. 7), sono presenti numerosi frammenti a vernice nera con palmette impresse. Un'ansa di grande scodellone con due palmette applicate è di produzione siceliota (Centuripe?, n. 22) così come a fabbriche attive sullo stretto di Messina in età ellenistica sono da attribuire i fondi di coppe ed una *lekane*, decorati con cerchi a vernice bianca ed un plastico vaso a forma di testa di delfino (nn. 20, 21).

Purtroppo non è possibile ricostruire i monumenti che occupavano la vasta area del santuario Griso-Laboccetta. È da dire invece, che l'abbondanza e la qualità finissima dei materiali recuperati nelle stipi e l'ampiezza dell'area interessata dagli edifici sacri fanno di questo complesso un costante punto di riferimento per la *polis* calcidese, quasi la sua acropoli monumentale.

Dal territorio (*chora*) di Reggio, poco pianeggiante e stretto alle spalle del massiccio dell'Aspromonte, proviene il magnifico corredo della vetrina 8, la prima che si presenta all'ingresso nel grande salone.
Lo splendido cratere laconico a vernice nera fu rinvenuto nel corso di alcuni lavori agricoli nel 1920 in località San Gregorio (tav. 2). Si trattava di una sepoltura ad incinerazione con il corredo costituito da un manico di patera raffigurante un *kouros* (probabilmente di fabbrica peloponnesiaca) ed un prezioso anello d'oro a verga grossa, con castone ovale nel quale è incisa una *Potnia Theron* (= Signora delle fiere).
Il complesso può datarsi nell'ultimo ventennio del VI secolo a.C..

TESTINA FEMMINILE IN TERRACOTTA DI STILE TANAGRINO. FINE DEL IV SEC. A.C..

LE TERRECOTTE ARCHITETTONICHE

ANTEFISSE POLICROME A TESTA FEMMINILE. SECONDA METÀ DEL VI SEC. A.C..

Le grandi vetrine 9 e 10 sono dedicate alla cultura architettonica di Reggio.
In ciascuna città greca è possibile, infatti, individuare una peculiare cultura architettonica, che si traduce in creazioni a volte originali od anche allineate con le più alte correnti artistiche del momento.
Le tipologie architettoniche si inquadrano negli ambiti dell'architettura pubblica (templi, teatri, mura etc.) e dell'architettura privata (case).
Purtroppo a Reggio, poco è dato di sapere sugli edifici pubblici e privati di epoca greca.
Le nostre conoscenze di architettura reggina sono perciò affidate al rinvenimento delle terrecotte architettoniche, cioè dei rivestimenti fittili che ricoprivano le parti superiori dei templi e degli edifici (cornici, frontoni, tetto), preservando dalla pioggia e dall'umidità le strutture in legno. Queste terrecotte, databili tra il VI e il V sec. a.C., erano caratterizzate da una ricca e vistosa policromia.

Nella vetrina n. 9 sono esposti vari tipi di terrecotte architettoniche che assolvevano a varie funzioni (cfr. tav. XIV).
— cassette (nn. 1, 3, 32, 33, 34): rivestivano il cornicione (= *geison*);
— sime laterali (nn. 35, 36): corrispondono all'ultima fila delle tegole del tetto. Il rialzo terminale serve a trattenere ed incanalare l'acqua piovana; alcune di esse presentano una decorazione destinata ad una visione iposcopica (dal basso verso l'alto, cfr. n. 7);
— piatto di gronda (nn. 4, 6, 37, 38): è il terminale del tubo di gronda per lo scarico delle acque piovane;
— sime frontali (nn. 2, 5, 9, 39, 40, 41, 42): a differenza delle sime laterali sono prive del rialzo di gronda.
A Reggio è presente la singolare forma c.d. «a mantello» cioè a doppia parete con un incavo interno, forse per l'inserzione di una trave lignea.
Completavano la copertura le tegole piatte di forma rettangolare, i cui giunti combacianti erano a loro volta coperti da coppi a sezione semicircolare o pentagonale (cfr. n. 29).
Sulla sommità del tetto si disponeva il coppo maestro (= *kalypter hegemon*, n. 12), di maggiori dimensioni e riccamente decorato.
Più di una volta, infine, la sima poteva essere sostituita

LE TERRECOTTE ARCHITETTONICHE

con particolari tegoloni chiusi dall'antefissa decorata a palmette o con volti di gorgoni (n. 16), menadi, satiri etc.. Coronova il tetto l'acroterio: poteva trattarsi di semplici o più elaborate palmette, di statue o di altri gruppi figurati.
Spiccano i colori vivaci, intrecciati in grosse linee geometriche di colore violaceo o rossastro: sono meandri, palmette, fiori di loto a rompere la volumetria rigida degli edifici in pietra e legno, nei quali queste decorazioni erano inserite.
Nella vetrina 10 si segnalano al n. 17 ancora un'antefissa a testa di Gorgone, un'altra con la *Potnia Theron* (n. 46), quelle a testa femminile di notevole intensità cromatica (nn. 23, 24, 25, 26) e due grandi teste di drago, singolari nelle pieghe del muso allungato e nei denti aguzzi che si scorgono dalle mandibole semiaperte. Esse sono di età ellenistica, come un bel frammento in cotto con parte di una figura, seduta probabilmente su una roccia, n. 43.

DOCCIONE IN TERRACOTTA A PROTOME DI DRAGO. III SEC. A.C..

L'ABITATO

All'inizio del V secolo (496 a.C.) muta il quadro politico dello Stretto con l'avvento al potere di Anaxilas, tiranno di origine messenia.
Nel 488 a.C. Reggio e Zancle, divenuta ora Messana a seguito di torbidi in cui Anaxilas e i Messeni erano stati protagonisti, sono riunite in un unico stato, come mostrano le monete delle due città. La possibilità di controllare le sponde dello Stretto diede al nuovo stato notevole prosperità, presto turbata dall'accresciuta potenza dei tiranni siciliani. Tra questi emerge Gelone, vincitore nel 480 a.C. della battaglia di Imera contro i Cartaginesi, che relega Anaxilas in una posizione politica di secondo piano.
Dopo la morte di Anaxilas e dopo la breve tirannide di Mikythos, nel 461 a.C. Reggini e Zanclei cacciarono definitivamente i figli di Anaxilas e si liberarono della tirannide.
In questo secolo Reggio ebbe una cinta muraria, costruita con l'impiego del mattone crudo (collina degli Angeli e collina del Trabocchetto: tav. IX nn. 3, 4), cinta che rivela una fisionomia urbana simile a Taranto, Siracusa, in parte a Crotone, ma soprattutto a Locri, poiché, all'interno della vasta superficie recintata dalle poderose fortificazioni, molte zone, soprattutto nella fascia collinare, sembra non fossero urbanizzate.
Lo scarico ceramico rinvenuto in via Giulia (tav. IX, n. 5) in prossimità delle mura di cinta rivela la particolare floridità di Reggio tra VI e V sec. a.C.

Nella vetrina 11, accanto a frammenti di coppe «ioniche» di tipo B2 (n. 15) è presente ceramica dipinta a fasce brune, forse anch'essa di importazione dalla Ionia asiatica, e materiale di imitazione rappresentato da un piatto a cerchi concentrici (n. 4) e dai frammenti del pannello n. 3. Ceramica attica a vernice nera (V sec. a.C.) compare nel ripiano mediano: nella lucente vernice sono spesso impresse a stampo palmette e cerchi. La ceramica a figure rosse di matrice siceliota, che è esposta accanto, può invece essere datata nel corso del IV secolo a.C. Sul fondo, oltre al frammentario piatto con decorazione a pesci (n. 11) si segnalano alcuni frammenti a vernice rossa di fabbrica locale del II sec. a.C.

L'ABITATO

Nel 386 a.C. Reggio, governata ora da una magistratura elettiva e collegiale (gli strateghi), è conquistata dal tiranno Dionisio di Siracusa.
A questo lungo periodo «siracusano» può forse essere riferita una costituzione censitaria, per la quale erano privilegiati i ceti detentori di capitale. Alla metà del secolo (351 a.C.) due siracusani, Leptide e Callippo, antidionigiani, restituirono l'indipendenza a Reggio, che nel 344 a.C. assunse un nuovo ordinamento costituzionale, nell'ambito di un'aristocrazia temperata.
Tra il 280 e il 270 a.C. la città fu nuovamente occupata, e stavolta da una guarnigione romana, la cosiddetta legione campana, guidata da Decio Vibellio.
Dopo la guerra contro Pirro Roma restituì indipendenza ai Reggini che erano stati frattanto scacciati dalla loro città dai Campani. Si concluse un trattato di alleanza e Reggio fu *socia navalis* dei Romani.
Dopo la parentesi punica, nella quale non vi furono defezioni, (l'aristocrazia reggina restò, infatti, fedele alleata della nobilità senatoria romana), l'influenza di Roma andò via via aumentando, risentendosi nella lingua e nei costumi, sicché nell'89 a.C., concluse le lotte intestine legate alla guerra sociale, Reggio divenne *municipium* di Roma.

Nel IV sec. a.C. la città aveva ricostruito le mura, così come si vede nei tratti conservati lungo la via Marina tav. IX, n. 6), dove nel corso degli scavi sono stati recuperati i materiali in ceramica e terracotta esposti nelle vetrine 14 e 15.
La produzione ellenistica a vernice nera è qui ampiamente documentata attraverso frammenti nei quali si fa ampio uso di sovraddipinture bianche e violacee (vetrina n. 14, n. 3) e di medaglioni a rilievo che rimandano a coeve produzioni sicelioti e campane. Notevole ancora la presenza di statuette di tipo tanagrino (vetrine 13 e 14, nn. 2) e di lucerne (vetrina 13, n. 7).
Nella vetrina 15 sono documentati i rinvenimenti avvenuti, a più riprese, nell'abitato. Così al n. 2 una placchetta arcaica, rappresentante una figura femminile, è vicina ad un frammento di coppa di produzione ionica

FRAMMENTI DI VASI (FONDI DI FORME APERTE) CON DECORAZIONI SOVRADDIPINTE. FABBRICHE DELLO STRETTO. III SEC. A.C..

della prima metà del VI secolo a.C. (n. 3).
Al n. 11, un piattello a figure rosse, nel quale è rappresentato un personaggio, probabilmente riferentesi al teatro comico fliacico, fiorente nella seconda metà del IV secolo a.C.; singolare il frammento n. 15, appartenente al collo di un vaso: una tesa espansa è decorata da piccole placchette fittili nelle quali sono volti di Gorgone a rilievo.
Il ripiano centrale è dedicato in gran parte a matrici di statuette o di rilievi, come dimostrano al n. 18 il frammento di rilievo rappresentante un guerriero con lo scudo ed ai nn. 16 e 17 una testa maschile (sileno?) ed una femminile.
Al n. 6 tre sfere fittili (tessere o biglie da gioco?) con nomi iscritti in alfabeto cacidese, databili al V sec. a.C.
a) Κλεόφαντος / Γλαυκίυ (Kleophantos figlio di Glaukias);
b) Κλεομένε̄ς / 'Εμμενίδευ (Kleomenes figlio di Emmenides);
c) Δεμ‹ο›φάνης / Θράρυος (Demophanes figlio di Thrarys).
Due frammenti di prue di navi ricoperte da vernice rossastra (n. 14) si ricollegano ai modellini di barche tutt'altro che infrequenti a Reggio (cfr. vetrina 23, n. 7).
A destra: n. 10, lucerne bizantine del tipo a navetta; in basso, il pannello n. 24 con selezione di frammenti ceramici, databili tra la fine del VI e il V secolo a.C., rinvenuti nell'impasto dei mattoni crudi di un tratto di mura di cinta (collina degli Angeli, tav. IX, n. 3); al n. 25 la singolare edicola modellata a mano, dove al di sopra e al di sotto di un busto femminile sommariamente abbozzato, è stata tracciata la scritta TPIS/NIKA («vinci tre volte»).
Infine al n. 22 la bella coppa a vernice rossa prodotta a Pozzuoli tra il II e il I sec. a.C. ed il grande frammento di tegola di colore grigio sul quale, sformata, è come incollata una patera ombelicata. Si tratta di uno scarto di fornace.

Al III sec. a.C. risale la costruzione di un *odeon* e ancora una fitta rete di cisterne, sparse nella zona della collina del Salvatore, nei pressi delle Vie Reggio Campi e Filippini (tav. IX, nn. 7, 8).

Grandi vasi per attingere sono esposti nella vetrina 16 (parte destra) dove si segnala al n. 3 un piccolo gruppo di terrecotte rappresentanti Demetra ammantata, con fiaccola e porcellino e la bella *oinochoe* a vernice nera con l'orlo trilobo (n. 4). Un'altra *oinochoe* con la bocca tonda (n. 9) ha l'ansa terminante con una piccola maschera di Sileno. Al n. 7 una serie di lucerne sformate (scarti di fornace) ed a destra una *lekane* d'argilla rossastra, documentano la vita quotidiana del III sec. a.C. Sul fondo lucerne, frammenti ellenistici a vernice nera e bianca delle «fabbriche dello stretto» e frammenti a vernice rossa di produzione orientale.

FONDO DI PIATTO A FIGURE ROSSE CON FIGURA GROTTESCA DEL TEATRO FLIACICO. PRODUZIONE ITALIOTA IV SEC. A.C..

IL SANTUARIO DI VIA REGGIO CAMPI

Risale al periodo ellenistico ed è esposto nella vetrina n. 12 il materiale proveniente da un piccolo santuario di via Reggio Campi, lungo le pendici collinose comprese dall'abitato antico (tav. IX, n. 9). Sul primo e secondo ripiano testine femminili. A sinistra in alto un gruppo coronato da un diadema a falce di luna ed al centro alcune splendide statuette del tipo tanagrino. Ancora in alto a destra statuette di una divinità che sostiene una fiaccola (Artemide?). Al n. 9 un piccolo nucleo di lucerne a forma di zucca ed una testa di cinghiale in terracotta contribuiscono ulteriormente all'ipotesi che sia dedicato ad Artemide il santuario della via Reggio Campi. Sul fondo, da un lato, frammenti a vernice nera di varia produzione e dall'altro, frammenti di ceramica a vernice rossa (cosiddetta pergamena), accanto a frammenti con bolli di terra sigillata italica risalenti al I sec. d.C.

LE NECROPOLI

Si passa così nella sala a fianco, dove sono archeologicamente documentati i vari siti delle necropoli di Reggio e del suo suburbio.
La maggior parte dei corredi rinvenuti ascende al periodo ellenistico: di particolare interesse l'area del Museo con la vicina zona di S. Lucia, lungo l'attuale via Veneto.
Nel 1932 la necessità di costruire davanti all'attuale Piazza De Nava la nuova ed auspicata sede del Museo Nazionale della Magna Grecia determinò lo scavo di un centinaio di tombe, la cui tipologia è illustrata nel pannello a fianco della vetrina n. 17.
Non è stato possibile — già al tempo dello scavo — ricostruire i corredi. Il materiale esposto è perciò esemplificativo della cultura artistica del momento ed al massimo esso può alludere genericamente al costume funerario che per solito (lo ha confermato lo scavo della necropoli di S. Lucia) vede il corpo del defunto deposto su una *kline* ornata da piccoli capitelli in terracotta di ordine corinzio. I capitelli, all'origine decorati da ricca e vivace policromia, sono il denominatore comune delle necropoli reggine e sono esposti in tutte le vetrine ad esse dedicate.

PISSIDE SCIFOIDE CON MOTIVO VEGETALE. PRODUZIONE SICELIOTA. IV-III SEC. A.C., DALLA NECROPOLI DEL MUSEO NAZIONALE.

Dall'area del Museo (vetrina n. 17) si segnalano, oltre a produzioni coroplastiche di tipo tanagrino (n. 12) e delle fabbriche ceramiche dello stretto, (n. 15), gli unguentari fusiformi e a base tripartita (n. 17). Di tradizione siceliota sono una *lekane* (n. 6) con decorazione vegetale sovraddipinta in bianco, una *lekythos* ovoide (n. 5) nella quale è rappresentata una figura femminile seduta su una roccia nell'atto di sostenere un vassoio con frutta, una *lekythos* a reticolo (n. 8) e due bottiglie-balsamario decorate, una (n. 14) con motivo vegetale su fondo biancastro, e l'altra (n. 18) a reticolo che ben inquadra il ventre rigonfio del vaso, sottolineato per il resto da linee e fasce orizzontali a vernice piena ed a risparmio.
Dalla necropoli di S. Lucia (tav. 1, n. 10, vetrina 18): a destra in alto due vasi plastici raffiguranti un galletto ed un porcellino con benda sacrificale; a sinistra frammenti di maschere teatrali databili al I sec. a.C.. Dal ripiano centrale due specchi di bronzo, uno dei quali conserva ancora traccie di materiale bruciato, ed uno splendido orecchino a testa di capro analogo ad un'altra coppia di orecchini conservati sul ripiano di fondo, nel quale spiccano i frammenti di coppe, di ceramica pergamena decorazioni a rilievo (per la maggior parte coppe carenate).
Nella vetrina 19 (necropoli di S. Caterina tav. 1, n. 11): al n. 1 un *amphoriskos* arcaico di fabbrica corinzia (VI sec. a.C.); al n. 4, un vaso plastico riproducente un animale non definibile (capro?, V sec. a.C.) e sul ripiano centrale a destra un'olla stamnoide coronata da tre protomi di grifo (n. 6).
Dalla necropoli dei piani di Modena (vetrina 20), da riferire forse ad un piccolo *pagus* dell'abitato reggino, oltre ai capitellini corinzi, qui molto abbondanti ed agli unguentari fusiformi con basi tripartite, provengono due coppie di orecchini aurei e due piccole *bracteae* dello stesso materiale. Infine, un vaso articolato in quattro coppette con coperchi e due strigili di ferro.
Al centro della sala, singolari le sepolture costituite da due lunghe vasche di terracotta, che originariamente dovevano appartenere ad un impianto termale (si osservino il grande foro per il riempimento, il più piccolo foro di scolo e l'antico restauro che recuperò la vasca frammentata in un angolo). Di fronte un grande piede di terracotta, utilizzato come sepoltura per un infante, derivato probabilmente dalla tradizione punica della vicina Sicilia.

ASKOS IN TERRACOTTA CONFORMATO A PORCELLINO. II SEC. A.C.. DALLA NECROPOLI DI «S.LUCIA».

OLLA CON DECORAZIONI A PROTOMI DI GRIFO. III SEC. A.C.. DALLA NECROPOLI DI «S.CATERINA».

ASKOS IN TERRACOTTA CONFORMATO A GALLETTO. II SEC. A.C.. DALLA NECROPOLI DI «S.LUCIA».

LE NECROPOLI

CAPITELLINI POLICROMI FITTILI DI ORDINE CORINZIO. PRIMA METÀ III SEC. A.C.. DALLA NECROPOLI IN LOCALITÀ «S. CATERINA».

SARCOFAGI DALLE NECROPOLI ELLENISTICHE REGGINE A FORMA DI PIEDE CALZATO E DI VASCA. III SEC. A.C..

LO SCAVO DI REGGIO-LIDO

Dopo l'89 a.C. Reggio, ormai *municipium* si avvia ad una lenta romanizzazione nella lingua, nei costumi e nelle istituzioni. In onore di Ottaviano fu chiamata *Regium Iulium*. I Romani, comunque, rispettarono a lungo la grecità reggina, tant'è che in età giulio-claudia sono noti titoli greci nelle magistrature.
L'ordinamento municipale viene retto da due dei *quattuorviri* addetti all'amministrazione della giustizia. È nota anche l'esistenza di un Senato municipale (*Ordo Decurionum*).
Al IV sec. d.C. risalgono le testimonianze epigrafiche dei *Correctores Lucaniae et Bruttiorum*, magistrati che ebbero giurisdizione sull'intera III Regione dell'ordinamento augusteo dell'Italia, ed ebbero sede a Reggio.
Sotto l'aspetto edilizio la città è caratterizzata da una serie imponente di impianti termali pubblici e privati, alcuni dei quali ancora funzionanti in età bizantina.
Una basilica porticata (con funzioni di tribunale), grandi fontane pubbliche lungo il mare dichiarano la prosperità della borghesia municipale in età imperiale, e la floridezza di un centro urbano, che solo le invasioni barbariche prima e le incursione saracene poi, riuscirono a ridurre negli augusti limiti della città medievale.

La vetrina n. 21, simmetrica a quella della necropoli dei piani di Modena, rappresenta assai bene, attraverso il grande palinsesto stratigrafico dell'area dell'ex Stazione Lido (scavi 1975-1980), le fasi dell'età romano-imperiale cui si è fatto ora cenno. Lo scavo del Lido ha testimoniato, infatti, una continuità di insediamento quasi ininterrotta lungo un arco di quindici secoli dal periodo arcaico al bizantino, risultato non consueto in una città come Reggio che ha molto sofferto nel suo patrimonio archeologico. Due pannelli (cfr. tav. X A e B) sono dedicati a questa importante ricerca che ha restituito strutture monumentali d'età greca (grande muro a blocchi tav. X B, fase bleu) e di età romano-imperiale (tav. X A e B, fase gialla).

LO SCAVO DI REGGIO-LIDO

Nel I secolo d.C., infatti, la zona è interessata alla costruzione di un grandioso prospetto scenografico, realizzato in opera laterizia, intonacata, articolato in una grande esedra absidata e fiancheggiato da una serie di nicchie, per una lunghezza di 120 metri circa. Le nicchie erano interrotte dallo sbocco della canalizzazione del torrente S. Lucia (tav. IX, n. 12). L'opera rappresenta un imponente intervento unitario di scenografia monumentale lungo la costa reggina. Essa restò in uso fino al III sec. d.C.. Nel V sec. d.C. si realizzò una fontana, alla quale si accedeva per tramite di una scala, fronteggiata da un porticato (tav. X A, fase arancio).
Vari quartieri si sono sovrapposti fin all'VIII secolo della nostra era, quando fu realizzato un impianto industriale (tav. X A, fase marrone) che comportò l'uso di canali a forte pendenza verso il mare.

La vetrina 21 esemplifica le grandi stratigrafie dell'area Lido, dall'alto verso il basso, con materiale d'età greca arcaica: antefissa a testa femminile, n. 1 e pannelli di ceramica calcidese, classica ed ellenistica (ceramica a vernice nera) e frammenti di statuette tanagrine (n. 4). Per le fasi successive (dall'età romana all'età bizantina), nel ripiano mediano frammenti di contenitori, lucerne, ollette, brocchette e rozza terracotta (n. 8); n. 11, frammento di contenitore con iscrizione numeraria dipinta.
Sul fondo: splendido piatto in terra sigillata chiara con scena mitologica a rilievo, in cui si individua una Nereide ed ancora lucerne, vetri ed altri frammenti attinenti alla vita quotidiana (nn. 13-16).

FRAMMENTO DI PIATTO IN TERRA SIGILLATA AFRICANA CON DECORAZIONI A RILIEVO. METÀ IV SEC. D.C.. DAGLI SCAVI DI REGGIO LIDO.

IL TERRITORIO

L'ultima parte del salone è dedicato alla documentazione archeologica proveniente dal territorio ed alle vecchie collezioni del Museo Civico.

Dall'interno delle montagne dell'Aspromonte (tav. XI) proviene un frammento di lamina di bronzo con dedica ad Eracle appartenente forse al rivestimento di uno scudo, databile all'inizio del V sec. a.C.:
hēρακλέος ῾Ρēγίνυ («di Eracle reggino»)
Con questo interessante frammento si apre in alto a sinistra la vetrina 22, che presenta dall'altra parte il corredo di una tomba (tra cui una *lekythos* di fabbrica samia) della prima metà del VI sec. a.C., rinvenuta a Palizzi, vicino al mare Ionio (tav. XI).
Di eccezionale rilievo, sul ripiano mediano a sinistra una coppa in vetro verdastro, decorata con una sottile lamina d'oro. Fu rinvenuta a Tresilico, un comune montano nei pressi di Reggio Calabria (tav. XI) e vi è rappresentato un cavaliere nell'intento di colpire un felino con la lancia, mentre un arciere seduto su una roccia scocca le sue frecce contro una lepre e due capre selvatiche. Un albero e due uccelli completano l'ambiente di questa coppa, che può esser datata alla metà del III sec. a.C. e che ben si inquadra nell'arte e nel gusto alessandrino del momento. Con la coppa, due orecchini d'oro terminanti in protomi di antilope e uno specchio argentato.
Segue un corredo funerario rinvenuto a Ravagnese presso Reggio (tav. XI) e costituito da un anello con grossa pietra dura e da un diadema a foglie auree, dalla tomba probabilmente di un ricco possidente vissuto in età romano-imperiale.
Da Taureana (fondo della vetrina, tav. XI) un ricco ripostiglio con argenti: brocchette, coppe e altra suppellettile, databili tra il II e il I sec. a.C.
Infine, dalla necropoli di Occhio di Pellaro (tav. XI), alcuni grezzi vasi acromi da mettere in relazione con una grandiosa sepoltura a camera datata ad età ellenistica, della copertura della quale fa parte una grande tegola fittile esposta tra le vetrine 22 e 23, con una serie di iscrizioni in caratteri greci incise prima della cottura. L'iscrizione potrebbe essere datata tra il I sec. a.C. e il I sec. d.C..
Al centro: Κλήμης Ἀλφίου / Πριμίωνος δοῦλος (= Clemente, schiavo di *Alfius Primion*); in basso e di lato iscrizioni in caratteri minori, contenenti epiteti scherzosi, in un misto di lingua greca e latina, indirizzati ad altri personaggi dal nome servile (es. Σωτήριχε κίναιδε ψευδοκαμινάρι, «o Soterichos effeminato, vasaio fasullo!»; Πριμιγένη μάλεμπτε «o Primigenes, malcomprato!», ecc.).

Da Leucopetra (parte ionica del territorio di Reggio) (tav. XI), infine, proviene un cippo votivo di pietra calcarea, esposto tra le vetrine 23 e 24, dedicato ad un'anonima divinità femminile (Persefone?) e databile tra fine del V e l'inizio del IV sec. a.C.: τε̃ι θεõι / δεκάτη / Κλεαίνετος / Νικομάχου («alla dèa, come decima Kleainetos, figlio di Nikomachos»).

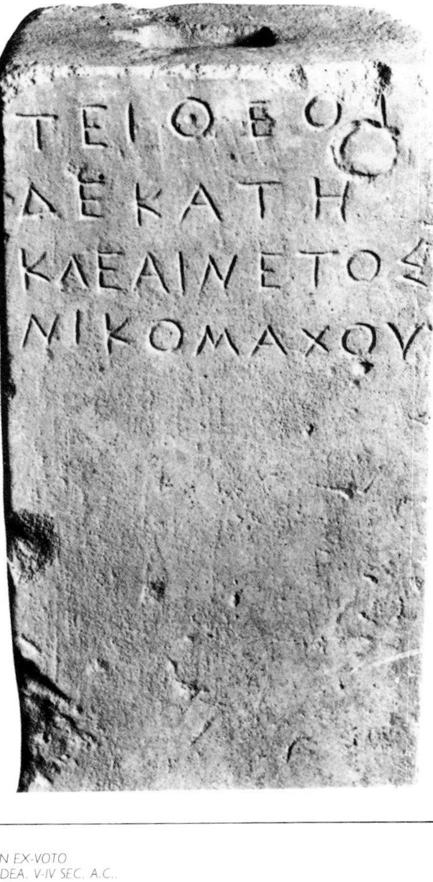

CIPPO IN PIETRA SOSTENENTE UN EX-VOTO DEDICATO COME DECIMA ALLA DEA. V-IV SEC. A.C., DA LEUCOPETRA. (REGGIO CALABRIA).

RIPOSTIGLIO DI ARGENTI: I SEC. A.C., DA TAUREANA (PALMI).

LAMINA IN BRONZO CON DEDICA AD ERACLE REGGINO. INIZIO V SEC. A.C., DA OPPIDO MAMERTINO.

ORECCHINI AUREI A PROTOME DI ANTILOPE. METÀ III SEC. A.C.. DAL CORREDO DELLA TOMBA SCOPERTA A «TRESILICO» (VARAPODIO).

COPPA IN VETRO ISTORIATA IN ORO CON SCENA DI CACCIA. FABBRICA ALESSANDRINA. PRIMA METÀ III SEC. A.C.. DA «TRESILICO» (REGGIO CALABRIA).

LE COLLEZIONI DEL MUSEO CIVICO

Alle antiche collezioni del Museo civico reggino, che, tuttora, costituiscono il nucleo fondamentale dell'esposizione, sono dedicate le vetrine 23, 24 e 25, dove il materiale raccolto conserva solo una generica menzione di provenienza da Reggio.
Si segnalano dalla vetrina 23 un gruppo di vasi in bucchero etrusco databili alla seconda metà del VI sec. a.C. (in alto a sinistra, n. 3), un *askòs* a forma di porcellino (n. 2), un'anfora di produzione greco-italica ed il frammento di ara cilindrica in terracotta con decorazione a stampo (seconda metà del IV sec. a.C.).

Nella vetrina 24: al n. 1, splendida «tanagrina» in terracotta, drappeggiata nelle pieghe, calligraficamente incise, del suo *himation*; al n. 2, un frammento in terracotta conformato a cariatide (della quale è conservata la testa), sostenente un architrave con *kyma* dorico a dentelli. Nello spazio soprastante la cariatide, dischi a rilievo decorati con testa di gorgone.

Al n. 6, un vaso plastico a vernice nera di età ellenistica: un negro dorme abbracciato ad una anfora; n. 7, un semplice modellino di barca in terracotta ed al n. 4, un torso virile in terracotta in piena sintonia con le linee scultoree vigenti nell'età medio-ellenistica (III sec. a.C.). Nel ripiano di mezzo, a sinistra (nn. 9-14) sequenza di anse di anfore rodie con bolli impressi (III-II sec. a.C.). I bolli circolari recano al centro una rosa, simbolo della città di Rodi. Le iscrizioni registrano il nome del magistrato eponimo (il sacerdote di Helios) e quello del fabbricante delle anfore. All'uno o all'altro può essere aggiunto il nome del mese. Es.: ἐπ' Ἀριστωνίδα. Ὑακινθίου («sotto Aristonidas, nel mese Hyakinthios», n. 9); Ἀγοράνακτος / Θεσμοφορίου («di Agoranax, nel mese Thesmophorios», n. 12).
In fondo, grande vaso per attingere (*situla*), acromo con ansa nastriforme a ponte.

Nella vetrina 25, in alto a sinistra: mattone (n. 3)con iscrizione Ῥηγίνων («dei Reggini») su due lati (II sec. a.C.) e altro mattone (n. 1) con la scritta Μαμερτινουμ («dei Mamertini»), in lettere greche e lingua osca, databile al 280-270 a.C., testimonianza dell'esistenza a Reggio e a Messina (allora dominata appunto dai Mamertini) di officine pubbliche per la produzione di laterizi. Allo stesso momento storico sono da attribuire alcuni bronzetti assai stilizzati, esposti nella vetrina 25, tipici dell'arte centro-italica e raffiguranti divinità guerriere come Marte ed Ercole; vicino, un sostegno di *foculum* (n. 2) in impasto bruno riproducente un satiro itifallico prono. Segue una scelta di contenitori (anforette, boccali) di argilla grezza di età tardo-imperiale romana. Nel secondo ripiano, dall'alto a sinistra ghiande missili di piombo per fionda (n. 9) con iscrizione (per solito propiziatoria) ed a

BRONZETTO RAFFIGURANTE ERACLE IN ASSALTO CON CLAVA E LEONTÈ. METÀ III SEC. A.C., PRODUZIONI ITALICHE.

destra una *defixio* (= maledizione) di età romana su lamina plumbea, rivolta contro Scribonios e Pelagianos, che vengono affidati a Plutone e Kore, perché attuino al più presto la maledizione contro di loro. Negli ultimi ripiani: lucerne di vario tipo ad uno o più beccucci (n. 7), selezione di contenitori in vetro verdastro ed azzurro (bottiglie, ampolle, *phialai*, n. 11) e sul fondo due grandi frammenti con affreschi (n. 12) nei quali in tono scuro sono raffigurati dei pesci.
Un grande pannello in plexigas nella vetrina 26, presenta una sequenza di lucerne dall'età repubblicana al periodo tardo antico (I a.C. - VI d.C.). La tipologia segue le classificazioni più aggiornate.
La vetrina 27 è dedicata ad una rappresentativa selezione di materiale di età bizantina.
Nel fondo, al n. 1, capitello in marmo del tipo a tre zone, con protomi di arieti; a destra, due anfore (nn. 4, 5), al n. 3 frammenti di intonaci con semplici motivi geometrici (uno su fondo bianco e l'altro con traccia di lettere dipinte). Spostandosi in alto a sinistra: n. 9 una bottiglia monoansata con croce a vernice rossa perlinata; in basso, al n. 6, un piatto in terra sigillata africana di tipo D (prima metà del V sec. d.C.), una sequenza di lucerne del tipo a «navetta» (n. 7) con palmette semplificate a rilievo, e al n. 8 vari affibiagli in bronzo. A sinistra in alto: n. 12, frammento di contenitore del tipo «ad uccelli» e, n. 14, lucerne di fabbrica nord-africana in invetriata verdastra.

R.S.

FRAMMENTO DI INTONACO CON NATURA MORTA (PESCI).

MATAUROS

L'antica Matauros (o Metauros: nelle fonti antiche sono attestate entrambe le forme del nome) corrispondente all'attuale Gioia Tauro, è detta subcolonia di Zancle mentre altri autori antichi ne attribuiscono la fondazione ai Locresi, e ciò fa supporre che sia poi entrata nell'orbita politica di Locri Epizefiri; non dovette mai avere fisionomia di *polis* autonoma, non batté mai moneta propria e non abbiamo alcuna precisa notizia sulle sue vicende storiche. L'abitato probabilmente si sviluppò su un alto terrazzo quaternario oggi occupato dal centro di Gioia Tauro; intorno alla fine dell'800 vi si rinvennero alcune terrecotte architettoniche, presto disperse sul mercato antiquario e in parte giunte in musei americani; l'attuale intensa urbanizzazione sembra aver cancellato ogni traccia dell'abitato antico.
Nel 1956 e 1959, nella stretta piana tra il mare e la base del terrazzo, fu individuata e saggiata da A. de Franciscis un'importante necropoli del VII e VI secolo a.C; dopo lunghi secoli di abbandono l'area, fu nuovamente usata per sepolture nel II-III secolo d.C. Nel 1959 fu parzialmente saggiato un edificio abitativo di età imperiale romana prossimo alla costa, forse relativo a un piccolo insediamento a cui appartenevano le coeve tombe ora ricordate.
Dal 1973 al 1984 lo scavo della necropoli fu ripreso intensamente, con l'esplorazione di circa 1500 tombe a incinerazione e a inumazione distribuite in varie fasi cronologiche; pur in assenza di dati archeologici sull'abitato, la necropoli ha fornito ricchi dati sui commerci e su molti aspetti sociali e culturali di questo piccolo centro in età arcaica.

Nella fase più antica della necropoli, posta all'incirca nella prima metà del VII secolo a.C., sono frequenti le tombe a inumazione, con il cadavere posto in semplici fosse terragne scavate nella sabbia, spesso difficili da riconoscere poiché manca ogni copertura e poiché generalmente non si conservano i resti ossei, tranne talvolta i soli denti. In qualche corredo funerario si sono rinvenuti piccoli vasi di impasto non depurato, di forma tipicamente indigena (vasi a sagoma biconica; tazze con un'alta ansa verticale sormontante l'orlo e una piccola presa a bugna sul lato opposto), prodotti senza uso di tornio o più frequentemente al tornio; talvolta ai vasi indigeni sono associati vasi greci, di produzione coloniale, con pasta ben depurata e decorazione dipinta di tradizione subgeometrica, della prima metà del VII secolo a.C. (vetrina 28).

Questi corredi non sembrano rappresentare una fase di necropoli precedente allo stanziamento greco, ma piuttosto forniscono una importante documentazione di un fenomeno forse non raro nei primi momenti di vita di un centro magnogreco, cioè la presenza, accanto ai coloni greci, di qualche indigeno che conservava le proprie tradizioni culturali e artigianali, anche se esse venivano trasformandosi a contatto con i greci (i quali certo indussero i vasai indigeni ad adottare il tornio per i loro vasi d'impasto).
Iniziano molto presto anche le sepolture a incinerazione, e anche tra di esse troviamo vasi di tradizione indigena qui usati come cinerari, come un vaso biconico molto grande prodotto al tornio, e parecchi esemplari (plasmati senza tornio) delle cosiddette «situle» a corpo allungato pressocché cilindrico, attestate in molte necropoli della Calabria e della Sicilia nella prima età del ferro e definite curiosamente «vasi a bombarda» da Paolo Orsi (vetrina 28).
Gli elementi di tradizione indigena sembrano venir meno dopo una o due generazioni di vita di Matauros: nell'incontro tra due culture diverse, greca e indigena, prevale l'impronta dominante della prima, più complessa, organizzata e funzionale, cosicché la fusione tra individui di differente origine etnica avviene nel segno di una completa acculturazione secondo i modelli greci, e del venir meno delle testimonianze materiali della tradizione indigena.
Le tombe a inumazione, dotate esclusivamente di oggetti di corredo greci, mostrano evidenti contatti con altri centri coloniali di origine eubea per la presenza di reperti quali le brocchette a corpo pressocché cilindrico e spalla inclinata oppure bombata (le cosiddette bottiglie), largamente attestate da Pitecusa a Milazzo a Reggio a Zancle a Naxos, o un caratteristico tipo di coppa con orlo leggermente svasato, conosciuto soltanto a Zancle; è anche abbastanza frequente (ma quasi sempre in cattive condizioni di conservazione) un tipo di piccolo vaso per profumi a corpo tondeggiante e breve collo solitamente definito «*aryballos* rodio-cretese» prodotto nei centri insulari dell'Egeo e probabilmente anche imitato in centri d'Occidente come Pitecusa. Tale complesso di materiali conferma la notizia che Matauros fosse una subcolonia di Zancle.

GRANDE VASO BICONICO DI IMPASTO, PRODOTTO AL TORNIO. INIZIO DEL VII SEC. A.C..

MATAUROS

Tra la ceramica prodotta localmente (o in vicine città come Zancle o Reggio) si ricorda anche qualche cratere con decorazione subgeometrica, di cui uno di grandi dimensioni usato come cinerario.
Le importazioni ceramiche sono in prevalenza costituite da vasi protocorinzi, soprattutto *aryballoi*, ma sono notevoli due coppe «a uccelli» prodotte a Rodi o nei vicini centri greco-orientali, tra cui un raro esemplare a vasca profonda della prima metà del VII secolo a.C. Alcuni corredi di questa fase sono esposti nella vetrina 29.
Nel corso del VII secolo a.C. le sepolture a incinerazione diventano sempre più frequenti, e pressocché esclusive nel periodo fra l'ultima parte del VII e la prima metà del VI secolo a.C.; buona parte di esse mostrano le ceneri del rogo raccolte entro (o intorno a) grandi vasi, quali le già citate «situle» o analoghi vasi allungati e a bocca larga, generalmente prodotti al tornio, oppure le grandi «chytrai», vere e proprie pentole globulari con anse a nastro prodotte al tornio in impasto sottile, per bollire cibi e poi riutilizzate a scopo funerario. Le chytrai sono di gran lunga il vaso più frequente nella necropoli, con parecchie centinaia di esemplari: esse presumibilmente si distribuiscono lungo più di un secolo ma è difficile precisarne una sequenza cronologica essendo di forma molto costante nonché quasi sempre prive di altri vasi di corredo meglio databili. Un solo esemplare di *chytra* è esposto nella vetrina 28, mentre un'altra *chytra* singolarmente non tornita è presentata nella vetrina 29.
Assai meno frequenti, ma di notevole interesse per individuare le correnti commerciali che facevano capo a Matauros, sono le grandi anfore commerciali, destinate al trasporto di derrate quali olio e vino, e poi riutilizzate anch'esse a scopo funerario. Sono bene attestate le anfore di Corinto, dal collo cilindrico con largo orlo piatto e

COPPA A UCCELLI DI PRODUZIONE GRECO-ORIENTALE. SECONDA METÀ DEL VII SEC. A.C..

PICCOLO CRATERE AD ALTO PIEDE CON DECORAZIONE SUBGEOMETRICA. PRIMA METÀ DEL VII SEC. A.C.

sporgente (una di esse conteneva un *aryballos* protocorinzio databile poco prima della metà del VII secolo a.C.) e le anfore attiche del tipo detto convenzionalmente «SOS» dalla decorazione dipinta sul collo con cerchi concentrici e linee spezzate verticali: una di esse è databile intorno alla metà del VII secolo a.C. e un'altra, della fine del VII secolo a.C., è accompagnata da un corredo comprendente un *alabastron* corinzio antico.
Nella prima metà del VI secolo a.C. sono importanti, e piuttosto rare, le anfore laconiche a vernice nera e le anfore greco-orientali (prodotte a Samo o in centri vicini, forse Mileto), dal collo ristretto in basso e corpo ovoidale terminante in uno stretto puntale. Sono un poco più frequenti le anfore prive di collo, ritenute in passato di produzione fenicia o punica, ma di cui si sono invece riconosciuti in anni recenti tipi e gruppi prodotti in Etruria; a Matauros accanto a esemplari probabilmente punici, sono attestati tipi provenienti dall'Italia centrale databili dalla prima metà del VII alla prima metà del VI secolo a.C.
Una scelta delle anfore più significative è presentata su appositi supporti, mentre nella vetrina 29 vi sono i pochi corredi associati a tali anfore: lo studio delle anfore arcaiche greche, puniche, etrusche e del loro commercio nel Mediterraneo è stato avviato sistematicamente da pochi anni e potrà ricevere un importante contributo dalle testimonianze di Matauros.
Nella necropoli più frequente dell'anfora è un altro tipo di contenitore, l'*hydria*, tipico vaso greco con tre anse destinato ad attingere acqua alle fontane. I nostri esemplari, a decorazione dipinta (spesso evanida) a bande orizzontali sul corpo e a motivi curvilinei sotto le anse e talvolta sulla spalla e sul collo, derivano da prototipi originari delle isole dell'Egeo ma sembrano quasi tutti di produzione coloniale, databile tra la fine del VII e la metà del VI secolo a.C. (vetrina 30).
È possibile che i contenitori ceramici sopra citati, e soprattutto le anfore, fossero talvolta usati per deporvi, anziché i resti di una incinerazione, i piccoli corpi di neonati o di bambini di pochi anni di età, i cui resti ossei possono essersi dissolti senza lasciare tracce sicure (mancano anche i denti), rendendo in qualche caso incerto il riconoscimento del rituale della sepoltura.

ANFORA ATTICA DEL TIPO SOS (VARIANTE OO). FINE DEL VII SEC. A.C..

ANFORA DI PRODUZIONE ETRUSCA. PRIMA METÀ DEL VI SEC. A.C..

MATAUROS

È largamente usato nella necropoli un altro tipo di sepoltura a incinerazione, con i resti del rogo formanti una chiazza di sabbia nera spessa intorno ai 20-30 cm.: essi venivano forse deposti in un pozzetto scavato nel terreno sabbioso, oppure in un contenitore di materiale deperibile (stoffa, cuoio, legno?) presto dissolto senza lasciare altra traccia che una chiazza scura irregolarmente tondeggiante. Queste incinerazioni senza cinerario sono talvolta ricche di piccoli vasi di corredo (che abbiamo visto raramente associati ai cinerari): tra di essi prevale ancora la ceramica corinzia, con *alabastra* e *aryballoi* dell'ultima parte del VII e della prima metà del VI secolo a.C., con figure di animali e motivi vegetali stilizzati, e talvolta con qualche *oinochoe*, pisside, o altre forme meno frequenti. In questa fase sono ancora attestate le importazioni dall'area greco-orientale, con *alabastra* fusiformi nel cosiddetto «bucchero ionico» e qualche vaso configurato a testa di guerriero munito di elmo, oppure a testa di sileno; è pure presente una *lakaina*, tipica tazza di produzione laconica, e qualche frammento di *kantharos* in bucchero etrusco: ricorrono quindi fra questi vasi di corredo (esposti nella vetrina 30) le importazioni provenienti dalle varie aree del Mediterraneo, già ricordate a proposito delle anfore commerciali.

Intorno alla metà del VI secolo a.C. si avvertono alcune novità nella necropoli: accanto alle incinerazioni riprendono frequenti le inumazioni, non più in fossa terragna ma con il corpo protetto da una cassa formata da grandi tegole.

In questa fase appaiono segni di rapporti con Locri Epizefiri, quali un gruppetto di statuette in terracotta di produzione locrese in una incinerazione a chiazza di bruciato, e un'arula con fronte (lacunosa) con sfingi in posizione araldica inquadrate da colonne, motivo ben noto in arule locresi; la nostra arula era impiegata, già lacunosa, come protezione di una deposizione d'infante. Le statuette e l'arula (vetrina 32), databili intorno ai decenni centrali del VI secolo a.C., appartengono a un momento di grande sviluppo della vicinissima subcolonia locrese di Medma (l'attuale Rosarno): è peraltro difficile dire se tali reperti attestino soltanto rapporti culturali fra Matauros e l'area locrese oppure se corrispondano a un momento di dipendenza politica che potrebbe giustificare le notizie storiche relative al legame Matauros-Locri.

Nella seconda metà del VI secolo a.C. sembrano peraltro mantenersi stretti i rapporti culturali con le *poleis* dello Stretto di Messina, a giudicare dalla consistente presenza di ceramica calcidese. Alcuni vasi piuttosto grandi furono usati come cinerarari, come un grande *skyphos*-cratere a vernice nera con coperchio (vetrina 32) e due vasi con rappresentazioni mitologiche non consuete in questa classe ceramica e di eccezionale impegno figurativo: un cratere a colonnette con caccia al cinghiale di Calidone e uno *skyphos*-cratere lacunoso con Ulisse e i compagni che accecano Polifemo (vetrina 31). Altri vasi calcidesi appartenevano a tombe a inumazione in cassa di embrici:

- VASO PLASTICO A TESTA DI SILENO DI PRODUZIONE GRECO-ORIENTALE. PRIMA METÀ DEL VI SEC. A.C..

due anfore con figure di cavalieri, piacevolmente variati negli atteggiamenti e una *lekane* con coperchio ad eleganti rappresentazioni di animali erano associate con un grande *skyphos* tardocorinzio, una *lekythos* da Samo e altri vasi locali (vetrina 31); un'anfora (frammentaria e parzialmente evanida) con biga di profilo era associata con una coppa attica del tipo «Kassel», un modellino di biga in bronzo e ferro, una piccola testa di bovino in bronzo, tre piastrine in bronzo probabilmente interpretabili come pesi rinvenute accanto a una specie di vaschetta in terracotta (vetrina 32). Sono presenti a Matauros anche vasi di fabbrica calcidese a semplice vernice nera: oltre allo *skyphos* con coperchio già citato, si ricorda una grande *lekane*, una coppa e due brocchette associate a un'anforetta ionica a bande orizzontali e un cratere attico con satiri, menadi e altri personaggi dionisiaci (vetrina 31). I vasi calcidesi a vernice nera, evidentemente meno pregiati di quelli figurati e quindi meno soggetti ad esportazione a largo raggio, sembrano confermare che la ceramica calcidese avesse un centro di produzione vicino a Matauros, come l'area dello Stretto di Messina o in particolare la città di Reggio, come propose tempo fa G. Vallet.
La ceramica attica a figure nere non è particolarmente abbondante nella necropoli; oltre agli esemplari già citati, si ricordano soprattutto un notevole *skyphos* del Gruppo dei Komasti, con danzatori in pose vivaci e grottesche, e una *band-cup* dei cosiddetti Piccoli Maestri (vetrina 31); con un bel vaso greco-orientale in forma di colomba (o pernice?), qualche coppa ionica del tipo B2 di produzione coloniale e altri vasi di tradizione ionica decorati a bande orizzontali oppure parzialmente verniciati in nero (vetrina 32) si chiude la documentazione della necropoli, nella quale sembrano cessare i seppellimenti intorno alla fine del VI o al principio del V secolo a.C.. Appare cronologicamente isolato un corredo contenente una coppa a vernice nera del tipo «bolsal», della seconda metà del V secolo a.C.. L'area della necropoli rimase abbandonata per secoli, e cessa così completamente la nostra documentazione archeologica su Matauros greca. Ha tutt'altro carattere la ripresa dei seppellimenti nella stessa area nel II secolo d.C., con tombe a inumazione con spallette in muratura per la fossa e copertura a tegole e mattoni disposti alla cappuccina e poi coperti da grosse pietre. Nella vetrina 33 sono esposti numerosi elementi dei corredi: accanto alla testa era deposta una olletta acroma (o talvolta due) dentro la quale si poneva spesso una lucerna e una moneta in bronzo, per lo più di imperatori del II o del principio del III secolo d.C. forse con significato propiziatorio analogo all'«obolo di Caronte». Rari i materiali di maggior pregio, come i vasi in vetro (si notano due bellissime fiaschette decorate da elementi

ANFORA A FIGURE NERE CON CAVALIERE E CANE, DI PRODUZIONE CALCIDESE. SECONDA METÀ DEL VI SEC. A.C..

MATAUROS

vegetali stilizzati e applicati con grande leggerezza ed eleganza) e un modesto complesso di orecchini e pendenti in oro. Accanto ai piedi del defunto si è spesso rinvenuto un mucchietto di corte borchie in ferro, che probabilmente rinforzavano le suole di grosse scarpe analoghe a quelle ancora usate nelle nostre campagne; questi segni di una dura vita di lavoro accompagnavano il defunto forse con un significato simbolico relativo al lungo viaggio verso l'oltretomba.
Nella stessa vetrina 33 sono infine esposti pochi reperti dall'edificio di età imperiale romana saggiato nel 1959, tra i quali si notano alcuni pesi da telaio, frammenti di tubature in piombo, lastrine in vari marmi che decoravano l'edificio e una campionatura della ceramica, con numerosi frammenti di produzione nordafricana importati tra il II e il V secolo d.C..

C.S.

SKYPHOS ATTICO A FIGURE NERE CON DANZATORI (COMASTI). INTORNO AL 590-570 A.C..

VASO PLASTICO A FORMA DI COLOMBA O PERNICE, DI PRODUZIONE GRECO-ORIENTALE. INTORNO ALLA METÀ DEL VI SEC. A.C..

MEDMA

L'antica Medma (oggi Rosarno) ebbe origine intorno alla fine del VII o al principio del VI secolo a.C. quando i Locresi attraversarono la dorsale appenninica alla ricerca di fertili terreni agricoli più ampi di quelli disponibili lungo la costa dello Ionio e s'insediarono sul versante tirrenico nella piana attraversata dal fiume Mesima (che conserva il nome antico) e sull'altipiano del Poro, ove sorse Hipponion (oggi Vibo Valentia).

Le fonti storiche antiche forniscono poche notizie su Medma: ad esempio non conosciamo con precisione quali fossero in età arcaica i rapporti politici (indipendenza? legame federale?) fra Locri Epizefiri e le sue subcolonie tirreniche, che sappiamo alleate in una guerra vittoriosa contro Crotone, che ci è nota da offerte di bottino militare nel santuario di Olimpia. Nel 422 a.C. Medma e Hipponion erano in guerra contro Locri, ma non ne sono note le ragioni né l'esito. Nel 389 a.C. Medma fu conquistata e forse distrutta dal tiranno siracusano Dionisio I che deportò numerosi abitanti a Messina; però la città continuò a vivere e nel IV secolo a.C. batté moneta con il nome di Mesma. Non se ne hanno notizie per i secoli successivi; l'abitato fu abbandonato forse in rapporto con le vicende della seconda guerra punica e non risorse più in età romana.

Paolo Orsi intorno al 1910 identificò il sito della città antica, che occupava la parte occidentale del terrazzo naturale detto Piano delle Vigne, elevato sul basso corso del fiume Mesima a pochi chilometri dalla foce. Orsi esplorò un ricchissimo deposito votivo del VI e V secolo a.C. in contrada Calderazzo, un minore deposito votivo in contrada S.Anna ed un piccolo settore della necropoli in contrada Nolio. Altri recuperi di materiali della necropoli furono effettuati da P.E. Arias nel 1940 e poi occasionalmente nel dopoguerra.

Sistematiche campagne di scavo nell'abitato antico, gravemente compromesso

ANTEFISSA A TESTA FEMMINILE IN TERRACOTTA DIPINTA. SECONDA METÀ VI SEC. A.C..

MEDMA

dall'espansione dell'attuale Rosarno, sono state iniziate nel 1977 e continuano tutt'ora; si sono messi in luce vari resti di edifici privati, per lo più del IV secolo a.C. e due tratti di strade rettilinee e ortogonali con accurato lastricato in grossi ciottoli di granito; si inizia così a delineare un impianto urbanistico regolare fiorito nel IV-III secolo a.C. ma forse di origine più antica. I materiali degli scavi recenti non sono ancora esposti nell'attuale sistemazione museale.

Sono oggi presentati prima di tutto i ricchissimi materiali rinvenuti da P. Orsi nel deposito votivo di contrada Calderazzo, costituito da una larga fossa, lunga oltre 20 m. colmata da numerosissime statuette in terracotta, da ceramica e reperti in metallo; Orsi non riuscì invece a individuare edifici relativi a tale santuario, la cui area non fu più esplorata in seguito. Non si è neppure certi della divinità onorata nel santuario: molti reperti votivi sono analoghi a quelli del santuario di Persefone alla Mannella di Locri, ma si osservano pure talune differenze, ad esempio nell'assenza di *pinakes*, che potrebbero far propendere per una divinità femminile diversa da Persefone; le stesse immagini votive di varie divinità rinvenute nel deposito indicano una pluralità di culti praticati in questa area.

I materiali più antichi del deposito votivo risalgono a un momento avanzato della prima metà del VI secolo a.C., con qualche vaso corinzio e varie statuette in terracotta di tipi bene attestati alla Mannella, come una figura dal volto di tradizione corinzia seduta su un trono singolarmente stilizzato in forma arcuata, e una figura stante dalle spalle accentuatamente angolose e dal volto tondeggiante di derivazione greco-orientale.

Non sono invece documentati a Locri un notevole tipo di dea stante in peplo e alto polos, reggente in mano una corona, con testa dalla volumetria nitida e vigorosa, e una bella figura seduta dal corpo volutamente semplificato secondo contorni fluidi, basso polos e volto ampio e carnoso affine a opere siceliote della seconda metà del VI secolo a.C.

STATUETTA IN TERRACOTTA DI DIVINITÀ FEMMINILE CON ALTO POLOS E CORONA IN MANO. PRIMA METÀ VI SEC. A.C.

Tra gli altri reperti arcaici conservati, come i precedenti, nella vetrina 34, si ricorda una figura recumbente derivata da prototipi greco-orientali e un frammento di collo di *hydria* in terracotta con ansa decorata da una testa femminile che imita noti prototipi in bronzo. Nella vetrina 35 una grande maschera imita i tipi locresi di derivazione ionica della seconda metà del VI secolo a.C., mentre compaiono verso la fine del VI secolo i primi grandi busti femminili i quali presentano la parte superiore del corpo in forma innaturalmente semplificata e massiccia, talvolta con gli avambracci delineati contro il petto per sostenere attributi, mentre le teste sono vigorosamente modellate con notevole impegno stilistico; nei busti, molto più frequenti a Medma che a Locri, è possibile seguire lo sviluppo stilistico dei volti dal tardo arcaismo fino al pieno stile severo e il mutare delle mode nelle acconciature, dapprima a fitti riccioli «a lumachella» (si noti ad esempio nella vetrina 36 il bellissimo esemplare dell'inizio del V secolo a.C. che tiene in mano un grande fiore di loto), e poi con capelli spartiti al centro che scendono a onde verso i lati del volto (con vari esemplari dell'inoltrato V secolo a.C. nella vetrina 37).

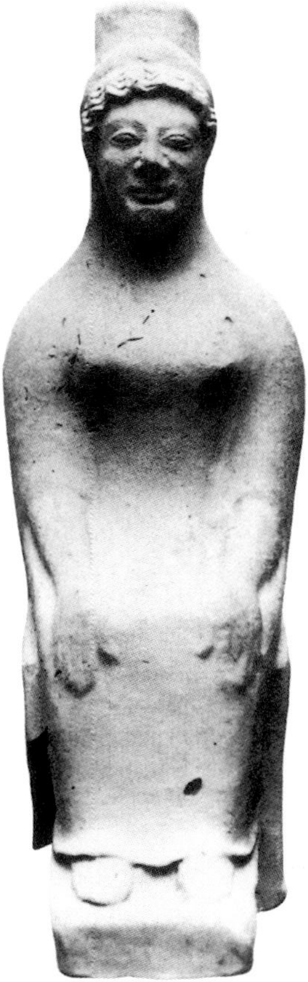

STATUETTA IN TERRACOTTA DI DEA IN TRONO CON BASSO POLOS. SECONDA METÀ VI A.C..

GRANDE BUSTO IN TERRACOTTA DI FIGURA FEMMINILE CON FIORE DI LOTO. INTORNO AL 500 A.C..

MEDMA

Tornando ai materiali della fine del VI secolo a.C., si osserva un'antefissa a volto femminile con notevoli resti di colore (vetrina 35) e una testa di dimensioni poco inferiori al naturale, di grande vigore plastico, che già prelude al superamento delle convenzioni figurative dell'arte arcaica (vetrina 36).

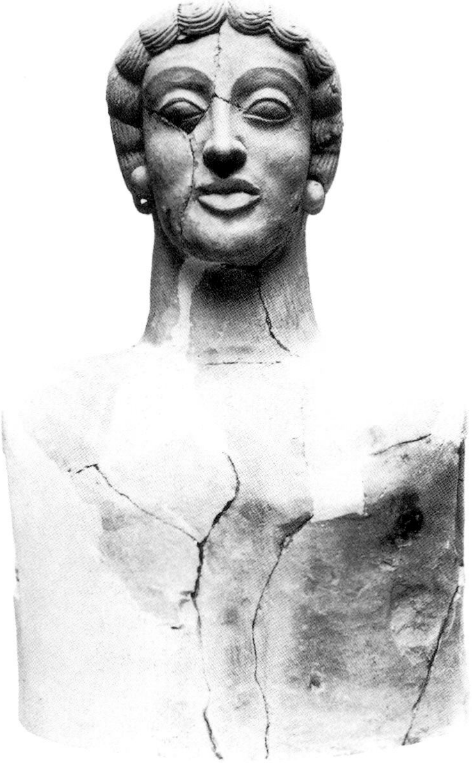

BUSTO IN TERRACOTTA DI FIGURA FEMMINILE CON ACCONCIATURA AD ONDA. INTORNO AL 480-460 A.C..

GRANDE TESTA FEMMINILE IN TERRACOTTA. INTORNO AL 500 A.C..

È giustamente celebre tra i reperti del deposito votivo di Calderazzo la bellissima serie di statuette di media grandezza raffiguranti varie divinità e figure di offerenti, in posizione stante oppure sedute in trono, secondo schemi figurativi della fine dell'arcaismo (vetrina 38). Si notano due figure femminili (korai) in gesto di offerta, nel consueto costume arcaico dal corto himation indossato di traverso sul petto e dal chitone sollevato con la sinistra, e altre due figure femminili di inoltrato V secolo a.C. con pesante mantello dietro le spalle le quali tengono nella destra la patera da offerente e una colomba nella sinistra. La colomba ritorna come attributo anche di figure in trono, probabilmente divinità: potrebbe trattarsi di Afrodite, ma la colomba non è un attributo esclusivo di questa dea poiché ricorre anche in connessione con Hera, con la stessa Persefone e altre divinità, rendendone pertanto incerta l'identificazione. Non è di maggiore aiuto il piccolo mobile o cofanetto tenuto in grembo da un'altra dea in trono non identificabile; in tutte queste figure si nota la fittissima serie di pieghe ondulate parallele che indicano la stoffa leggera e increspata del chitone. Sono invece ben caratterizzati con i propri attributi la dea Atena armata e in posizione di attacco verso destra, ed Eracle avanzante con la *leonté* legata sulle spalle; la figura maschile barbata seduta è probabilmente identificabile con Zeus.

FIGURA FEMMINILE PANNEGGIATA (KORE) IN GESTO DI OFFERTA. TERRACOTTA. INIZIO V SEC. A.C..

FIGURA FEMMINILE IN TRONO CON COLOMBA. TERRACOTTA. PRIMA METÀ V SEC. A.C..

ATENA IN POSIZIONE DI ATTACCO. TERRACOTTA. PRIMA METÀ V SEC. A.C..

MEDMA

Nella vetrina 36 sono esposte parecchie figure maschili che portano un ariete sulle spalle (*kriophoroi*) e rappresentano probabilmente Hermes, raffigurato talvolta come un giovane nudo, e altre volte come un vecchio dalla lunga barba con mantello sulle spalle.
Nelle vetrine 39 e 40 si osservano altre figure frammentarie di divinità in trono con colomba, figure di Athena e scudi votivi in terracotta forse connessi al culto di questa dea, figure di dee in trono che portano in grembo una figura femminile alata o una figura femminile con corona (si tratta forse di Afrodite con divinità minori, personificanti vari aspetti del desiderio amoroso), nonché numerose teste femminili frammentarie pertinenti a figure analoghe alle precedenti; si osservi la varietà e la vivacità affascinante delle acconciature spesso arricchite da diademi complessi e soprattutto dei volti spesso rappresentati nel cosiddetto «sorriso arcaico» (che in prodotti artigianali legati a tenaci tradizioni cultuali, come questi, probabilmente viene mantenuto anche in figure dell'avanzato V secolo a.C.); altri volti dal taglio generalmente allungato e di robusta volumetria rientrano fra le più eleganti e coerenti opere dello stile severo in Magna Grecia.

TESTINA FEMMINILE IN TERRACOTTA DI STILE SEVERO. PRIMA METÀ V SEC. A.C..

FIGURA MASCHILE BARBATA CHE PORTA UN ARIETE SULLE SPALLE (KRIOPHOROS). TERRACOTTA. PRIMA METÀ V SEC. A.C.

TESTINA FEMMINILE IN TERRACOTTA CON DIADEMA. INIZIO V SEC. A.C.

Nella vetrina 39 vi sono alcune interessanti figure e gruppi in atteggiamenti complessi o movimentati: nel gruppo del satiro in rapida corsa verso destra che con ardita torsione del corpo afferra una menade, la complessa dinamica delle figure è espressa in modo disegnativo e lineare con una semplice sovrapposizione di contorni secondo un unico punto di vista, seguendo una concezione ancora legata a moduli arcaici; essi sono in parte superati in una insolita figura maschile con calzari alati e breve mantello (Hermes in volo? Perseo?) purtroppo priva di testa e braccio destro, che presenta un reale sforzo di disporre la figura nello spazio secondo diversi angoli di visuale necessari per coglierne la complessa posizione di movimento.
Il gruppo arcaico con un personaggio seduto sul guscio di una grande tartaruga ricorda una metopa del tempio di Hera alla foce del Sele: si tratta di un mito di incerta identificazione, forse legato ai viaggi marini di Ulisse o di altri eroi.
Nel santuario di Calderazzo oltre a piccole figure in terracotta erano presenti anche statue di grandi dimensioni, a giudicare dai frammenti di braccia, probabilmente pertinenti a una grande *kore* arcaica modellata piuttosto sommariamente, nella vetrina 37.
Altri aspetti del culto sono rivelati dalle simboliche offerte in terracotta di frutta e di vari animali, colomba, gallo, ariete, cavallo, bue (vetrina 36).
La ceramica del deposito votivo è pressocché priva di esemplari figurati e di pregio, mentre si sottolinea la presenza di prodotti locali direttamente prodotti per uso votivo, come le numerose *kotylai* e le brocchette (vetrina 34), i crateri non decorati (vetrina 35), i numerosi mortai in terracotta grezza forse usati per preparare offerte alimentari, le patere per compiere libagioni (vetrina 36).
Sono particolarmente numerose le più pregiate patere in bronzo martellato, e si osserva qualche frammento di sostegno in bronzo a zampa di animale per vasi di maggiore dimensione, e una statuetta bronzea di offerente con colomba nella sinistra mentre compie una libagione con la destra (vetrina 37). Un piccolo battente di porta, in osso, apparteneva forse alla decorazione di un cofanetto; consueta la presenza di *aryballoi* e altri vasi per profumi in pasta vitrea a fondo blu con decorazioni a linee spezzate in giallo, verde e altri colori di grande vivacità e piacevolezza, prodotti probabilmente nell'Oriente mediterraneo tra la Fenicia, Cipro, Rodi e altre isole dell'Egeo.
Tra i reperti più noti del deposito votivo sono due modellini in terracotta di piccoli templi (vetrina 41), un tipo di offerta votiva documentato anche a Locri e Hipponion. Sono rappresentati due edifici sacri del tipo più semplice, molto diffuso in Magna Grecia e in Sicilia,

TESTINA FEMMINILE IN TERRACOTTA DI STILE SEVERO. INTORNO AL 470-450 A.C..

MODELLINO IN TERRACOTTA DI TEMPIO CON FREGIO DORICO. PRIMA METÀ V SEC. A.C..

MEDMA

con cella a pianta rettangolare allungata priva di colonnato; sono resi con precisa attenzione molti particolari della costruzione, come il fregio dorico a triglifi e metope alla sommità delle pareti, gli spioventi del tetto a larghe tegole piane e coppi a sezione semicircolare, i coppi assai più grandi che coprono il trave di colmo del tetto. Restano tracce degli acroteri applicati agli angoli del frontone, qui perduti ma in altri esemplari costituiti da dischi con volto di Gorgone, destinato con il suo aspetto terrificante a tenere lontano il malocchio dalle travi e dalle parti più esposte dell'edificio.
Come si è detto, Orsi non rinvenne strutture murarie degli edifici del santuario di Calderazzo, di cui peraltro possediamo qualche frammento delle terrecotte architettoniche destinate a decorare e a proteggere dalla pioggia le travi in legno del tetto. Nella vetrina 41 sono esposti due grandi coppi del trave di colmo di un tetto (*kalypteres hegemones*), decorati con linguette rosse e nere sui lati visibili dal basso; in corrispondenza alle tacche semicircolari erano posti i colmi minori pertinenti ai due spioventi del tetto. Nella vetrina 42 vi sono altri frammenti, fra cui tre antefisse di un piccolo edificio della fine del VI secolo a.C. con un sileno in corsa dal corpo villoso indicato da una fitta puntinatura a colori, un piccolo frammento con il naso di una gorgone probabilmente pertinente a un grande acroterio arcaico, tre piccoli gocciolatoi a testa di felino, e un grande frammento di sima decorato a palmette e fiori di loto dai colori vivi e ben conservati, del V secolo a.C. Nella stessa vetrina 42 sono esposte altre statuette del V secolo a.C., come una piccola figura di negro inginocchiato e due figure femminili che reggono in braccio bambini in fasce; vi sono inoltre una grande testa femminile con *polos* databile intorno alla metà del V secolo a.C. e due figure femminili frammentarie e acefale, insolitamente grandi, dal peplo riccamente panneggiato secondo lo stile della seconda metà del V secolo a.C.; alla stessa epoca appartiene un *askos* attico a figure rosse, frammentario con due cavalli al pascolo.
La grande fossa di scarico di Calderazzo dovette essere colmata prima della fine del V secolo a.C., poiché quasi tutti i materiali rinvenuti sono precedenti a tale data; a qualche intrusione più tarda sono probabilmente da riferire i pochissimi frammenti di statuette e di ceramica databili al IV sec. a.C., tra cui la notevole coppa in bronzo purtroppo priva del piede e delle anse.
Il secondo deposito votivo scavato da Paolo Orsi a Medma, in contrada S.Anna, restituì essenzialmente un gran numero di piccoli cavalli in terracotta: è anche qui difficile identificare la divinità che richiedeva tali offerte equine. Si rinvenne inoltre la base con i piedi di una grande statua in terracotta, poco inferiore al vero,

FIGURA FEMMINILE IN TRONO CON UNO SCRIGNO O UN PICCOLO MOBILE. TERRACOTTA. PRIMA METÀ V SEC. A.C..

MANICO DI SPECCHIO IN BRONZO CON SATIRO CHE ACCAREZZA UN EFEBO DORMIENTE. PRIMA METÀ IV SEC. A.C., DA UNA TOMBA IN CONTRADA «GRIZZOSO».

MEDMA

ulteriore prova della perfetta padronanza del materiale da parte degli artigiani medmei, anche per la difficile modellazione e cottura di figure assai grandi (vetrina 43).
Nella vetrina 44 sono esposti vari strumenti di lavoro dei coroplasti di Medma, con alcune matrici di dimensioni piuttosto grandi, di cui una bella testa femminile e un'antefissa a testa di sileno, del IV secolo a.C.; i due attrezzi in terracotta, a forma di zoccolo e a forma circolare con maniglia di presa, sono generalmente considerati come mazzuoli e lisciatoi per la preparazione dell'argilla destinata alla modellazione. Gran parte delle statuette in terracotta prodotte a Medma, soprattutto nel V e IV secolo a.C., impiegano un impasto di grana piuttosto grossa, per la presenza di particelle di sabbia e talvolta di impurità biancastre, il cui colore varia dal rosso-arancio al rosso-bruno, causato dagli ossidi di ferro contenuti nell'argilla reperibile nella zona. I prodotti medmei sono spesso distinguibili facilmente da quelli di Locri e di Hipponion, realizzati generalmente con argille di colore giallino oppure rosato assai più chiaro.
Una selezione dei reperti della necropoli della contrada Nolio è esposta nella vetrina 45. Sono pochi i materiali del VI e della prima metà del V secolo a.C., tra cui un *aryballos* corinzio, una singolare figurina plasmata senza matrice raffigurante in modo schematico una donna china nel lavoro di impastare il pane, un frammento di piccolo capitello ionico. Gran parte dei reperti appartengono alla fine del V e al IV secolo a.C.: tra essi, parecchi vasi e lucerne a vernice nera, alcune statuette in terracotta tra cui un notevole bustino femminile dalla ricca acconciatura e con peplo trattenuto sulla spalla da due grossi fermagli, un mestolo in bronzo e frammenti di strigili usati dagli atleti per raschiare dal corpo il sudore e la polvere dopo gli esercizi, un frammento di piatto decorato a figure rosse con pesci e un cratere, sempre a figure rosse, con giovani ammantati, prodotto da officine della Campania nella seconda metà del IV secolo a.C.. Particolarmente notevole lo specchio in bronzo della prima metà del IV secolo a.C. rinvenuto in una tomba in contrada Grizzoso, all'estremità orientale del Piano delle Vigne; il ricco manico traforato rappresenta un satiro dal corpo villoso, con una pelle di animale legata dietro alle spalle, che accarezza un giovane addormentato, in un ambiente di rocce e alberi tipico delle scene a sfondo erotico o grottesco dei personaggi del mondo dionisiaco.
Un'altra classe di oggetti molto tipici di Medma è costituita dalle arule decorate con scene mitiche di notevole complessità, databili tra la fine del V e la prima metà del IV secolo a.C. (vetrina 46). L'esemplare più grande e più noto, rinvenuto da Orsi in frammenti nella necropoli e integrato grazie ad una matrice di uguale soggetto rinvenuta a Medma nel secolo XVIII e conservata in una collezione privata, rappresenta il mito di Tyrò angariata dalla crudele principessa Sidero e poi liberata dai figli Pelia e Neleo che uccidono Sidero, alla presenza del vecchio padre Salmoneo (a destra, in atteggiamento di disperazione) e si rifugiano come supplici sopra un altare rappresentato di scorcio. Il mito era trattato in una tragedia di Sofocle oggi perduta, e si ritiene che la complessa scena dell'arula derivi da una composizione di origine ateniese risalente all'opera teatrale: si tratterebbe quindi di un importante documento della diffusione in Magna Grecia della conoscenza delle

BUSTO FEMMINILE IN TERRACOTTA CON FERMAGLI SULLE SPALLE PER TRATTENERE IL PEPLO. IV SEC. A.C. DALLA NECROPOLI IN CONTRADA «NOLIO».

tragedie di ambiente attico, a breve distanza di tempo dalla loro creazione.
Un'altra arula rappresenta un giovane eroe in armi che stringe la mano a un re in trono, con scettro, fra un arciere a sinistra e uno scudiero negro a destra, che porta uno scudo decorato con una figura di grifo: si tratta probabilmente di Perseo che promette a Cefeo re degli Etiopi di liberare la figlia Andromeda. Un'altra arula, con un giovane accompagnato da una donna che stringe la mano ad un vecchio seduto, appare meno precisamente caratterizzata in senso narrativo; non si può escludere che la scena abbia un generico carattere di congedo analogo a rappresentazioni di carattere funerario di personaggi che intraprendono il viaggio verso l'oltretomba.

ARULA IN TERRACOTTA CON SCENA MITICA: PERSEO PROMETTE A CEFEO RE DEGLI ETIOPI DI LIBERARE ANDROMEDA. PRIMA METÀ IV SEC. A.C..

Nella vetrina 47 sono esposti numerosi materiali rinvenuti a Medma al di fuori da precisi contesti di scavo, quasi tutti provenienti dalle collezioni dell'ex Museo Civico di Reggio, tranne un raro e bellissimo kouros in bronzo del principio del VI secolo a.C., rappresentato in gesto di offerta secondo modi stilistici che sembrano derivare dall'arte laconica; esso era conservato (insieme ad un piccolo gruppo bronzeo con Eracle in lotta con il leone di Nemea) in una collezione privata ed è stato recentemente acquistato dallo Stato.
Tra le notevoli terrecotte qui esposte, si osserva un frammento dei noti *pinakes* locresi, con la scena del trasporto del peplo ripiegato, realizzato a Medma con la caratteristica argilla locale; il culto locrese di Persefone era quindi diffuso anche nelle subcolonie, e causò la circolazione di matrici per produrre a Medma (e anche a Hipponion, dove si sono recentemente rinvenuti frammenti di *pinakes*) le tipiche offerte votive ben note alla Mannella.
Una figura femminile frammentaria, con velo e ricco panneggio, sostiene sul braccio un giovane alato, forse un erote: è un'immagine di eccezionale coerenza formale, dal linguaggio sobrio ma di tono elevato, tipico della metà del V secolo a.C.. Sono singolari una testa femminile con gli occhi chiusi e una testa di vecchio barbato dall'aspetto corrucciato e patetico. Appartiene al IV secolo a.C. una bella testa barbata, che porta sollevato sul capo un elmo corinzio; interessanti due placchette a rilievo con elmi corinzi visti di profilo, e una figura a tutto tondo di elmo con singolare cimiero a forma di leone. Alcune teste di Atena tra la fine del V e il IV secolo a.C., presentano vari tipi di elmo, a pileo, a berretto frigio, di tipo attico con paragnatidi sollevate. Alcune antefisse a testa di sileno, di Pan, a palmetta, appartengono al IV secolo a.C., mentre tre teste femminili di dimensioni abbastanza grandi, viste frontalmente, risalgono probabilmente all'ultimo periodo di vita di Medma, tra la fine del IV e il III secolo a.C.

C.S.

PICCOLO KOUROS IN BRONZO IN GESTO DI OFFERTA. PRIMA METÀ VI SEC. A.C..

FIGURA FEMMINILE PANNEGGIATA (AFRODITE?) CON EROTE ALATO. TERRACOTTA. INTORNO ALLA METÀ DEL V SEC. A.C..

LAOS

LA CITTÀ

A partire dal 1973 la Soprintendenza Archeologica della Calabria ha ripreso l'esplorazione sistematica del sito di Marcellina (frazione di S. Maria del Cedro, CS), dove alla fine degli anni '20 E. Galli aveva intrapreso alcune campagne di scavo che portarono alla scoperta di una cinta muraria, di un abitato antico all'interno di questa, e di un'estesa necropoli.
Le ricerche recenti hanno permesso di stabilire che si tratta di un abitato in vita tra il IV e la fine del III sec. a.C., identificabile con la città lucana di *Laos* (Diodoro Siculo XIV, 101 sg.), considerata l'estensione dell'abitato (circuito fortificato di circa 4 Km.), la regolarità della struttura urbana, la predominanza di piccoli bronzi della zecca di *Laos*. Allo stato attuale delle ricerche, invece, non si dispone di elementi sicuri circa l'esistenza nello stesso sito della colonia sibarita di *Laos* attestata alla fine del VI sec. a.C. dagli stateri d'argento con etnico *La*F*inon* e da una menzione di Erodoto (VI, 21) che considera *Laos* e *Skidros* come i centri abitati dai Sibariti dopo il 510 a.C.
I saggi di scavo effettuati sul pianoro di Marcellina, posto tra i fiumi Lao e Abatemarco, hanno accertato la stratigrafia e la struttura dell'organizzazione urbana. L'abitato, abbandonato alla fine del III sec. a.C., probabilmente in coincidenza con gli esiti della Seconda Guerra Punica, sembra essersi concentrato nella parte bassa del pianoro, dove sono stati messi in luce resti di edifici pubblici e privati, e di un sistema viario organizzato su assi ortogonali. La spina dorsale di questo sistema è costituita da una grande *plateia* Nord/Sud che, larga m. 12,60, attraversa, fiancheggiata da portici, la zona centrale dell'abitato.

DIADEMA IN LAMINA D'ORO SECONDA METÀ DEL IV SEC. A.C.

LA NECROPOLI

Pur non disponendo di dati di scavo sicuri, sembra certa la localizzazione dell'area della necropoli di *Laos* sul versante sud-occidentale del pianoro occupato dalla città. Le notizie attualmente disponibili sui ritrovamenti di tombe avvenuti tra il 1959 ed il 1963, consentono di intravedere una certa articolazione nell'ambito della necropoli costituita da sepolture entro cassa di lastroni o di embrici, contigue alla tomba a camera in cui nell'autunno 1963 fu recuperato il corredo esposto a Reggio.

IL CORREDO DELLA TOMBA A CAMERA

L'omogeneità del complesso funerario, particolarmente rilevante sotto il profilo storico ed archeologico, giustifica l'attuale esposizione provvisoria, in attesa dell'allestimento del settore che sarà dedicato alla documentazione archeologica della Sibaritide e della provincia di Cosenza.
La tipologia degli oggetti costituenti il corredo attesta la presenza di una duplice deposizione, maschile e femminile, nell'unica tomba a camera in cui, stando alle notizie pervenute, essi furono trovati. L'emergenza sociale dei due individui sepolti è indicata, oltre che dal tipo di monumento funebre, dalla ricchissima varietà di materiali di corredo in metallo (oro, argento, bronzo e ferro) e fittili (vasellame, terrecotte), in prevalenza prodotti da fabbriche apule e campane. Una laminetta in bronzo iscritta sui due lati con testo di *defixio* in alfabeto greco e lingua osca fa fede, altresì, dell'appartenenza dei due defunti all'*ethnos* italico.
La presentazione del corredo si incentra sulla ricca armatura da parata, pazientemente restaurata dai tecnici della Soprintendenza nel corso degli anni '70.
Alla corazza bivalve in lamina di bronzo decorata a sbalzo (teste di Pan sul davanti, e di Satiro, sul retro, fra decorazione accessoria), si accompagnano un elmo crestato in bronzo con *lophoi* laterali e paraguance mobili, ed i resti di almeno tre cinturoni in lamina bronzea.
Il più prezioso di questi reca una decorazione in argento a sbalzo con le figure di Scilla e di un'Amazzone in lotta.

APPLIQUES IN TERRACOTTA PER DECORARE MOBILI O SARCOFAGI IN LEGNO. SECONDA METÀ DEL IV SEC. A.C.

CRATERE A CALICE APULO A FIGURE ROSSE. VICINO ALLA CERCHIA DEL PITTORE DI DARIO. CIRCA 330 A.C.

L'armatura è completata da due schinieri anatomici in bronzo. Sempre alla deposizione maschile sono pertinenti lo strigile bronzeo con iscrizione in greco del nome del fabbricante, ed i frammenti di almeno due cuspidi di lancia in ferro. Anche il diadema in lamina d'oro con rosette è probabilmente da attribuire al defunto, essendo ricollegabile all'ideologia funeraria del simposio, oltre che simbolo di prestigio.
Alla medesima ideologia fa riferimento il gran numero di recipienti ceramici (almeno una ventina) facenti parte del corredo maschile che si connota per la presenza dei quattro crateri a figure rosse (il maggiore è attribuito dal Trendall alla cerchia del Pittore di Dario), del *rhytòn* apulo a protome di mulo, dei due *kantharoi*, delle *oinochoai*, delle situle e, infine, dei grandi piatti a pesci, tutti riconducibili alla produzione apula e campana.

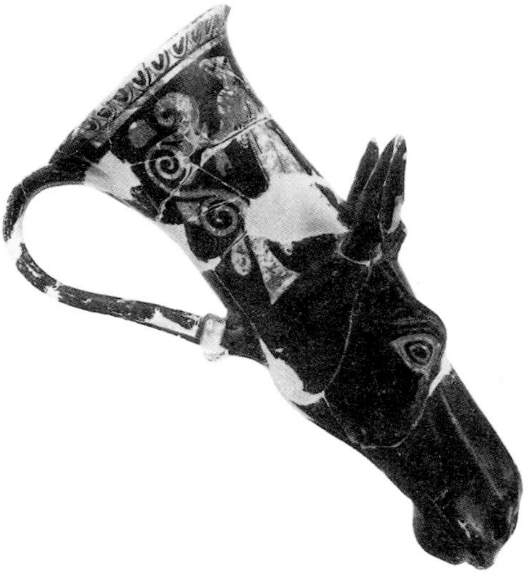

SITULA APULA A FIGURE ROSSE. VICINA ALLA CERCHIA DEL PITTORE DI DARIO. CIRCA 330 A.C.

PIATTO A PESCI CAMPANO A FIGURE ROSSE. SECONDA METÀ DEL IV SEC. A.C.

RHYTON APULO A TESTA DI MULO. SECONDA METÀ DEL IV SEC. A.C.

FRAMMENTO DI CINTURONE IN LAMINA DI BRONZO CON DECORAZIONI A SBALZO IN ARGENTO (FIGURE DI AMAZZONE E DI SCILLA). SECONDA METÀ DEL IV SEC. A.C.

PARTICOLARE DI ELMO DI TIPO FRIGIO IN BRONZO. SECONDA METÀ DEL IV SEC. A.C.

PARTICOLARE DELLA PARTE POSTERIORE DELLA CORAZZA.

ELMO DI TIPO FRIGIO E PARTE ANTERIORE DI CORAZZA DI TIPO ANATOMICO. SECONDA METÀ DEL IV SEC. A.C.

IL CORREDO DELLA TOMBA A CAMERA

Una grande lekane attica insieme ad una pisside skyphoide siceliota, due *hydriai* campane ed un lebete nuziale caratterizzano, invece, la deposizione femminile, che era pure corredata di alcuni anellini di argento e da strumenti da *toilette* in bronzo e osso.
L'elenco dei materiali recuperati nella tomba continua con degli spiedi in ferro, l'unguentario in alabastro, le *lekythoi* ed i piattelli a figure rosse, il vasellame da mensa a vernice nera. La presenza, infine, di cofanetti o sarcofagi lignei è documentata dalla serie di *appliques* in terracotta, di tipo tarantino (grifi, leoni, mascherette gorgoniche e rosette), finora mai rinvenute nel territorio della Calabria.
La cronologia del complesso funerario può fissarsi entro l'ultimo quarto del IV secolo a.C., in base all'analisi dei recipienti a figure e delle iconografie che decorano soprattutto la corazza ed il cinturone, ampiamente confrontabili in area magnogreca.
Gli stessi materiali forniscono inoltre importanti elementi di valutazione per quanto riguarda la diffusione della cultura materiale «italiota» in ambiente italico, ed il grado di «acculturazione» di questo a livello ideologico. L'uso dei medesimi oggetti, correnti e di lusso, accomuna, infatti, in quest'epoca Italioti ed Italici, interessati da un circuito commerciale unico per tutta l'Italia meridionale. Inoltre, nel caso specifico, la documentazione connota il rango sociale e la distinzione dei ruoli dell'uomo e della donna, simboleggiati anche nel corredo tombale.

S.L.

HYDRIA CAMPANA A FIGURE ROSSE. SECONDA METÀ DEL IV SEC. A.C.

LEKANE ATTICA A FIGURE ROSSE. IV SEC. A.C.

KAULONIA

LE VICENDE STORICHE

Le origini della colonia e la cronologia della fondazione sono a tutt'oggi incerte e problematiche; le fonti storiche a questo riguardo sono generiche, quando non diventano contraddittorie. Alcuni autori antichi (Pseudo Scimno, Solino e Stefano di Bisanzio) dicono la città colonia di Crotone, altri invece (Strabone e Pausania) la considerano colonia achea. Gli studiosi moderni (G. De Sanctis, E. Ciaceri, J. Bérard) superano la contraddizione delle fonti ipotizzando che Kaulonia, pur essendo stata fondata in origine dagli Achei, fosse stata in seguito ricolonizzata dai Crotoniati; come ecista è indicato Tifone di Aegion, città dell'Acaia. Anche il mito sulle origini della città è oscuro; la tradizione ne ascrive la nascita al tempo della guerra di Troia e ne attribuisce la fondazione a Caulo, figlio dell'Amazzone Clete oppure alla stessa Clete. Le più recenti campagne di scavo, se non hanno fornito nessun elemento determinante a chiarire il problema dell'origine achea o crotoniate della città, hanno però confermato la presenza nell'abitato di ceramica databile per lo meno alla fine dell'VIII sec. a. C.; la fondazione di Kaulonia, pertanto, dovrebbe risalire almeno a quella data.

Nulla si conosce dei primi secoli di vita della città, ma è molto probabile che il periodo di massima potenza economica e di autonomia fosse coinciso con la seconda metà del VI sec. a. C., come testimoniano gli splendidi stateri d'argento incusi coniati appunto in quel secolo dalla zecca cauloniate (esemplari sono esposti nella Sezione Numismatica del Museo). Sempre per il VI sec. a. C. le fonti classiche (Giustino, Diodoro e Strabone) attestano una famosa battaglia, combattuta sul fiume Sagra, tra Locresi e Crotoniati, ai quali Kaulonia aveva portato aiuto ma senza successo, ed il dominio sulla città della scuola pitagorica.

Il secolo successivo è caratterizzato dall'ostilità contro i Pitagorici e dalla partecipazione di Kaulonia alla lega italiota, la federazione delle città magnogreche sorta a difesa dalle popolazioni lucane che premevano sulla costa. La minaccia diventò più grave quando i Lucani si allearono con Dionisio I tiranno di Siracusa, che aveva mire espansionistiche sulle città dello Stretto e su tutta la Magna Grecia. Il tiranno la cinse d'assedio nel 388 a. C.; in quell'occasione Kaulonia ricevette l'aiuto della lega italiota, ma l'anno successivo la disfatta fu inevitabile: Kaulonia fu distrutta, alcuni dei suoi abitanti furono trasferiti a Siracusa, ed il suo territorio venne ceduto a Locri, fedele alleata di Dionisio. In seguito la città fu ricostruita da Dionisio il Giovane, ma cadde sotto il dominio dei Campani di Reggio tra il 280-270 a. C. Durante la seconda guerra punica fu preda di Annibale che la difese dai Romani; a questo periodo sarebbe da riconnettere anche la dominazione dei Brettii, che è attestata dalle più recenti scoperte archeologiche.
Nel 205 a. C. la città cadde definitivamente in mano romana, conquistata da Q. Fabio Massimo. Di questo periodo ignoriamo tutto poiché mancano nel sito della greca Kaulonia tracce di vita di età romana. È probabile però, come attesterebbe l'insediamento in villa rinvenuto in contrada Fontanelle, che i Romani avessero rinunziato ad abitare la città e si fossero invece insediati nel territorio della colonia greca. Le notizie relative all'ultimo periodo di vita di Kaulonia sono riportate da Plinio, che ne menziona solo le rovine (*vestigia oppidi Caulonis*), e nell'*Itinerarium Maritimum*, che la indica col nome di Stilida.

Il problema dell'identificazione del sito dell'antica Kaulonia appassionò gli studiosi fin dal XVII sec. Fu il Barrio a proporre per primo l'identificazione della colonia greca con Castelvetere, odierna Caulonia; seguirono varie ipotesi di scrittori locali, fino a giungere al XIX sec., quando Paolo Orsi, dopo una campagna di scavo eseguita in occasione della costruzione del Faro di Punta Stilo, ipotizzò la presenza della città greca presso Monasterace Marina; detta ipotesi fu definitivamente confermata da una serie di campagne di scavo effettuate negli anni 1912, '13 e '15, che portarono alla scoperta di un insediamento urbano greco costituito da un'articolata cinta muraria che racchiudeva l'abitato. Nell'abitato dell'area urbana Orsi individuò l'acropoli (che identificò sul colle Piazzetta), alcuni gruppi di abitazioni («case sulla collina del Faro», «Isole di case nel quartiere orientale della città» ecc.) variamente dislocate nei diversi settori dell'abitato; l'area di un santuario, con annesso il tempio dorico; un altro edificio sacro arcaico (ubicato anch'esso sulla collina del Faro). Fu inoltre riconosciuto, lungo il corso del vallone Bernardo, il sito di una delle necropoli e al di fuori della cinta muraria, sul colle della Passoliera (odierno Terzinale) un'altra area sacra, distante circa un chilometro dall'antico abitato.

Dopo le ricerche dell'Orsi si deve giungere agli anni sessanta per registrare lo scavo, a Nord del tempio dorico, della cosiddetta «Casa del Drago», dalla figura di un drago marino rappresentata nel mosaico pavimentale della soglia di uno degli ambienti, e anche il rinvenimento di strutture a Sud del tempio dorico, ad esso connesse.

Le ricerche sul sito dell'antica colonia vennero riprese negli anni settanta, quando furono eseguite da Elena Tomasello due campagne di scavo a Sud del tempio dorico e a Sud del Faro; esse interessarono l'abitato ellenistico e anche un tratto a mare della cinta muraria.

Gli anni ottanta segnano l'inizio di un piano programmatico di ricerca storico-archeologica, finalizzato allo studio diacronico delle varie fasi dell'insediamento antico. Alcune campagne di scavo, tuttora in corso condotte dalla Soprintendenza in collaborazione con il CNRS di Aix-en-Provence ed il Centre J. Bérard di Napoli, hanno interessato il tracciato delle mura di cinta nei tratti Nord e Ovest e alcuni settori dell'abitato a Sud del Faro e a Nord del tempio dorico (dove è stata in parte ripresa l'indagine alla «Casa del Drago»); si sono acquisiti dati determinanti soprattutto in relazione alla cronologia delle varie fasi della cinta difensiva e allo studio dell'urbanistica antica.

IL TEMPIO DELLA PASSOLIERA

La presentazione dei materiali di Kaulonia inizia dall'area sacra sulla collina della Passoliera (attuale Terzinale), al di fuori dell'abitato antico, e distante da questo circa un chilometro. Qui P. Orsi scavò delle fosse di scarico (favisse) ricche di terrecotte architettoniche pertinenti ad un tempio. Dal materiale rinvenuto non è possibile risalire alle dimensioni dell'edificio. Si sono conservate: gran parte della sima del tempio costituita da splendide lastre policrome con gronde a teste leonine; parte del frontone con l'acroterio centrale e quelli angolari; alcune tegole della copertura con particolare sistema di aggancio; un grosso frammento di *kalypter hegemon* (coppo di colmo). Il tempio si data al V sec. a.C.
Il materiale mobile fu quasi assente ad eccezione di una splendida testa con tracce di policromia; date le dimensioni Orsi preferì interpretarla come un ex voto, piuttosto che come acroterio decorativo del tempio. Si tratta di un volto femminile forse pertinente ad una sfinge, con spiccati caratteri arcaici nel sorriso e nei tratti del volto.
Sempre sulla Passoliera dovevano essere presenti altri edifici sacri, come dimostrano una serie di tegoloni di gronda decorati a rilievo (di cui sono esposti due esemplari) che dovevano senz'altro appartenere ad un piccolo edificio sacro.

TERRECOTTE ARCHITETTONICHE: SIMA CON DOCCIONI A TESTA LEONINA E GEISON CON MEANDRO. V SEC. A.C.

TESTA IN TERRACOTTA FORSE APPARTENENTE AD UNA SFINGE. SECONDA METÀ DEL VI SEC. A.C.

LA TOPOGRAFIA URBANA E LE MURA

La cinta difensiva cauloniate è costituita da una cortina muraria interrotta da torri, che circonda la città su quattro lati, descrivendo un quadrilatero ed inglobando quattro collinette, di cui la più alta (la Piazzetta) costituisce l'acropoli della città; quest'ultima, infatti, è ulteriormente fortificata da un secondo tratto murario interno, che si diparte da quello esterno, circondando la sommità della collina.
Le torri di difesa (in pianta II-XI) che interrompono la continuità della cortina muraria, sono rettangolari o quasi quadrate; esse sono vere e proprie postazioni di difesa, ma anche di offesa, come confermerebbe la presenza di feritoie che fecero ipotizzare all'Orsi l'uso di macchine da guerra.
Sempre nella cortina muraria si aprono le porte di accesso alla città (P); finora se ne sono rinvenute quattro, due nel tratto Est e due in quello Ovest (porta di Aulon e porta a tenaglia); le porte, in genere, sono comprese tra due torri e tra esse quella che offre un esempio di tecnica militare abbastanza evoluta è la poderosa «opera a tenaglia» che riprende il principio difensivo della «porta Scea»; questo tipo di porta, piuttosto diffusa nel mondo greco, ma anche in quello siceliota (si ricordino ad esempio le porte a tenaglia di Lentini e quella delle fortificazioni dionigiane del Castello Eurialo a Siracusa), si basava sul principio difensivo di costruire l'apertura in posizione rientrata rispetto all'asse della cinta muraria; due torri sporgenti dalle mura, una più avanzata rispetto all'altra, formavano un vano con uno sbarramento trasversale che costringeva il nemico ad attaccare in quel punto con poche forze e soprattutto con il fianco destro scoperto, non riparato dallo scudo.
Alcune delle porte, in epoca successiva alla costruzione, furono ridotte a postierle, cioè a piccoli e stretti passaggi.
La tecnica di costruzione delle mura di cinta cauloniati, definita da Orsi stesso «tecnica del ciottolo» è particolare, soprattutto per i materiali impiegati; un riempimento interno fatto di ciottoli anche spezzati, frammenti di mattoni, talvolta misti a fanghiglia, generalmente gettati alla rinfusa ma anche disposti per strati regolari, è rivestito all'esterno da due paramenti (cortine) costruiti con ciottoli fluviali, frammenti di calcare e tegole, giustapposti a secco o spesso cementati con «tajo» (fanghiglia di terra, argilla e calcare); gli angoli erano realizzati con grossi conci squadrati che, talvolta, come nella grande porta fortificata di Aulon (tra le torri VII e VIII), erano in arenaria conchiglifera molto dura, talaltra, come nel muro antistante Porta Marina, erano in arenaria tenera, alternati al calcare cristallino ed al tufo.
L'Orsi aveva datato la costruzione della cinta difensiva intorno al VI sec. a.C., periodo in cui la città venne ingrandita con l'aggiunta di due nuovi quartieri di abitazioni. Questa datazione è stata più volte discussa nel corso della ricerca con proposte di datazione oscillanti tra il IV sec. a.C. e l'età ellenistica. Le recenti campagne di scavo in corrispondenza della torre rinvenuta nel tratto Nord della cinta, portano la datazione dell'ultima fase delle mura al IV-III sec. av.Cr., cioè ad epoca successiva alla distruzione dionigiana; al di sotto di questa fase della murazione sono peraltro stati identificati altri tre momenti costruttivi databili rispettivamente al V, alla fine del VI, e al VII-VI sec. a.C..
Alcuni materiali relativi alla fase ellenistica sono presentati nella vetrina n. 58 dove sono esposti i reperti provenienti dai più recenti scavi; si segnala tra gli altri un mattone con bollo in lingua osca di produzione brettia.

IL TEMPIO DORICO

Non sembra inserito nell'impianto urbano di età ellenistica l'edificio templare scavato da Orsi e ubicato presso la spiaggia; esso infatti ha orientamento diverso dalle strutture abitative prima descritte. Secondo lo studio e la ricostruzione dello stesso Orsi, si tratta di un tempio di ordine dorico, periptero *in antis*, cioè circondato sui lati lunghi da almeno 14 colonne doriche e da non meno di sei sulla fronte; altre due colonne erano rispettivamente tra le ante della cella e tra quelle dell'opistodomo (ambiente nella parte posteriore); lo spazio interno era tripartito, secondo la maniera canonica di tutti i templi greci, in pronao (ambiente che precede la cella), cella ed opistodomo (ambiente che la segue). Niente rimane ormai dell'elevato, poiché il monumento fu sottoposto a spoliazioni secolari determinate dalla cosiddetta «fame di pietra» e già iniziate in età antica. L'Orsi, dai materiali rinvenuti durante lo scavo suppose che per la costruzione dell'alzato si fosse fatto uso di calcare siracusano, e di marmo pario per le tegole di copertura; il resto era in arenaria. Immediatamente a Nord dello stilobate (basamento), è presente una gradinata di almeno cinque gradini che serviva al pubblico e per assistere alle cerimonie sacre, e per esporre gli ex voto dei fedeli. Il tempio faceva probabilmente parte di un vasto santuario che comprendeva anche altri edifici sacri. La datazione fu fissata al V sec. a.C.

Il materiale mobile rinvenuto (vetrina n. 53) consta di terrecotte architettoniche relative alla decorazione dell'elevato (frammenti di *anthemia* decorati a rilievo e ravvivati dalla policromia); scarsi invece gli ex voto non essendo state ancora rinvenute le favisse (depositi sacri) del tempio; tra essi sono da annoverare uno spallaccio in bronzo, destinato a proteggere l'omero destro di un guerriero, con un gorgoneion che decora l'estremità superiore, frutto di una breve campagna di scavo degli anni sessanta e opera di raffinato artigianato; un *pinax* di tipo locrese con la rappresentazione di una scena del ratto di Persefone, unico esemplare rinvenuto a Kaulonia; frammenti di probabili acroteri marmorei di piccole dimensioni; di poco rilievo per numero e manifattura, il materiale in bronzo e piombo.

SPALLACCIO IN BRONZO DECORATO A SBALZO CON GORGONEION. VI SEC. A.C.

SIMA FRONTONALE DECORATA CON PALMETTE E FIORI DI LOTO. V SEC. A.C.

L'ABITATO

All'interno delle mura, l'abitato era organizzato secondo uno schema urbanistico regolare.
Lo studio della fotografia aerea di Kaulonia, fatto da G. Schmiedt e R. Chevallier negli anni cinquanta, permette di ipotizzare per l'impianto urbano cauloniate, uno schema cosiddetto *per strigas*, caratterizzato da isolati allungati in senso Est-Ovest, con il lato corto prospiciente le *plateiai* (strade principali); gli assi viari sono ortogonali tra di loro; di essi, quelli maggiori (*plateiai*) sono paralleli alla costa, mentre quelli minori (*stenopoi*) sono perpendicolari ad essa.
Gli scavi effettuati nell'abitato confermano l'orientamento e la disposizione delle strade e degli edifici delineati a grandi linee dallo studio delle fotografie aeree.

I primi scavi nell'area urbana dell'antica Kaulonia furono condotti da P. Orsi presso la collina del Faro; il materiale qui rinvenuto (vetrine 54-55) è per la maggior parte tipico dell'abitato e databile ad età ellenistica; tra l'altro sono presenti frammenti di statuette, di matrici fittili, di vasellame vario, tra cui soprattutto *pithoi* (grandi giare) che servivano alla conservazione delle derrate alimentari.
Non mancavano, però, materiali arcaici che potevano fare pensare alla presenza su quella collina di un santuario del VI sec. a.C.; l'Orsi vi rinvenne infatti (vetrina n. 54): moltissime arule in terracotta decorate con scene di lotta tra animali, alcune di forma rettangolare con decorazione su due facce (cinghiale aggredito da un cane/leone che azzanna un cervo fuggente; ecc.), altre più piccole di forma quadrata (decorate con toro caduto su due gambe sotto l'assalto di due leoni/cervo atterrato da un leone che lo addenta sulla groppa, sugli altri due lati arpie; ecc.); numerosi frammenti di *diskoi* di grandi dimensioni variamente decorati sull'orlo (vetrine nn. 54-55) cioè grandi piatti che potevano servire sia per uso domestico che per presentare alla divinità le primizie della terra o cibi cotti; alcuni frammenti di terrecotte architettoniche (vetrina n. 55) tra cui ad es. il coronamento di un edificio; alcune antefisse di cui una con la raffigurazione di Taras sul delfino, altre con gorgoneion.
Nella regione Corelli, P. Orsi esplorò inoltre i resti di almeno tre case (che chiamò col termine romano di *insulae*), di una delle quali poté definire la pianta completa (vetrina n. 55); la casa (*insula I*) era prospiciente una strada che aveva andamento Est-Ovest (*stenopos*), ed era separata dalle altre (*insulae II-IV*), tramite alcune

ARULA IN TERRACOTTA DI TIPO CAULONIATE: UN FELINO ASSALE UN CERVO. SECONDA METÀ DEL VI SEC. A.C.

ARULA IN TERRACOTTA DI TIPO CAULONIATE: UN LEONE ASSALE UN TORO. SECONDA METÀ DEL VI SEC. A.C..

PICCOLA ARULA IN TERRACOTTA CON ERACLE IN POSIZIONE DI ATTACCO. SECONDA METÀ DEL VI SEC. A.C.

strettissime stradine (*ambitus*) per il drenaggio delle acque; la casa era costituita da parecchi vani tra i quali Orsi riconobbe nel vano P la portineria oppure una bottega, perché ha accesso sulla strada; in A e B forse le stanze riservate alle donne perché isolate dal resto, ben illuminate ed aerate; in C il corridoio; in D il cortile, che in questa casa appare decentrato; in G ed H due vani di servizio, probabili cucine; nella stanza I fu rinvenuta una vasca da bagno per abluzioni; degli ambienti A, B, C, Orsi fornisce una ricostruzione ideale disegnata da Rosario Carta, suo fedele collaboratore. Anche questo settore dell'area urbana fu datato da Orsi ad età ellenistica; ma la presenza di un precedente impianto fu attestata dal rinvenimento nell'*insula* II, di un muro al di sotto di una canalizzazione. Il materiale rinvenuto (vetrina n. 55), è costituito da vari frammenti ceramici databili tra l'inizio del VII e la metà del VI sec. a.C., che costituiscono la ceramica più antica rinvenuta dall'Orsi a Kaulonia.
Risale agli anni sessanta lo scavo della cosiddetta «Casa del Drago» che portò al rinvenimento di una ricca abitazione comprendente un gruppo di ambienti mosaicati prospicienti un corridoio colonnato, che a sua volta dà su un cortile pavimentato con cocciopesto. Sulla soglia di uno degli ambienti a mosaico, probabilmente da interpretare come camere da pranzo, era raffigurato un drago policromo. Il mosaico è di pregevole fattura e può essere datato per la tecnica costruttiva all'età ellenistica, come dimostrerebbe l'impiego tra le tessere di lamine plumbee, tecnica in uso in quel periodo; si tratterebbe, pertanto, di uno dei mosaici più antichi finora rinvenuti in Calabria.

ANTEFISSA FRAMMENTARIA IN TERRACOTTA A MASCHERA GORGONICA. SECONDA METÀ DEL VI SEC. A.C.

FIGURA FEMMINILE FRAMMENTARIA IN TERRACOTTA. INTORNO ALLA METÀ DEL VI SEC. A.C.

L'ABITATO

Un gruppo di materiali di diverse provenienze, ma pertinenti sempre all'abitato, sono esposti nella vetrina n. 57: si tratta di un frammento architettonico con tubo di gronda a decorazione policroma proveniente da contrada Garretto nel settore di Nord-Ovest dell'abitato antico, di alcuni bolli su mattoni (che indicano la sigla o il nome del fabbricante) e di un'arula di pregevole fattura rappresentante due sfingi accosciate ritratte di profilo con i corpi che si fondono in un'unica testa resa di prospetto, proveniente dallo scavo condotto da Orsi in prossimità del «fronte a mare delle mura» (lato Est della cinta muraria). Notevole dal punto di vista artistico, anche la raffigurazione della dea Artemide-Bendis frutto di un rinvenimento fortuito.
Nello scavo condotto da E. Tomasello nel 1970 a Sud del tempio dorico si raggiunsero livelli relativi all'abitato arcaico (vetrina 56) come attestano alcuni dei reperti esposti che comprendono: un vaso rodio con motivi decorativi a stampo, databile alla metà del VII sec. a.C. e vari frammenti di ceramica corinzia anch'essa di età arcaica; si rinvenne anche parte di una casa la cui distruzione è databile intorno alla metà del III sec. a.C. a giudicare dal materiale risalente a quell'età, tra cui, alcune coppette a vernice nera, un frammento di vaso acromo con *appliques*, ecc.. Sempre E. Tomasello eseguì anche un altro scavo a Sud della collina del Faro (proprietà Zaffino), che portò al rinvenimento di quattro vani di abitazioni (pianta nella vetrina n. 56, vani A-D) separati tra di loro da un *ambitus*. All'interno dei vani (A e B) vennero alla luce i ruderi di precedenti abitazioni che si distinguono dai primi per la diversa tecnica di costruzione, per un maggiore spessore delle strutture, e per il diverso orientamento. L'ultima fase è databile all'età ellenistica, mentre quella precedente è stata fatta risalire ad età arcaica; fra gli importanti reperti di età arcaica si osserva un aryballos protocorinzio con decorazione ormai evanida e una coppa frammentaria anch'essa protocorinzia, databile intorno alla metà del VII sec. a.C., mentre fra quelli più recenti si ricordano frammenti di kylix a vernice nera databile al V-IV sec.

ARULA IN TERRACOTTA CON SFINGI SEDUTE E SFONDO TRAFORATO. METÀ DEL VI SEC. A.C.

a.C., un piatto attico frammentario a vernice nera degli inizi del V sec. a.C., frammenti di skyphos italiota a figure rosse.
Le campagne di scavo degli anni ottanta oltreché le mura di cinta, indagarono anche vari settori dell'abitato; si rinvennero resti di abitazioni lungo la SS. 106 Jonica e a Nord-Ovest del tempio dorico, tutti referibili all'età ellenistica e cioè a dopo il 389 a.C.; nella vetrina n. 58 è appunto esposta un'esemplificazione del materiale rinvenuto, tra cui si segnalano alcune matrici di statuette panneggiate con iscrizioni. Questo tipo di reperti ha fatto ipotizzare la presenza, in questo settore dell'abitato, di strutture artigianali (forse fornaci) che operano a Kaulonia in età ellenistica.

FRAMMENTO DI SIMA CON TUBO DI GRONDA. V SEC. A.C.

FRAMMENTO DI ARULA IN TERRACOTTA CON FIGURA DI CARIATIDE. VI SEC. A.C.

L'ABITATO

ANTEFISSA POLIGONALE IN TERRACOTTA CON EROE A CAVALLO DI UN DELFINO. V SEC. A.C.

MOSAICO PAVIMENTALE POLICROMO CON DRAGO. DA UNA CASA A NORD DEL TEMPIO DORICO. III SEC. A.C.

LE NECROPOLI

Lo scavo delle necropoli cauloniati è ancora in gran parte da fare; l'Orsi aveva esplorato, al di fuori della cinta muraria della città, un settore della necropoli Nord-Occidentale, cosiddetta del Vallone Bernardo; le tombe rinvenute in numero di 130 erano di vario tipo e forma: alla cappuccina (col tetto a spiovente di tegole), a cassa di embrici, a fossa nella nuda terra, ad inumazione dentro vaso; il rito predominante era quello dell'inumazione, ma non mancava l'incinerazione vista la presenza di *ustrina* (spazi in cui venivano bruciati i corpi). I corredi erano in genere molto poveri e abbracciavano un arco cronologico che va dal VI al IV-III sec. a.C. (vetrina n. 60); sono infatti presenti alcuni sepolcri arcaici (tombe nn. 91 e 18), altri databili al V sec. a.C. (tombe nn. 13, 69, 86) con presenza di vasi a vernice nera e a figure rosse: da segnalare, tra gli altri, il corredo della tomba 69, uno tra i più ricchi, con *lekythoi* a figure rosse che rappresentano scene di commiato.

CORREDO DELLA TOMBA 69 CON LEKYTHOI ATTICHE. PRIMA METÀ DEL V SEC. A.C.

IL TERRITORIO

Del territorio di Kaulonia, che quasi certamente fu angusto e limitato, non si conoscono i confini, anche se dallo studio delle fonti si possono dedurre i nomi dei fiumi Elleporo e Sagra, che lo limitavano rispettivamente a Nord e a Sud. Le indagini archeologiche effettuate su questo territorio hanno avuto carattere episodico e fortuito; solo di recente si sono eseguite sistematiche campagne di scavo presso l'attuale Marina di Caulonia.
La carta archeologica del territorio (pannello n. 3) indica i siti di rinvenimento di tesoretti monetali, necropoli e materiale mobile isolato, frutto di segnalazioni o ritrovamenti fortuiti (vetrina n. 59). Dall'analisi dei rinvenimenti si può ipotizzare la presenza, in età greca, di piccole fattorie rurali distribuite nelle campagne, che in età romana lasciano il posto alle ville maggiori organizzate secondo il sistema del latifondo.

Nelle immediate vicinanze del sito della greca Kaulonia di recente è stata scavata, in contrada Fontanelle, una villa di età romana già nota allo stesso Orsi; si sono messi in luce dodici ambienti con un cortiletto di servizio in cui sono presenti un pozzo ed una piccola fornace circolare.
Un primo impianto della villa è testimoniato dalla presenza di alcuni muri rinvenuti a una quota più bassa, all'interno di due ambienti, ed è probabilmente databile almeno al II sec. a.C.; la vita dell'insediamento continua ininterrottamente nel I sec. a.C. — I sec. d.C. (per la presenza di parecchi frammenti di «ceramica sigillata italica»), e sembra terminare intorno al IV sec. d.C., quando le strutture vengono usate come sepolture, tutte molto povere e quasi sempre prive di corredo.
Risale ad anni passati il rinvenimento fortuito, in contrada Focà dell'odierna Caulonia, di una splendida testa femminile pertinente ad una divinità e databile intorno alla fine del V sec. a.C.; essa per l'alto livello artistico sembra richiamare modelli scultorei greci dello stile severo.
Una ricchissima tomba fu quella rinvenuta in contrada Jeritano di Camini nel 1977; si tratta di un'inumazione entro fossa delimitata da un cordolo di pietrame a secco con copertura di embrici. Il ricchissimo corredo comprendeva tra l'altro tre vasi di bronzo, una situla frammentaria, un *kantharos*, un'olpe con l'ansa decorata da una figura di un giovane nudo in stato di ebbrezza a cavalcioni su un otre e da una testina di negro, una serie di fibule d'argento e molti vasi a vernice nera. La cronologia è da porsi nella seconda metà del IV sec. a.C..

M.T.I.

TESTA FEMMINILE IN TERRACOTTA. FINE DEL V SEC. A.C.. DALLA CONTRADA FOCÀ DI CAULONIA.

PARTICOLARE DEL MANICO FIGURATO DELL'OLPE IN BRONZO. SECONDA METÀ DEL IV SEC. A.C. DALLA TOMBA DI CAMINI.

OLPE, SITULA, KANTHAROS IN BRONZO. SECONDA METÀ DEL IV SEC. A.C.. DAL CORREDO DI UNA TOMBA IN CONTRADA JERITANO DI CAMINI.

IL TERRITORIO DI CIRÒ

Conclude attualmente il nuovo settore espositivo la documentazione archeologica proveniente dagli scavi compiuti da Paolo Orsi nell'area del promontorio di Punta Alice, a Nord-Est di Cirò Marina (CZ), che occupa un posto preminente per la conoscenza delle vicende insediative nel territorio situato fra le colonie greche di Sibari e Crotone.

Il promontorio di Punta Alice viene tradizionalmente identificato con la *Krimissa akra* (come attesta Strabone), su cui sorgeva il santuario di Apollo *Alaios*, fondato dall'eroe tessalo Filottete (secondo Euforione, Licofrone, Apollodoro, Pseudo-Aristotile). Lo stesso era pure considerato ecista di *Krimisa*, piccola città dell'Enotria (Licofrone, Stefano di Bisanzio) situata nella Crotoniatide, sul fiume omonimo (Strabone, Stefano di Bisanzio), comunemente identificato con il Torrente Lipuda, che sfocia a Sud di Cirò Marina. La storia della città di *Krimisa* si intreccia, pertanto, con quella del santuario di Apollo *Alaios,* e con le vicende di Filottete, la cui leggendaria colonizzazione interessa tutto il territorio a Nord di Crotone. Stando alle stesse fonti letterarie, in quest'area si trovano, infatti, oltre a *Krimisa*, anche *Chone*, *Petelia* e *Macalla*, fondate dal medesimo eroe, giunto in Italia Meridionale dopo la guerra di Troia.

Allo stato attuale, il problema dell'identificazione di *Krimissa* va ricollegato allo studio dei modelli di insediamento in un'area non direttamente interessata dalla colonizzazione greca di epoca storica (VIII-VII sec. a.C.), ma ampiamente documentata lungo tutto l'arco cronologico dall'Età del Ferro all'epoca romana, ragion per cui è opportuno fare riferimento ai dati archeologici attualmente disponibili dal territorio, in buona parte derivati da scoperte fortuite.

I reperti della necropoli di Cozzo del Santerello presso Cirò Superiore (vasellame d'impasto e bronzi dagli scavi Orsi 1914, oggi al Museo

Statale di Crotone) attestano una *facies* culturale dell'Età del Ferro (VIII sec. a.C.) che trova confronti in contesti coevi della Calabria Settentrionale, dove è ben documentata l'esistenza di insediamenti indigeni «enotri» (Amendolara, Francavilla M.ma, Castiglione di Paludi). Pertanto, al medesimo nucleo indigeno di Cirò Superiore è riferibile il ripostiglio di sei asce in bronzo scoperto (scavi Topa 1933) in loc. Sant'Elia, oggi esposto nella Sezione Preistorica.
Il ritrovamento nel 1979 di uno scarico antico contenente ceramica greca di epoca arcaica (VII-VI sec. a.C.), in loc. Taverna, a Sud-Ovest di Cirò Marina, getta luce sul vuoto di documentazione finora esistito tra la fine dell'VIII ed il V sec.a.C., epoca a cui risalgono i reperti più antichi della stipe votiva del piccolo santuario di Cozzo Leone, presso Cirò Superiore (scavi Orsi 1914-15, oggi al Museo Statale di Crotone), dedicato probabilmente ad una divinità femminile, ed in uso per tutto il IV sec. a.C.
A partire dal IV sec.a.C., tuttavia, è nell'area situata tra la fascia collinare e la pianura alluvionale costiera che si rileva una forte densità di occupazione fino a tutto il III sec. a.C. con l'insediamento presso Castello Sabatini (strutture murarie, antefisse e materiali ceramici), i depositi votivi delle locc. Brisi e Casoppero (culto di Persefone), le fornaci di Taverna e Spadoletta, ed infine le necropoli ad inumazione di Taverna, Marinetta e Ceramidio. Isolata, ma di particolare rilievo, resta la tomba a camera di età ellenistica di contrada Oliveto (scavo Patroni 1901), che sulla base di confronti con analoghi monumenti delle vicine Cariati e Strongoli sembra potersi attribuire ad un personaggio emergente di stirpe italica. Pare, infatti, proponibile che la forte densità di occupazione nell'area tra il Castello Sabatini e Taverna nel IV e III sec.a.C. coincida con la presenza di nuclei di popolazione brezia, come già noto dalla documentazione archeologica recuperata nei territori limitrofi.
Non si conoscono allo stato attuale, invece, le modalità della romanizzazione nel territorio di Cirò, anche se molti studiosi locali vi hanno indicato il sito della *statio* di *Paternum* attestata dall'*Itinerarium Antonini*. Sono segnalati soltanto resti di ville di epoca romana in zone contigue alla sponda sinistra del Lipuda, dove il Lenormant riteneva che fosse sorta la città di *Krimisa*.

IL SANTUARIO DI PUNTA ALICE

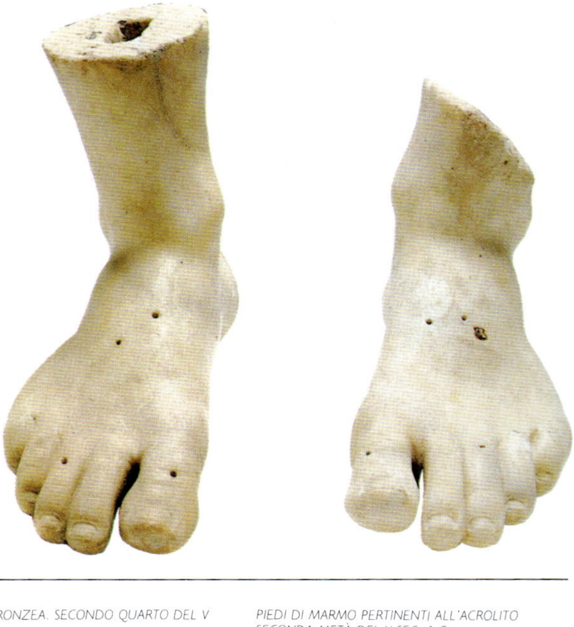

STATUETTA IN LAMINA D'ORO. IV SEC. A.C..

PARRUCCA BRONZEA. SECONDO QUARTO DEL V SEC. A.C..

PIEDI DI MARMO PERTINENTI ALL'ACROLITO SECONDA METÀ DEL V SEC. A.C..

TESTA MARMOREA DI ACROLITO. SECONDA METÀ DEL V SEC. A.C..

IL SANTUARIO DI PUNTA ALICE

Alla luce della documentazione nota nell'area tra Castello Sabatini e Taverna, sembra di poter inserire i resti del santuario di Punta Alice in un quadro territoriale più articolato che consente di proporre una ricostruzione del «paesaggio» storico. In questa prospettiva, sono stati esposti quasi tutti i reperti conservati a Reggio dello scavo di Paolo Orsi (1924), unitamente alla documentazione grafica delle fasi architettoniche del tempio di Punta Alice, secondo quanto emerso dalle ricerche condotte da D. Mertens nel 1977.

A differenza di quanto indicato dall'Orsi, è stata identificata una fase tardo-arcaica (fine VI sec.a.C.) nel tempio, avente pianta stretta ed allungata (m. 46 × 19) con cella aperta sulla fronte e peristasi lignea. A questa fase appartengono i frammenti fittili esposti, pertinenti al rivestimento della trabeazione lignea sia sull'architrave che sul *geison*. La sima risulta formata da tegoloni con testata ornata da *kymation* dorico; alla sommità compaiono anche due tipi di antefissa, uno con *regulae*, l'altro con maschere gorgoniche. Di queste ultime si conservano diversi esemplari.

La fase tardo-arcaica resta in opera probabilmente fino agli inizi del III sec. a.C., epoca in cui fu stranamente conservata la cella primitiva, ma aggiunta una ricca peristasi in pietra con 8 colonne sulla fronte e 19 sui lati. Inoltre, un altro colonnato viene ad occupare, sui lati brevi, lo spazio tra la cella e la fronte della peristasi.

Appartengono a questa II fase «lapidea», i pezzi in pietra conservati a Crotone (*geison*, capitelli dorici, rocchi di colonne e frammenti di architrave), ed il frammento di acroterio in arenaria esposto a Reggio.

La distruzione del santuario viene fatta risalire dall'Orsi all'epoca della II Guerra Punica, ma dall'area delle c.d. case dei sacerdoti, immediatamente a Sud-Ovest del lato occidentale del tempio, sono noti reperti di epoca tardo-repubblicana ed imperiale (ceramica, bolli figulini e frammenti di mosaici). La maggior parte dei reperti esposti furono recuperati dall'Orsi non nel corso dello scavo vero e proprio, ma tra le sabbie di scarico

FRAMMENTI DELLA DECORAZIONE ARCHITETTONICA
DEL TEMPIO TARDO-ARCAICO. FINE VI SEC. A.C.

accumulate dagli operatori della bonifica dell'area di Punta Alice. Si tratta per lo più di piccoli ex-voto facenti parte di una stipe pesantemente disturbata dai lavori di bonifica. Tuttavia il reperto più conosciuto, la testa in marmo dell'acrolito, una delle rari immagini cultuali della Magna Grecia giunte fino a noi, fu rinvenuto sul pavimento della cella del tempio. I piedi pertinenti all'acrolito si trovarono invece nell'opistodomo.
Nell'attuale allestimento museale, la testa marmorea (completata in antico da un'acconciatura in materiali riportati, oggi perduta) viene presentata su di un basamento in travertino con accorgimenti antisismici, ma occorre tener conto che essa apparteneva a una figura intera il cui corpo costituito da una struttura lignea rivestita da drappeggi in stoffa, era molto probabilmente in posizione seduta.
I piedi, attualmente in vetrina, presentano infatti la punta delle dita leggermente sollevata ed un'accentuata torsione delle caviglie, il che comportava in origine una notevole inclinazione delle gambe. La cronologia dell'acrolito è stata proposta, con forte oscillazione, tra il 470/60 a.C. (Orsi) e la fine del V sec.a.C. (Langlotz). Nonostante le notevoli asimmetrie della testa, sembra più probabile una datazione intorno al 440 a.C., mentre più antica (stile severo) e non pertinente è la nota parrucca in bronzo, forse appartenuta ad un acrolito più antico, oppure a un ex-voto.
L'esistenza di un culto di Apollo è comprovata da numerosi ex-voto, tra cui la statuina in lamina d'oro con arco e patera, alcuni bronzetti di produzione magnogreca, resti di corone di alloro in argento e bronzo, un'iscrizione su di un frammento di tegola in marmo. Mentre resta incerta l'origine dell'*epiklesis* del dio (*Alaios? Halios?*), il ramoscello bronzeo di alloro conservato a Crotone fa pensare ad un Apollo *Katharsios*, così come alcuni aspetti del mito di Filottete, fondatore del santuario, si riconnettono ad un culto salutifero.
Una frequentazione italica nel santuario è documentata da alcune iscrizioni in osco (scheggione in arenaria, laminette plumbee con testo di *defixio*), presumibilmente da porsi in relazione con analoghi documenti dal territorio (mattone iscritto da Cirò Marina). Sembra anche di poter vedere un prodotto di artigianato italico nella serie di antefisse a testa di Pan provenienti dall'area del santuario. Esemplari stilisticamente affini sono noti dal centro brezio di Castiglione di Paludi. Si può proporre pertanto che le innovazioni architettoniche della seconda fase del santuario (III sec.a.C.) coincidano con una massiccia presenza di Brezi nel territorio, nel periodo di maggiore espansione politico-militare di questa popolazione.

S.L.

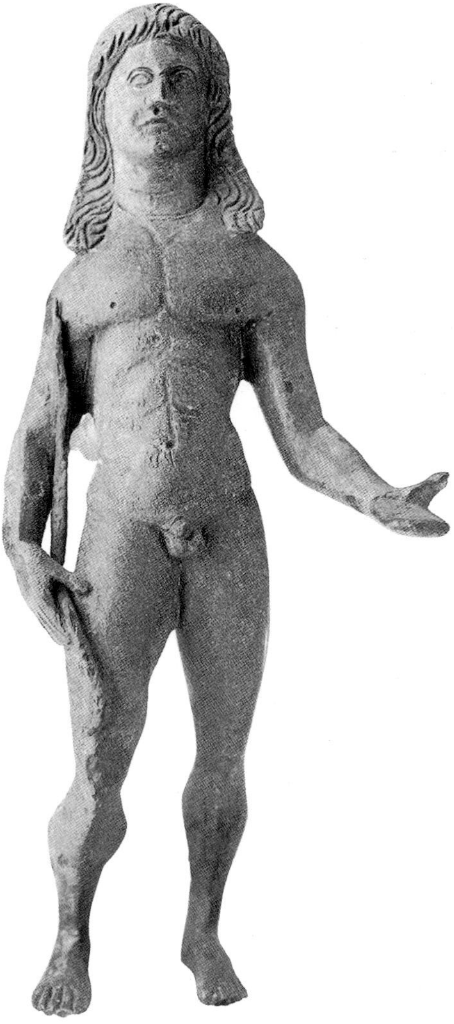

BRONZETTO DI OFFERENTE V SEC. A.C.

LA SEZIONE EPIGRAFICA

La raccolta epigrafica del Museo Nazionale di Reggio Calabria consiste di reperti di proprietà dello Stato, recuperati fortuitamente o nel corso di scavi archeologici sia prima che dopo l'istituzione della Soprintendenza alle Antichità della Calabria, nonché di reperti di proprietà del Comune di Reggio Calabria, ceduti per 99 anni allo Stato in base ad una convenzione con il Ministero della Pubblica Istruzione (L. 16.04.1954 n. 136). Il fatto che la Soprintendenza abbia avuto in origine competenza territoriale anche sulla Lucania spiega la presenza nel lapidario del Museo di alcune importanti iscrizioni provenienti da quella regione.

Con qualche rara eccezione, le iscrizioni sia greche sia latine sono pervenute avulse dal contesto archeologico di origine, o perché a questo non si pose attenzione al momento del recupero, o perché esse avevano subíto un reimpiego già in età antica. La prima esposizione fu realizzata nel 1882 con l'istituzione del Museo Civico ed a seguito della visita a Reggio del Mommsen, che qualche anno prima era stato ivi ricevuto da Antonio De Lorenzo, mentre attendeva alla realizzazione del X volume del *Corpus Inscriptionum Latinarum*. Ma il terremoto del 1908 impose la chiusura del Museo Civico e, solo sopo la costruzione del nuovo Museo Nazionale nel 1939, fu possibile, negli anni '50, provvedere all'allestimento di un lapidario, affidato all'epoca all'Ispettore onorario di zona, Prof. Carmelo Turano. Il lapidario fu però successivamente smontato per una diversa utilizzazione degli ambienti che lo ospitavano. L'attuale, mentre risponde, nella sequenza espositiva delle iscrizioni, ai criteri ordinativi adottati, all'interno di ciascun centro, nel *Corpus Inscriptionum Latinarum* e nei *Supplementa Italica*, è però incompleto e comunque provvisorio.

La collezione epigrafica conta infatti diverse iscrizioni monumentali alloggiate attualmente nel cortile del Museo, che qui si presentano benché non ancora visitabili da parte del pubblico. Altre iscrizioni di minori dimensioni, ma storicamente non meno importanti, si trovano anche nei depositi. È allo studio una soluzione espositiva che consenta di presentare unitariamente l'intera collezione epigrafica museale.

Alcune delle epigrafi su vasi e piccoli oggetti di provenienza nota sono state inserite nelle vetrine, fra i rispettivi contesti archeologici.

Anche altri reperti iscritti di maggiori dimensioni sono esposti nelle sale e sono pertanto trattati con gli altri materiali.

Per quanto riguarda la presente guida, gli autori hanno ritenuto, data la sua destinazione ad un pubblico non specializzato in materia, di attenersi a criteri di correttezza scientifica, ma non di completezza, che avrebbe appesantito la lettura. Conseguentemente la bibliografia è stata ridotta all'essenziale. Di ciascuna iscrizione si è ritenuto comunque di dare la trascrizione greca o latina, insieme ad un breve commento.

F. C.
M.L.L.

LA GALLERIA LAPIDARIA

MILIARI

I miliari - cippi di forma cilindrica, collocati in antico lungo le principali strade per indicare la distanza progressiva per ogni miglio (circa 1480 m) - sono esposti a ridosso della parete a sinistra di chi accede dallo scalone.

1. Da Melito (R.C.), l'antica *Decastadium*. Si tratta del ventesimo miliario della via *Regio-Tarentum* su cui furono apposte diverse iscrizioni, delle quali alcune successivamente abrase perché i personaggi ricordati erano caduti in disgrazia. Le iscrizioni e la loro cronologia sono ricostruibili come segue. 1. Menzione dell'Augusto Costantino al nominativo (314 d.C.). 2. Menzione dell'Augusto Licinio al nominativo (315-317 d.C.). 3. Dedica ai tre Cesari Crispo, Liciniano e Costantino, al dativo (317-324 d.C.). 4. Abrasione di Licinio e Liciniano (324-325 d.C.).

A. *[C(aius) Flav(ius) Valer(ius) Licinius] / [Licinianus Aug(ustus) bono r(ei) p(ublicae)] / natus - m(ilia passuum) XX.*
B. *D(ominis) n(ostris)/Crispo, [Lic]in[iano] / et Const[a]ntino / nob(ilissimis) Caes(aribus tribus) / m(ilia passuum) XX.*
CIL X, 6959. Cfr. F. Costabile, *Due miliari da* Decastadium (Bruttii) *e la* damnatio memoriae *di Licinio e Liciniano*, in *Studi in onore di Salvatore Calderone* (Università di Messina) in corso di stampa.

2. Da Melito. Questo è il ventunesimo miliario della stessa strada e le relative iscrizioni hanno subito vicende analoghe. L'*iter* epigrafico è così ricostruibile. 1. Menzione dell'Augusto Costantino (314 d.C.). 2. Dedica all'Augusto Licinio (315-317 d.C.). 3. Dedica ai Cesari Crispo e Costantino II (324 d.C.). 4. Abrasione del nome di Licinio? (324-325 d.C.).

A. D(omino) n(ostro) / [C(aio) Fl(avio) Valer(io) Lici]niano / [Licinio] b[ono] / r(ei) [p(ublicae)] nato / [m(ilia passuum)] XXI.
B. D(ominis) n(ostris) Cri[sp]o[et] / Cons[ta]nt[ino] nobilis(simis) / [Caes(aribus)] (duobus).
CIL X, 6960; F. Costabile, *art. cit.*.

3. Da Bova (R.C.) Miliario della via *Regio-Tarentum*, recante la menzione dell'imperatore Massenzio. Poiché questi era stato colpito da *damnatio memoriae*, il miliario fu capovolto e riscritto successivamente con una dedica a Valentiniano e Valente.

A. *Imp(erator) Caes(ar) M(arcus) A(urelius) / Val(erius) Maxentius / p(ius) f(elix) invictus / ac perpetuus / semper Aug(ustus).*
B. *D(ominis) n(ostris) / invictissimis / imperatoribus / Valentiniano / et Valenti // A[u]g(ustis duobus) bono / r(ei) p(ublicae) natis.*
N. Putortì, in «Not.Scavi» 1913, p. 318 s.

LA GALLERIA LAPIDARIA

GRATA SINISTRA

4. Da *Grumentum*. Si tratta di un'iscrizione mutila, dedicata ad un personaggio di cui è andato perduto il nome, ma non la paternità né la tribù. Egli fu flamine del culto imperiale e rivestì le magistrature municipali (edilità, pretura, duovirato giurisdicente). L'iscrizione onoraria, collocata sulla base di una statua rappresentante il defunto, a quanto sembra probabile, fu posta in esecuzione di una disposizione testamentaria dagli eredi, secondo la prima integrazione proposta, o dai cittadini, secondo la seconda integrazione, in ogni caso con decreto dei Decurioni. Età imperiale.

[---] C(aii) f(ilio) Pom(ptina), flamini / [perpetuo di]vi Augusti, aed(ili), pr(aetori), (duo)vir(o) / [iur(e) dic(undo) h] er(edes) ex testamento eius ovvero *[i(ure) d(icundo) col(oni) col(oniae) fec]er(unt) ex testamento eius / [decret]o Decurionum.*
G. Patroni, in «Not.Scavi» 1897, p. 181.

5. Provenienza incerta, ma probabilmente lucana. È l'epitaffio di un Cerinto, defunto all'età di 37 anni.

D(is) M(anibus) / Cerin/thus vix(it) / ann(os) XXXVII.
C. Turano, in «Klearchos» II (1960) 7-8, p. 73.

6. Provenienza incerta, ma probabilmente lucana. La lastra è stata verosimilmente tagliata già in antico nella parte superiore, perdendo così la prima linea di scrittura, dove si leggeva il nome della persona defunta all'età di 40 anni e sepolta insieme alla ottantenne madre Pezusa. L'iscrizione era stata eseguita a spese di Ecebolo, che si dichiara consanguineo della persona defunta per parte materna. Entrambi i *cognomina* sono greci.

[---] / vix(it) an(nos) XL / Paezusa mater / eius vix(it) an(nos) XXC. / Hecebolus / cognat(us) d(e) s(uo).
C. Turano, *art. cit.*, p. 75.

7. Provenienza incerta, ma probabilmente lucana. L'iscrizione, mutila, nomina Lucio Scribonio Libone e sua sorella Scribonia, seconda moglie di Cesare Ottaviano, da lui sposata nel 40 a.C. e ripudiata l'anno seguente. La lapide ricordava probabilmente il restauro o la costruzione di un monumento a spese dei due personaggi.

L(ucius) Scribo[nius Libo] / Scribon[ia C(aii) Iulii] / Caesari[s Octaviani] / [---].
C. Turano, *art. cit.*, p. 72.

8. Da *Grumentum*. Iscrizione mutila di Pattumia Gemina.

Pactumeiae L[---] / P(ublii) f(iliae) Geminae.
G. Patroni, in «Not.Scavi» 1897, p. 181.

9. Iscrizione da *Grumentum*. Il testo epigrafico è stato ridotto, poiché la lapide è stata in tempi recenti reimpiegata come coperchio della botola di una tomba. Sesto e Quinto Poppedi e Caio Ebuzio (della tribù Galeria o Falerna), edili di *Grumentum*, curarono a proprie spese la costruzione di un tratto di 1200 piedi (poco più di 350 m) delle mura di cinta della città nell'anno 51 a.C. Si segnala che l'edilità, magistratura diarchica nelle *coloniae* e nei *municipia*, è qui ricoperta da tre personaggi. Dobbiamo perciò pensare o che i due fratelli Poppedi la condividessero in via eccezionale, o piuttosto che, forse per la morte di uno dei due in corso d'anno, l'altro gli fosse successo nell'edilità. Altra soluzione potrebbe essere che un Poppedio abbia rivestito l'edilità nell'anno anteriore al fratello, dando inizio da solo alla costruzione delle mura, poi ultimata da entrambi gli edili dell'anno seguente.

[Se]x(tus), Q(uintus) Poppaedi[ei Sex(ti) fil(ii)] / [S]er(gia), C(aius) Aebutiu[s C(aii) f(ilius)] /

[Se]x(tus), Q(uintus) Poppaedi[ei Sex(ti) fil(ii)] / [S]er(gia), C(aius) Aebutiu[s C(aii) f(ilius)] / [.]al (---), aediles, m[oerum] [p]edes CI CC de [sua] / [p]equnia faciu[ndum] // [c]oeraver(unt), Ser(vio) Su[lpicio] / M(arco) Marcello c[o(n)s(ulibus)].
ILLRP 607 = ILS 5331.

10. Da Altomonte (CS). Epitaffio del liberto Lucio Marcio Ilarione, posto da Zosima, liberta dello stesso patrono, che costruì il sepolcro anche per se stessa. I sec. d.C.
L(ucio) Marcio L(ucii) l(iberto) / Hilarioni / Zosima colliberta / fecit et sibi.
S. Ferri, in «Not.Scavi» 1926, p. 332.

11. Da Strongoli (CZ), l'antica Petelia. Epitaffio del quarantenne Quinto Blattio Euplo. I sec. d.C.
Q(uintus) Blat/tius Eu/plus / vix(it) an(nos) / XXXX. / S(it) t(ibi) t(erra) l(evis).
C. Turano, in «Klearchos» XIV (1972) 53-56, p. 124 ss.

12. Da Strongoli. Lastra con specchio quadrato, ai cui lati sono scolpiti due fasci littori, simbolo del potere magistratuale. Sono qui rappresentate anche le scuri, benché esse siano attributo dei governatori provinciali e non dei magistrati dei *municipia* romani. Sesto Cedicio ed Aulo Erio, quattuorviri del *municipium* di Petelia eletti nella ricorrenza quinquennale del censimento, curarono a proprie spese sia la costruzione di un tempio dedicato a Giove Ottimo Massimo, sia il suo collaudo. I sec. d.C.
Sex(tus) Caedicius Sex(ti) f(ilius) / A(ulus) Herius L(ucii) f(ilius) (quattuor)vir(i) / quinquen(nales) / Iovi O(ptimo) M(aximo) d(e) s(uo) s(umptu) f(aciundum) c(uraverunt) i(demque) p(robarunt).
G. Mancini, in «Not.Scavi» 1939, p. 147 s. Cfr. F. Costabile, *Istituzioni e forme costituzionali nelle città del Bruzio in età romana*, Napoli 1984, p. 208 (*sub anno 1939*).

13. Da Palmi (RC), l'antica *Taurianum*. Epitaffio del settantacinquenne Crisogono, posto a spese del nipote Larziano. Età imperiale
D(is M(anibus) b(onis) / [C]hrysogono / [a]vo Lartianus / nep(os) b(ene) m(erenti) d(e) s(uo) f(ecit). / Vixit ann(os) LXXV.
S. Settis, in «Rend. Acc. Linc.» XX (1964), p. 135.

14. Da Reggio. Base di statua, destinata in origine ad un Flavio Optato, il cui nome, benché abraso, si legge ancora, capovolto, all'estremità inferiore del cippo. Questo fu reimpiegato per Flavio Zenodoro, noto *corrector* della Lucania e del Bruzio attorno al 401 d.C. Di dubbia interpretazione le ultime 4 lettere della prima linea. Piuttosto che della parola VITA, credo si tratti di abbreviazioni, delle quali, per le ultime due, non mi è riuscito di trovare confronti plausibili. Potrebbe anche leggersi VII a(nno).
Le linn. 3-6 sono metriche e celebrano la gloria di Zenodoro con versi (un distico elegiaco ed un esametro) di evidente imitazione virgiliana (cfr. *Aen*. I 607-609; *Ecl.* V 76-79):

A. *Fl(avio) Optat[o]* Capovolto!
B. *Fl(avio) Zenodoro v(iro) c(larissimo) v(iro) i(nlustri)? IA/Dum fretum Hesperios / inter Siculos querelaban[s] / miscebit tortis aequora gu[r]/gitibus semper honos no//menq(ue) tuum laudesq(ue) manebunt. / Fl(avio) Hadriano Hierio / Zenodoro v(iro) c(larissimo) corr(ectori) Luc(aniae) et / Brytt(iorum) Ordo Populusque / Reginorum ad sempi//ternam memoriam / eius posuerunt.*
N. Putortì, in «L'Italia antichissima» VII-VIII (1932), p. 27 ss.

GRATA DESTRA

15. Da Reggio. Iscrizione onoraria del 120 d.C., dedicata all'Imperatore Adriano, per decreto dei Decurioni reggini, a spese pubbliche.

Imp(eratori) Caesari Di/vi Traiani Par/thici f(ilio), Divi Ner/vae nepoti, Tra/iano Hadriano // Aug(usto) Pont(ifici) Max(imo) trib(unicia) / pot(estate) IIII, co(n)s(uli) III, p(atri) p(atriae) / d(ecreto) D(ecurionum) / publice.
N. Putortì, in «Not. Scavi» 1913, p. 152 s.

16. Da Reggio. L'iscrizione, conclusa dalla data consolare corrispondente al 374 d.C., ricorda l'inaugurazione di un lussuoso complesso termale da parte del *corrector* della Lucania e del Bruzio Ponzio Attico. Gli imperatori Valentiano, Valente e Graziano avevano restaurato e migliorato sia le terme reggine, crollate per la vecchiaia ed insieme per una scossa sismica, sia il vicino palazzo del tribunale, rivestito per l'occasione di marmi, che prima non possedeva, ed al quale si era aggiunto anche un nuovo portico.

Imperator Caesar Flavius Valentinianus pius felix, victor / ac triumfator semper Augustus et Flavius Valens pius felix, / victor ac triumfator semper Augustus et Flavius Gratianus / pius felix, victor ac triumfator semper Augustus Reginis suis / [T]hermas vetustate et terraemotu conlabsas in meliorem // cultum formamque auspiciis felicioribus reddiderunt, / reddita basilica marmorum quae numquam habuerat / pulcritudine decorata, nova etiam porticu adiecta, curante / Pontio Attico v(iro) c(larissimo) correctore Lucaniae et Brittiorum, dedecatas / quartum Kalendarum Iuliarum, die domino nostro Gratiano // Augusto tertio et Flavio Equitio v(iro) c(larissimo) consulibus.
N. Putortì, «Rend. Acc. Linc.» XXI (1912), p. 791 ss.

17.-18. Da Reggio. Si tratta di due iscrizioni onorarie, quasi letteralmente uguali, poste in memoria di Cornelia Severina figlia di Marco e moglie di Basso. Per le molte benemerenze acquisite sia in vita sia probabilmente, con lasciti testamentari alla città, il Senato ed il popolo reggino decretarono che le fossero

ISCRIZIONE PER LA STATUA DI MARCO EMILIO FLAVIO GIULIANO LATINIANO. (N. 19). DA REGGIO.

ISCRIZIONE COMMEMORANTE IL RESTAURO DELLE TERME E L'AMPLIAMENTO DELL'ANNESSA BASILICA. 374 D.C. (N. 16). DA REGGIO.

dedicate a spese pubbliche statue e ritratti a mezzo busto contornati. Tuttavia l'erede di Severina, Tito Flavio Severino Cornelio Saturnino, si assunse l'onere delle spese, sollevandone così il *municipium* di Reggio. Le due iscrizioni ornavano molto probabilmente i basamenti di due diverse statue della benefattrice, ricordate del resto dall'iscrizione stessa e collocate in un luogo della città designato dai Decurioni reggini. Età imperiale.

Corneliae M(arci) f(iliae) Severinae Bassi. / Huic Regini Iulienses O(rdo) p(opulus)q(ue) publice / privatimque dum vixit et postea de se / optime meritae statuas clipeosque / pecunia publica poni iussit. // T(itus) Flavius T(iti) f(ilius) Pal(atina) Severinus Cornelius / Saturninus heres sumptu r(ei) p(ublicae) remisso / de suo posuit. / L(ocus) d(atus) d(ecreto) D(ecurionum).
«EE» VIII, 244-5.

19. Da Reggio. Iscrizione onoraria della base di statua di Marco Emilio Flavio Giuliano Latiniano, patrono dei Reggini, di rango senatorio. La città gli aveva decretato l'onore di una statua a spese pubbliche, ma egli, soddisfatto del gesto, se ne era assunto la spesa. Diverse volte la municipalità usava decretare una spesa in realtà fittizia, che non gravava cioè sul bilancio della pubblica amministrazione, poiché essa veniva rilevata dall'onorato. Età imperiale.

M(arco) Aemil(io) M(arci) f(ilio) / Flavio Iuliano / Latiniano c(larissimo) v(iro) / patrono, / cui cum Regini Iul(ienses) // aere conlato statuam destinassent, is / honore contentus / s(ua) p(ecunia) p(osuit).
«EE» VIII, 246.

20. Da Reggio. Iscrizione onoraria dedicata dai Reggini, a spese pubbliche e per decreto dei Decurioni, alla sacerdotessa Giulia Emilia Gallitta, appartenente a famiglia di rango senatorio, per le sue benemerenze verso la città. Età imperiale.

Iuliae C(aii) f(iliae) Aemi/liae Gallittae / c(larissimae) f(eminae) sacerdo/ti ob multa /merita eius // Reg(ini) Iul(ienses) s(umptu)

p(ublico) / d(ecreto) D(ecurionum).
«EE» VIII, 247.

21. Da Reggio. I Reggini posero questa iscrizione, per decreto dei Decurioni municipali, al fanciullo, di famiglia senatoria, Tito Sestio Veturio Laterano, in riconoscimento delle benemerenze dei suoi genitori verso la città. Il giovane, onorato anche con il conferimento del patronato, da adulto rivestì il consolato. Non avrei dubbi, infatti, ad identificarlo con l'omonimo console del 154 d.C. o con il di lui figlio, console a sua volta nel 197.

T(ito) Sext(io) T(iti) f(ilio) Vetur(io) / Laterano c(larissimo) p(uero) / patrono, ob mul/ta merita paren/tium eius // Reg(ini) Iul(ieneses) / d(ecreto) D(ecurionum).
N. Putortì, in «Not. Scavi» 1913, p. 153. P. Orsi, *ibid.* 1922, p. 157.

22. Da Reggio. Iscrizione onoraria, nella quale si ricordano due personaggi dai nomi mutili.

[...] A(uli) f(ilia) Priscilla, Metro[...].
M. Buonocore, in «Klearchos» XXIV (1982) 93-96, p. 138.

23. Da Reggio. Epitaffio del sedicenne Teseo, schiavo di Vipsanio Marcellino, personaggio che si suole attribuire al rango senatorio, probabilmente discendente di Agrippa. I-II sec. d.C.

Dis / Manib(us) / [T]hesei Vipsani / Marcellini ser(vus) / vixit ann(os) XVI.
CIL X, 12.

24. Inv. 10548: da Reggio. Epitaffio del trierarco Caio Giulio Evandro figlio di Neottolemo, posto dal collega Caio Giulio Nigro figlio di Caio. Si tratta di due ufficiali, comandanti di triremi, di una base navale, che la flotta imperiale del Miseno aveva probabilmente a Reggio. I sec. d.C.

C(aio) Iulio Neoptol(emi) f(ilio) / Evandro trierarc(ho) / C(aius) Iulius C(aii) f(ilius) Niger / trierarchus.
C. Turano, in «Klearchos» II (1960) 7-8, p. 65 ss. Cfr. F. Costabile, *Lo status di* Evander *e* Niger, *trierarchi a* Regium Iulium, in *Studi in onore di Angelo Falzea* (Collana della Facoltà di Giurisprudenza dell'Università di Reggio Calabria), in corso di stampa.

F.C.

25. Iscrizione funeraria su lastra di marmo, da Reggio (via Dalmazia). II/III sec. d.C.

Βερνίκη ἄωρος / φίλανδρος <ἀγ>αθὴ χρη/<σ>ί<μ>η εὐψύχι· ἐλαφρά / σοι γή.
(«Berenice, morta prematuramente amante dello sposo, buona, utile agli altri. Sta di buon animo. La terra ti sia leggera»).
C. Turano, *art. cit.*, pp. 69-71, n. 3.

26. Iscrizione funeraria su lastra di marmo, da Reggio (via Aschenez). II sec. d.C.

'Ακίνδυνε / Κυζικηνὲ / χαῖρε
(«salve o Akindynos, di Cizico»)

C. Turano, *art. cit.*, pp. 68-69, n. 2.

27. Stele funeraria in marmo da Cosenza, importata dall'oriente greco, con iscrizione sul listello superiore. Vi è raffigurata una scena di commiato tra la defunta, seduta, e il consorte, in piedi, alla presenza di un servo e di un'ancella in proporzioni minori. II sec. d.C.
Ἴα Δημητρίου θυγάτηρ· χαῖρε
(«Ia, figlia di Demetrios, salve»)

P. Orsi, in «Not Scavi» 1912 Suppl., pp. 64-66; G. Foti, *Il Museo Nazionale di Reggio Calabria*, Napoli 1972, p. 77, n. 53; A. Russi, *I documenti epigrafici di Cosenza romana*, in *IX Miscellanea greca e romana*, Roma 1984, pp. 287-295.

IL CORTILE

28. Grossa base di marmo che doveva sostenere la statua di un personaggio resosi benemerito nei riguardi del ginnasio di Reggio. II sec. a.C.

ἐπὶ γυμνασ[ιάρχων] / Τιμέα τοῦ Τ[--] / Ἀπεμάντου τ[οῦ --].

(«sotto i ginnasiarchi Timeas, figlio di T..., Apemantos, figlio di ...»)

Inedita

29. Base di calcare reimpiegata nelle fortificazioni di Reggio, che doveva sostenere la statua dedicata da un'associazione di atleti (ἀλειφόμενοι = unti) ad un ginnasiarco. II sec. a.C.

[ἐπὶ γυμνασιάρχων] / Ἀριστέα τοῦ Ἀριστομάχου Ἀμφιμ. / Διονυσίου τοῦ Ὄρθωνος Ἐργ. / γραμματέως / Κλεοδάμου τοῦ Μυΐσκου Ναυ. / τὸ κοινὸν τῶν ἀλειφομένων / Ἀριστόμαχον Ἀριστέα Ἀμφιμ. / γυμνασιαρχήσαν[τα].

(«sotto i ginnasiarchi Aristeas figlio di Aristomachos del demo Amphim., Dionysios figlio di Orthon del demo Erg., essendo segretario Kleodamos figlio di Myiskos del demo Nau., l'associazione degli unti onora con una statua il ginnasiarco Aristomachos figlio di Aristeas del demo Amphim.»).

IG XIV 616 e add. p. 688. (cfr. Fiorelli, in «Not. Scavi» 1888, p. 397 e F. Costabile, in «Arch. Stor. Cal. Luc.» 51, 1984, p. 14, nt. 30)

30. Grande cippo di pietra rinvenuto nell'area dell'attuale Banca d'Italia, che sosteneva la statua in bronzo, eretta dal popolo di Reggio a Gaio Norbano, console dell'83 a.C., o all'omonimo figlio, *triumvir monetalis* nello stesso anno.

[ἐ]πὶ γυμνασιάρχων / Φιλονίδα τοῦ Φιλονίδα/ Ὀνομάστου τοῦ / Ἀγησίππου / γραμματέως Μυΐσκου / τοῦ Μυΐσκου / ὁ δᾶμος τῶν Ῥηγίνων / Γάιον Νωρβανὸν Γαΐου υἱόν.

(«sotto i ginnasiarchi Philonidas, figlio di Philonidas, Onomastos figlio di Agesippos, essendo segretario Myiskos figlio di Myiskos, il popolo dei Reggini onora con una statua Gaio Norbano, figlio di Gaio»).

P. Orsi, in «Not. Scavi» 1922, pp. 181-182 (cfr. *RE* s.v. *Norbanus* 6 e F. Costabile, *Istituzioni e forme costituzionali nelle città del Bruzio in età romana*, Napoli, 1984, p. 112).

M.L.L.

IL CORTILE

31. Provenienza ignota. Cippo funerario. Dello specchio epigrafico si salva soltanto l'*adprecatio*:

D(is) M(anibus).
Inedito.

32. Da *Grumentum*. Cippo onorario, che reggeva la statua di Caio Passienio Cossonio Scipione Orfito, posta a spese pubbliche, per decreto dei Decurioni, dal popolo di *Grumentum*. Sono elencate le cariche del personaggio che, pur non essendo assurto al consolato, rivestì alcune illustri magistrature urbane ed alcune funzioni minori. Egli fu anche nominato amministratore della città di Sutri.

C(aio) Passienio C(aii) f(ilio) Scap(tia) / Cossonio Scipioni / Orfito, c(larissimo) v(iro), auguri / publ(ico) p(opuli) R(omani) Quir(itium), adlec(to) / inter patric(ios), prae[t(ori)] // candid(ato), cur(atori) r(ei) p(ublicae) S[u]/trinorum, q(uaestori) urb(ano), (decem)vir(o) sclit(ibus) sic! *iud(icandis) / seviro equit(um) Rom(anorum) / populus aere conl(ato) d(ecreto) D(ecurionum).*
CIL X, 211.

33. Cippo con iscrizione onoraria di un *corrector* della Lucania e del Bruzio, il cui nome, indicato nella prima linea dello specchio epigrafico, è consunto o è stato forse intenzionalmente abraso. Il personaggio è lodato per onestà, fermezza e misura, virtù in cui primeggiava. La cronologia dell'epigrafe, posta dal Senato e dal popolo reggino, è sconosciuta, ma comunque posteriore all'istituzione della correttura in questione, nel 292 d.C., nell'organizzazione provinciale dioclezianea dell'Italia. L'iscrizione superiore, originariamente in caratteri di piombo o di bronzo, è cinquecentesca, e risale alla scoperta del cippo.

[...] / *correctori Lucaniae / et Brittiorum / integritatis, constan/tiae, moderationis // antistiti, Ordo / populusque Reginorum.*
CIL X, 4.

34. Da Reggio. Cippo con iscrizione onoraria del *corrector* Quinto Sattio Flavio Vettio Grato. L'iscrizione si svolge su due lati del cippo e ci fa conoscere i titoli del personaggio, tra cui quello di *comes Augusti*. Egli, patrono di Reggio, vi ebbe dedicato questo cippo dal Senato e dal popolo per i suoi meriti civici, enfatizzati nello stile epigrafico dell'epoca. In particolare Vettio Grato restaurò un edificio sacro della città che, non sappiamo se per vetustà o a causa di terremoti o per entrambe le cause, era crollato al suolo. È stata attendibilmente proposta l'identificazione del personaggio con il console del 250 d.C. In tal caso la carica di *corrector* non andrebbe riferita alla Lucania ed al Bruzio, poiché la relativa correttura risale solo al 292 d.C., ma consisterebbe nell'investitura di una missione straordinaria.

A. *Q(uintus) Sattius / Fl(avius) Vettius / Gratus v(ir) c(larissimus) / augur p(ublicus) p(opuli) R(omani) Q(uiritium) / corrector // sacrario / a solo restituto.*
B. *[mi]rae bonitati et beni bolentiae / comite [Aug(usti-orum)] / [Ord]o populusque // [Re]ginorum patrono / praestantissimo.*
N. Putortì, in «L'Italia Antichissima» VII-VIII (1932), p. 32 ss.

35. Da S. Onofrio di Vibo Valentia (CZ). Miliario 260° della via *Capua-Regium*, recante iscritto il nome del pretore Tito Annio, identificato con il Tito Annio Rufo che fu pretore attorno al 131 e console nel 128 a.C.

CCLX / T(itus) Annius T(iti) f(ilius) / pr(aetor). CCLX.
M. Buonocore, in «Klearchos» XXVI (1984) 101-104, p. 54, con bibliogr. preced.

36. Da Reggio. Architrave con iscrizione entro *tabula ansata*, appartenente al tempio di Iside e Serapide, costruito a spese di Quinto Fabio Ingenuo, liberto di Tiziano, sacerdote del culto imperiale, e da Fabia Candida devota o consacrata ad Iside. Le divinità egizie ebbero grande diffusione nel mondo ellenistico-romano.

Isi et Serapi sacrum / Q(uintus) Fabius Titiani lib(ertus) Ingenuus, sevir / Augustalis, Fabia Candida sacrorum s(ua) p(ecunia).
ILS 4376.

37. Da Reggio. Blocco lapideo modanato, recante due distinte iscrizioni su due diversi lati. Le due iscrizioni mi sembrano non solo appartenere ad epoche differenti, ma anche presupporre usi diversi dell'ingente masso, poiché l'iscrizione B sarebbe dovuta proseguire su una superficie adiacente, che avrebbe potuto combaciare solo dopo l'eliminazione delle modanature esistenti sul lato lungo, ove trovasi l'iscrizione A. Credo pertanto che il primo uso del masso sia stato quello di architrave e che l'iscrizione B non sia stata mai completata.
Il tempio menzionato nell'iscrizione A potrebbe essere stato quello di Diana. Mi sembra infatti il caso di osservare che dalla stessa località, oggi Piazza Vittorio Emanuele, *vulgo* Piazza Italia, proveniva un'ara con iscrizione *Diana[e]*, per la quale cfr. M. Buonocore, in «Klearchos» XXIV (1982) 93-96, p. 129. L'iscrizone A, sul lato lungo, è nota per un'estensione superiore all'attuale, grazie ad un frammento ritrovato nell'Ottocento ed oggi perduto.

A. *[...leni Proculi] templum D[ianae?...] / fieri iussit.*
B. *D(ominis) n(ostris duobus) Fl(avio) Iul(io) / [Constantio et Fl(avio) Iul(io) Constanti?] / curante Valenti/niano.*
CIL X, 3 e *Auctarium*, p. 1002.

38. Da Potenza. Edicola con i ritratti dei tre defunti menzionati nell'iscrizione. Petronia Creste (al centro) costruì il sepolcro per sé stessa, per il patrono Pronimo, che l'aveva resa libera, e per il colliberto Tiasso, fra i quali due è raffigurata.

Petronia Chreste sibi et Pronimo patrono / et conliberto Thiasso d(e) s(uo).
N. Catanuto, Il *Museo Nazionale di Reggio Calabria*, Messina 1939, p. 56 s. e fig. 80.

Per un excursus sulle iscrizioni latine del Bruzio dopo la pubblicazione del CIL *e dell'*«EE»*, si rinvia al saggio di M. Buonocore*, L'epigrafia latina dei *Bruttii* dopo Mommsen ed Ihm, *in «Riv. Stor. Cal.» VI (1985) 1-4 (Studi in memoria di Paolo Orsi).*

F.C.

LA SEZIONE NUMISMATICA

Nelle due sale del Museo Nazionale di Reggio Calabria dedicate alla sezione numismatica si trova una significativa, se pur parziale, esposizione delle monete di gran parte delle zecche di Magna Grecia e di Sicilia.
Nelle prime vetrine sono presentati i tesoretti secondo un criterio topografico convenzionale che, partendo da Reggio Calabria, comprende prima i ritrovamenti della costa ionica e del territorio gravitante sullo Jonio e poi quelli del versante tirrenico. Nelle ultime due vetrine (sono infatti 17 in tutto) sono esposti alcuni dei più significativi rinvenimenti sporadici, che testimoniano la ricchezza dei dati desumibili anche da questo tipo di materiali.
Le abbondanti e ininterrotte serie monetali delle città della Magna Grecia illuminano, con i dati cronologici relativi, periodi storici altrimenti poveri di testimonianze sicuramente databili.
Il reperto numismatico diviene quindi fonte insostituibile di dati; spesso, però, si tratta di tesoretti e quindi i dati che ne conseguono debbono tener conto delle limitazioni in essi insite.

Il tesoretto o ripostiglio è infatti un insieme di monete raccolte in epoca antica per risparmio e interrato in occasione di guerre, invasioni o fatti che in ogni caso possiamo presumere cruenti, dato che impedirono al detentore delle monete il loro successivo recupero.
È quindi evidente che il tesoretto presenta delle limitazioni come testimonianza storica. Il possessore tendeva a compiere una scelta tra le monete effettivamente circolanti, sicché di queste ci sono giunte soltanto quelle che furono ritenute meritevoli di essere tesaurizzate.
La scelta ricadeva ovviamente sui nominali maggiori per raccogliere in poco spazio il più alto valore possibile, a scapito dei nominali inferiori e inoltre sulle serie più note e più facilmente scambiabili, le più accreditate fra città più conosciute, nonché quelle di peso più uniforme.

La documentazione dei ripostigli ha inoltre una ulteriore limitazione poiché, a volte, il ripostiglio stesso non è stato recuperato nella sua interezza o, a volte, di esso è stata ceduta una quota-parte al proprietario del terreno o al rinvenitore (secondo la legislazione un tempo vigente), altre volte ancora, una parte anche grande di esso è andata dispersa al momento del rinvenimento. Se invece il ripostiglio viene recuperato interamente, fornisce una testimonianza interessante delle specie circolanti in un dato periodo e in una data area.
Importante è, per es., in epoca imperiale romana, il ritrovamento di ripostigli formati da casse dell'esercito, testimonianti manovre militari o stanziamenti militari nella zona.
Però un solo tesoretto non può offrire una documentazione esauriente della circolazione monetaria in un territorio: è la concomitanza di più elementi che invece può dare un quadro più completo. La rarità delle scoperte e la dispersione dei ritrovamenti limitano quindi gravemente la possibilità di studio.
Naturalmente hanno maggiore importanza gli esemplari rinvenuti in strato archeologico, in quanto danno un contributo notevole per il lavoro storico, specialmente se la loro cronologia può confrontarsi con quella del materiale archeologico ad essi associato. Inoltre accade spesso che soltanto l'elemento numismatico possa datare, entro margini cronologici non molto ampi, materiale ceramico per il quale non si disporrebbe altrimenti di indicazioni più puntuali.
Poiché, come si è detto, la struttura dei ripostigli stessi rivela soltanto un aspetto parziale della circolazione, è stata esposta (vetrine 16-17) una parte dei rinvenimenti sporadici che viene ad arricchire la visione d'insieme.

Il primo aspetto che ci è dato di cogliere per le attestazioni più antiche, cioè quelle della fine del VI sec. a.C., l'epoca in cui inizia a circolare in Magna Grecia e Sicilia la moneta coniata, è una interdipendenza di sviluppo tra le zecche italiote che si coglie principalmente nell'adozione di una particolare tecnica di coniazione, quella incusa, e di un comune sistema ponderale fondato su uno statere di circa 8 grammi, comunemente definito «acheo». La tecnica incusa presenta un'immagine in rilievo sul D/ e la stessa, o altra, incavata (incusa) sul R/.
Le due immagini sono ottenute grazie all'uso di due conii coordinati sullo stesso asse e poi sovrapposti. La ragione della scelta di questa difficile tecnica è stata a lungo discussa. La si è voluta interpretare come mezzo per ammonticchiare più facilmente le monete o per cancellare il tipo di quelle importate e prevenirne la loro riesportazione, ma non ci sono testimonianze che giustifichino l'una o l'altra ipotesi, come non può neanche essere provata quella che ne attribuisce a Pitagora l'invenzione.
La tecnica incusa, che appare già nella seconda metà del VI sec. a.C., venne in tempi successivi, nel corso del V secolo, abbandonata dalle zecche magnogreche probabilmente per influsso delle città più importanti (Taranto, Thurii) o per facilitare gli scambi monetali all'estendersi dei mercati.
Le città che adottarono la tecnica incusa e il «piede» (cioè il sistema ponderale) acheo furono Metaponto, Crotone, Kaulonia, Sibari, delle cui emissioni è presentata in questa sala una scelta rappresentativa.

LA SEZIONE NUMISMATICA

Vetrina 1:
Sono qui esposti alcuni ripostigli provenienti tutti dal territorio reggino, che documentano fasi successive degli insediamenti antichi in quest'area.
I tre ripostigli rinvenuti nell'ambito urbano di Reggio, (Vito Superiore, Piazza Italia e Chiesa Pepe) rispecchiano la circolazione tipica del territorio reggino, che si differenzia da quella tipicamente magno-greca (basata principalmente su monete di zecche italiote) e si avvicina piuttosto a quella dell'area siceliota.
La monetazione di Reggio differisce profondamente sotto il profilo metrologico ponderale da quella delle altre città della Magna Grecia. Il piede adottato, infatti, è l'euboico-attico, largamente impiegato in Sicilia e non quello acheo, proprio delle colonie greche dell'Italia Meridionale.
Il ripostiglio rinvenuto nel 1939 a Vito Superiore, composto di 134 monete in argento, appartenenti in massima parte a zecche della Sicilia greca (si ricordano i 30 esemplari di Messana e i 41 di Siracusa) attesta in modo inequivocabile la gravitazione di Reggio nell'ambito dell'area siceliota e la complementarietà tra le due città dello stretto: la compresenza di monete della madrepatria greca (Corinto, Ambracia, Leucade, Atene) rende la fisionomia di questo ripostiglio assai simile a quello dei ripostigli siciliani tra la fine del V secolo e gli inizi del IV, e ovviamente, dei ripostigli del territorio urbano or ora ricordati.

MONETA DI RHEGION IN ARGENTO DA VITO SUPERIORE (RC). IV SEC. A.C..

MONETA DI MESSANA IN ARGENTO DA VITO SUPERIORE (RC). V SEC. A.C.
MONETA DA SIRACUSA IN ARGENTO DA VITO SUPERORE (RC). V SEC. A.C.

MONETA DI ATENE IN ARGENTO DA VITO SUPERIORE (RC). V SEC. A.C.

Il ripostiglio da Calanna documenta un aspetto caratteristico che accomuna la circolazione monetaria in Italia meridionale a quella di Sicilia tra la seconda metà del IV sec. a.C. e gli inizi del III, allorché penetrarono e si diffusero in queste aree «pegasi», stateri cioè, emessi da Corinto e dalle sue colonie.
Grande rilievo hanno per la storia monetale della Calabria in età imperiale i due grossi ripostigli da Bianconovo e Melicucco (rispettivamente di circa 2400 e 1700 pezzi) databili nella seconda metà del IV sec. d.C..

Vetrina 2:
Non potrà soprendere il fatto che manchino testimonianze più antiche del IV sec. a.C. poiché la monetazione di Locri Epizefiri è iniziata assai più tardi di quella delle altre colonie italiote. Essa riveste tuttavia un particolare interesse, in quanto l'arco di tempo in cui si è sviluppata, tra la seconda metà del IV secolo e il III sec. a.C., coincide con quel periodo in cui, per la presenza in Occidente dei condottieri greci prima, e il decisivo intervento romano poi, si determinarono situazioni particolarmente complesse, anche sotto il profilo economico e monetario, che non hanno ancora trovato adeguata spiegazione.

Vetrina 3:
Esigui si presentano ancora i rinvenimenti nel territorio di Kaulonia, le cui rovine sono state riconosciute nei pressi di Monasterace Marina. In questa vetrina sono infatti esposti i 16 pezzi d'argento delle zecche di Sibari, Thurii, Kaulonia e Terina appartenenti al ripostiglio rinvenuto nel 1915 a Monasterace Marina, che sarebbe stato occultato alla fine del V sec. a.C.. Sono altresì presentati altri due ripostigli di III sec., l'uno sempre da Monasterace e l'altro da Pazzano.

Vetrina 4:
Sono qui esposti alcuni ripostigli rinvenuti nel territorio della odierna provincia di Catanzaro, i più antichi dei quali sono quello da Soverato, risalente alla fine del IV sec. a.C. e l'altro da Tiriolo, di pieno III sec. a.C., che ci riportano all'ormai consueto panorama di quel periodo, caratterizzato, come si è avuto modo di dire, dalla diffusione di monete di tipo corinzio e successivamente dalla non trascurabile presenza di elementi punici.
Alla fase storica successiva, quella della romanizzazione della Calabria, spetta il tesoretto di età repubblicana da Capo Rizzuto.

MONETA TARDO-IMPERIALE IN BRONZO DA BIANCONOVO (RC). IV SEC. D.C.

MONETA DI LOCRI IN ARGENTO DA LOCRI (CONTRADA CENTOCAMERE). IV SEC. A.C.

MONETA PUNICA IN ELETTRO DA TIRIOLO (CZ). IV SEC. A.C.

LA SEZIONE NUMISMATICA

Vetrine 5 e 6:
Si trovano qui raccolte le più significative testimonianze di un ampio arco di secoli relative al territorio di Crotone, che fu splendida e potente città della Magna Grecia: il ripostiglio da contrada Ameri (purtroppo recuperato soltanto in parte, e probabilmente inquinato da monete non pertinenti), che potrebbe risalire alla fine del V secolo a.C., quello di denari repubblicani da Cantorato che si data intorno alla metà del I sec. a.C., infine il celebre tesoretto di aurei bizantini da Punta Scifo (80 dei quali furono assicurati al Museo di Reggio), che comprende le emissioni degli imperatori da Teodosio II a Giustiniano I (dal 408 al 565 d.C. circa).

Vetrina 7:
Da Strongoli, nei cui pressi viene comunemente ubicata l'antica Petelia, proviene questo tesoretto di tredici monete d'argento il cui nascondimento viene posto tra il 480 e il 470 a.C., in connessione con le lotte che si sarebbero svolte tra Crotoniati e Sibariti per il controllo della fertile piana a nord di Crotone.

Vetrina 8:
Il ripostiglio di S. Demetrio Corone — della cui composizione non si hanno notizie sicure — consta, nella parte recuperata, di esemplari del V secolo e della prima metà del IV sec. a.C. ed è, al momento, l'unica testimonianza monetale di IV secolo pertinente al territorio di Sibari e Thurii.

Vetrina 9:
Il ripostiglio da S. Lorenzo del Vallo, rinvenuto nel 1950, è costituito da 311 denari romani repubblicani che coprono un arco di tempo di oltre un secolo, dal 211 a.C. circa al 102 a.C. giungendo fino alle emissioni del triumviro monetario L. Cassius Caecianus.

Vetrina 10:
Il ripostiglio rinvenuto nel 1933 a Grimaldi, che risulta composto da trenta monete d'argento del IV e III sec. a.C. delle zecche di Taranto, Eraclea, Metaponto, Thurii, Velia, Crotone e Terina, è stato assunto come ulteriore documento della penetrazione greca nell'alta valle del Savuto.
Quello recuperato nel 1969 a Montegiordano presenta una assai interessante associazione di monete campano-tarantine (con tipologia, cioè, campana nel D/ e tarantina nel R/) con le cosiddette romano-campane (serie di didrammi coniati da Roma nel corso del III sec. a.C.) e inoltre un didrammo di Napoli e una moneta in bronzo di Argo; tale associazione offre ancora materia di indagine per la diffusione delle serie campano-tarantine e romano-campane.

MONETA BIZANTINA IN ORO DA CROTONE. VI SEC. D.C.

MONETA REPUBBLICANA IN ARGENTO DA S. LORENZO DEL VALLO (CS). II SEC. A.C.

Vetrina 11:
Il ripostiglio di S. Eufemia Lamezia (originariamente composto da 147 monete, 49 delle quali sono state assicurate al Museo di Reggio) sembra potersi datare intorno al 400 a.C.; la presenza ragguardevole di monete di Terina (27 esemplari) è stata interpretata come un buon indizio della ubicazione di Terina nel territorio di S. Eufemia Lamezia.
Il tesoretto da Gizzeria, benché consista di pezzi di modesto valore intrinseco (due piccoli nominali d'argento, rispettivamente di Metaponto e di Reggio e circa cinquanta monetine di bronzo di Reggio, Messana, Crotone e Velia) non è tuttavia privo di significato, poiché offre un'attestazione dei contatti tra l'area di Reggio e Messana da un lato, e quella di Crotone e Locri dall'altro.

Vetrine 12 e 13:
Eccezionale importanza per la storia della monetazione arcaica in Magna Grecia rivestono due ripostigli da Sambiase e da Curinga. Il primo, datato intorno al 520 a.C., è formato da due «pegasi» arcaici di Corinto, cinquantasei stateri incusi di Sibari e un panetto d'argento di grammi 57,70 ed offre numerosi motivi di interesse sia di ordine più largamente storico (testimonianza della espansione sibarita verso il Tirreno e del commercio corinzio in Occidente) sia di carattere più strettamente numismatico (definizione metrologica e funzione del panetto, contributi a un catalogo dei coni sibariti). Quello di Curinga (sul versante tirrenico del Bruzio), consistente di circa 300 monete d'argento, 192 delle quali furono recuperate e assicurate al Museo di Reggio, offre una larga e significativa documentazione delle emissioni arcaiche di Metaponto (71 esemplari), Kaulonia (45 esemplari) e Crotone (72 esemplari).

MONETA INCUSA DI SIBARI IN ARGENTO DA SAMBIASE (CS). VI SEC. A.C.

MONETA INCUSA DI KAULONIA IN ARGENTO DA CURINGA (CZ). VI SEC. A.C..

MONETA INCUSA DI METAPONTO IN ARGENTO DA CURINGA (CZ). VI SEC. A.C.

MONETA INCUSA DI CROTONE IN ARGENTO DA CURINGA (CZ). VI SEC. A.C.

LA SEZIONE NUMISMATICA

Vetrina 14:
L'imponente ripostiglio di monete d'argento brettie rinvenute a Vibo Valentia nel 1970, offre l'occasione per soffermarsi sulle emissioni di questa popolazione.
Nel territorio di Vibo Valentia sono stati effettuati i ritrovamenti finora più cospicui di monete brettie; altri recuperi si registrano a Capo Vaticano (vetr. 15) e nei territori di Locri e Kaulonia (vetr. 2 e 3).
Vicende storiche legate, alla presenza di Bretti in Calabria sono riportate dagli autori antichi a partire dalla metà circa del IV secolo a.C.. La controversa origine di questa popolazione viene dalle fonti storiche messa in rapporto con i Lucani alla cui stirpe essi sarebbero in origine appartenuti, ma da cui si separarono, forse come esito di una rivolta servile (in lingua osca: *brettioi* = servi?). Essi conquistarono alcune città come Terina, Hipponion, Thurii e fissarono la loro capitale in Consentia (Cosenza).
Le serie monetali emesse dal popolo brettio sono state sistemate in articolazioni cronologiche le più varie, in assenza di sicure datazioni a cui fare riferimento; vengono quindi variamente collocate nell'ambito del III sec. a.C., dall'età di Pirro ad Annibale.

Vetrina 15:
Il ripostiglio da S. Domenica di Ricadi (CZ) fu rinvenuto nel 1928 in contrada Gagliope, in prossimità di Capo Vaticano.
Era contenuto in una brocchetta di terracotta.
Consta di 112 denari romani repubblicani d'argento, compresi tra il 92 e l'82 a.C.
Gli ultimi esemplari presenti appartengono infatti a emissioni a nome di Silla del proquestore L. Manlius Torquatus.
Il ripostiglio può essere assunto come testimonianza delle sanguinose vicende che portarono alla dittatura di Silla.
Il ripostiglio da Capo Vaticano (CZ) fu rinvenuto nel 1934 in contrada Lampazzoni e successivamente dispersosi; di esso furono recuperate nel 1948 solo 44 monete di bronzo, di cui 42 appartenenti ai Bretti, una punica e una lucana.
Sono state esposte la moneta punica, quella lucana e una scelta di pezzi, esemplificativa delle varie emissioni dei Bretti presenti nel ripostiglio.

Vetrina 16 e 17
Sono qui raccolti alcuni rinvenimenti sporadici dell'intero territorio dell'odierna Calabria che documentano varie fasi della circolazione monetaria in rapporto alle grandi civiltà che in questa regione si sono succedute: si tratta di monete greche del IV e III sec. a.C. tra cui un aureo di Locri, romane sia di età repubblicana sia di età imperiale, bizantine e persino di età medievale.

I.L.

MONETA DEI BRETTI IN ARGENTO DA VIBO VALENTIA (CZ). III SEC. A.C..

MONETA DI LOCRI IN ORO. IV SEC. A.C.

LA SEZIONE DI ARCHEOLOGIA SUBACQUEA

Inaugurata nell'agosto 1981 e dedicata per volontà del Ministero per i Beni Culturali alla memoria di Giuseppe Foti, Soprintendente all'epoca dei rinvenimenti nelle acque di Porticello e di Riace, la sezione di archeologia subacquea presenta al pubblico le eccezionali statue greche in bronzo inserendole nel loro contesto archeologico, fra le testimonianze degli antichi traffici marittimi lungo le coste della Calabria costituite dai relitti di antichi naufragi.
L'attuale ricerca archeologica subacquea documenta da un lato le tecniche di costruzione delle navi antiche (sono esposte fotografie di due relitti eccezionalmente ben conservati, la nave greca del IV sec. a.C. rinvenuta a Kyrenia nell'isola di Cipro, e la grande nave romana del I sec. a.C. rinvenuta alla Madrague di Giens nella Francia meridionale, che trasportava oltre 8000 anfore da vino accuratamente stivate) e dall'altro lato analizza la natura e l'origine delle merci trasportate per ricostruire i commerci e l'economia antica attraverso dati spesso particolarmente significativi sotto l'aspetto quantitativo, ricavati da giacimenti unitari (i relitti) di cronologia ben definita.
Gli scavi subacquei, condotti con rigorosi criteri scientifici utilizzando anche avanzatissimi strumenti tecnici, sono spesso ostacolati e vanificati dai diffusi saccheggi operati sui fondali da subacquei irresponsabili o senza scrupoli, i quali impossessandosi di anfore e altri reperti disperdono irreparabilmente dati scientifici di estrema importanza.

L'ARCHEOLOGIA SUBACQUEA IN CALABRIA

La Calabria presenta uno sviluppo di oltre 600 km. di coste in genere diritte (soprattutto sullo Jonio) in cui sono rari i porti naturali. La peculiare morfologia dello Stretto di Messina e i giochi delle sue correnti richiedevano una particolare attenzione per i navigatori antichi. Questi fattori naturali, uniti alla densità e importanza degli stanziamenti antichi lungo la costa e alla posizione della Calabria lungo la rotta obbligata collegante il Mediterraneo orientale e la Grecia con il Mar Tirreno e Roma, fa sì che i fondali marini siano particolarmente ricchi di relitti.

Le nostre conoscenze sulla frequentazione antica dei mari della Calabria provengono in buona parte da rinvenimenti fortuiti, per lo più di anfore e ceppi di ancore; per i due rinvenimenti più prestigiosi, quelli di Porticello e di Riace, all'originario rinvenimento fortuito è seguita una regolare e programmata esplorazione del sito condotta con criteri scientifici.

Negli ultimi anni si sono effettuate esplorazioni sistematiche in molte aree, da Crotone a Monasterace e a Briatico, avviando una più completa conoscenza dei fondali della Calabria.

Non abbiamo dati archeologici precisi sulle navigazioni di età preistorica nei nostri mari: esse sono comunque attestate, ad esempio, dalla vasta distribuzione negli insediamenti neolitici, di strumenti di ossidiana proveniente dall'isola di Lipari e, per l'età del Bronzo, dall'arrivo di navigatori micenei documentato dai recenti scavi presso Trebisacce e a Capo Piccolo, presso Crotone.

La colonizzazione greca fin dall'VIII sec. a.C. rese molto frequentati i nostri mari. Le numerose *poleis* greche non disponevano di veri e propri porti naturali e presumibilmente usavano per l'approdo la foce dei fiumi, in antico più ricchi di acqua.

A età greca risale l'eccezionale relitto di Porticello, databile intorno al 400 a.C. e pochi materiali, rinvenuti fortuitamente in varie località, tra cui anfore, due ancore in pietra e un elmo in bronzo, dai pressi di Capocolonna.

In età romana i traffici marittimi si infittirono notevolmente, come sembra indicare l'aumentata frequenza di anfore, per lo più di età repubblicana o del primo Impero, e la maggior parte dei ceppi d'ancora in piombo, nonché lo stesso trasporto marittimo delle statue in bronzo di Riace. Si ricordano anche i trasporti di marmi pregiati, in età romana imperiale, in particolare il carico di marmi dall'Asia minore affondati intorno all'inizio del III sec. d.C. presso Capo Colonna di Crotone, conservati al Museo di Crotone, e le due colossali colonne in granito egiziano a Roccella Ionica, probabilmente trasportate per mare da una nave che si arenò sulla spiaggia.

Fra i materiali rinvenuti fortuitamente, è qui presentata una ricca esemplificazione di vari tipi di ancore antiche.
Due pietre pressoché circolari con un foro a cui legare una corda, rappresentano il tipo più elementare di àncora, già noto nell'età del bronzo ma probabilmente usato anche successivamente per piccole barche oppure come scandaglio.
Quasi tutti gli altri reperti esposti appartengono ad ancore formate da un fusto con due marre in legno, e ne costituivano il ceppo, cioè il grosso contrappeso fissato trasversalmente al fusto, che faceva aderire l'àncora al fondo. Le dimensioni e il peso del ceppo e dell'intera àncora erano evidentemente in rapporto alla grandezza e al tonnellaggio dell'imbarcazione a cui appartenevano; le navi antiche erano spesso dotate di più ancore.

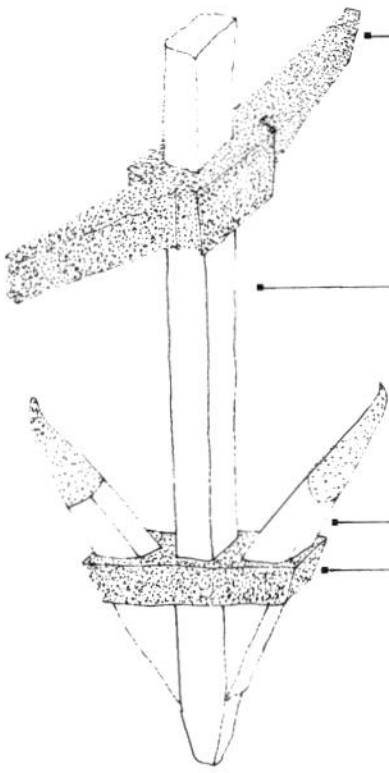

 RICOSTRUZIONE DI UN'ANCORA A CEPPO FISSO.

L'ARCHEOLOGIA SUBACQUEA IN CALABRIA

La datazione delle ancore antiche (e particolarmente di esemplari privi di contesto come questi) è spesso difficile da fissare con precisione. Appartengono probabilmente a età greca arcaica e classica due ceppi di ancore in pietra (una dallo Stretto, l'altra in marmo pentelico da Crotone) con scanalatura centrale per fissarle al fusto.
Ha data forse un poco più recente il tipo di ceppo in piombo costituito da due barre separate a sezione trapezoidale, più o meno grandi, destinate a essere inserite in una struttura in legno. Appartenevano a piccole ancore i ceppi mobili, costituiti da una barra in piombo relativamente sottile e leggera, con fori che consentivano di fissare con perni o di togliere il ceppo dal fusto.
Si diffonde in età ellenistica e dura in età romana il tipo più comune a ceppo fisso in piombo costituito da due bracci solidali a un incasso o scatola centrale in cui si inseriva il fusto ligneo, talvolta trattenuto da un perno; alcuni ceppi di questo tipo sono molto grandi e presentano i bracci leggermente ricurvi.
Sono esposte anche alcune contromarre in piombo in forma rettangolare con tre fori quadrangolari nei quali venivano inseriti il fusto e le due marre laterali per trattenerle nella giusta posizione.
Tra i ceppi d'àncora esposti se ne osservano soprattutto tre con iscrizioni. Uno in pietra, spezzato a metà e riusato come cippo votivo posto verticalmente, mostra su due facce un'iscrizione in alfabeto acheo con dedica a Zeus Meilichios da parte di Phayllos, probabilmente identificabile con il famoso atleta di Crotone che nel 480 a.C. a proprie spese inviò a Salamina una nave in aiuto dei Greci, come ricordano Erodoto e Pausania:
a) *τõ Διὸς τõ Με̄λιχίō* («[cippo] di Zeus Meilichios)
b) ΦάFλλ*ος hέζατο* («Phayllos [lo] innalzò)

GRANDE CEPPO D'ANCORA IN PIOMBO CON ISCRIZIONE GRECA (HERA). I SEC. D.C., DA REGGIO.

È di eccezionale grandezza un ceppo d'ancora in piombo a ceppo fisso che conserva ancora un frammento in legno del fusto: esso presenta un'iscrizione in lettere greche rivolta da destra verso sinistra, HPA (Hera); il nome della dea corrispondeva probabilmente qui al nome della nave, poiché è noto nell'antichità l'uso (vivo ancora oggi) di dare nomi divini beneauguranti alle imbarcazioni. L'ancora proviene dalla Rada Giunchi a Reggio Calabria, e può datarsi alla prima età imperiale.
Un altro ceppo d'àncora assai più piccolo ma dello stesso tipo, recuperato dalle acque dello Stretto, presenta sui due lati una serie di sigle in lettere latine, che forse alludono al proprietario della nave.

Accanto alle ancore è esposta una campionatura di anfore rinvenute fortuitamente in varie località della costa ionica e tirrenica, destinate al trasporto di derrate alimentari, principalmente olio e vino.

Le anfore greche di età arcaica sono attestate qui da un'anfora corinzia, dallo Stretto di Messina.
Seguono alcuni esemplari delle anfore dette «greco-italiche», prodotte in molti centri dell'Italia Meridionale e della Sicilia in età ellenistica: è possibile qui riconoscere l'evoluzione di questo tipo di anfora, da esemplari del IV-III sec. a.C. ad altri del II sec. a.C., assai più slanciati. Altre anfore appartengono a tipi largamente diffusi tra la fine dell'età romano-repubblicana e la prima età imperiale, i quali attestano l'inserimento della Calabria nella fitta rete di commerci e di scambi che in quest'epoca lega le varie parti del Mediterraneo.
Fra le anfore dell'inoltrata età imperiale si osserva soprattutto l'esemplare prodotto nell'area dell'attuale Tunisia nel III sec. d.C., di tipo largamente esportato nel Mediterraneo, nel momento di massimo sviluppo economico e culturale dell'Africa settentrionale.

IL RELITTO DI PORTICELLO

Nel corso del 1969 alcuni pescatori di Villa San Giovanni individuarono un piccolo giacimento archeologico sottomarino nell'insenatura di Porticello, all'imboccatura settentrionale dello Stretto di Messina, e ne iniziarono il saccheggio. Dopo qualche tempo la Soprintendenza ne fu informata e si ottenne la consegna di anfore e altre ceramiche di età greca e soprattutto di molti frammenti di statue di bronzo, tra cui un eccezionale ritratto di vecchio dalla lunga barba. Si ebbe inoltre notizia che i trafugatori in precedenza avevano venduto numerose anfore, forse un centinaio, alcune ancore e un'altra testa in bronzo, che si dice sia successivamente pervenuta ad un museo estero.
Dopo una prima ricognizione sistematica del fondale eseguita dal Nucleo Sommozzatori dei Carabinieri di Messina, lo scavo del relitto fu affidato ad una spedizione dell'Università di Pennsylvania diretta da D.I. Owen, che operò nell'estate 1970 valendosi di attrezzature e metodi di scavo subacqueo molto avanzati.
Lo scavo acquisì importanti dati sulla struttura della nave e sulla composizione del carico trasportato, che risulta affondato intorno alla fine del V secolo a.C..
I resti lignei dello scafo che si poterono recuperare sono scarsi, ma sufficienti a dimostrare che la tecnica di costruzione era analoga a quella della nave della fine del IV secolo a.C., assai meglio conservata, recuperata a Kyrenia nell'isola di Cipro. La disposizione dei resti sul fondale fa supporre che la nave da carico di Porticello fosse lunga circa 20 metri con una stazza di circa 30 tonnellate.
Pare che la nave fosse dotata di varie ancore, per lo più con ceppo in piombo a barre separate; si recuperarono inoltre alcune contromarre in piombo ed elementi in bronzo che rivestivano i puntali delle marre.
Tra i reperti recuperati sul fondale, alcuni facevano parte sicuramente degli attrezzi di bordo, come la coppetta di legno, il rocchetto di legno probabilmente usato per pescare, i pesi in piombo.
Probabilmente apparteneva al vasellame di bordo per uso dell'equipaggio, sia la ceramica acroma (un mortaio, una brocca, frammenti di una pentola) che quella a vernice nera (due lucerne, qualche coppa) rinvenuta concentrata in uno stesso punto, che si può ritenere corrispondente alla cabina dell'equipaggio. La ceramica a vernice nera del relitto di Porticello fu prodotta in Attica: le coppe sono databili intorno al 420 - 410 a.C. e costituiscono il più preciso riferimento cronologico per datare l'intero relitto. Non è del tutto chiara la funzione dei frammenti irregolari in una lega di piombo (circa 75/80%) e argento (25/20%): poteva trattarsi di metalli trasportati come merce e destinati ad essere ulteriormente raffinati. Un altro elemento caratteristico del carico sono i piccoli vasi globulari dalla stretta imboccatura, interpretati come calamai usati per contenere e trasportare l'inchiostro, merce abbastanza rara in età antica. I calamai erano probabilmente sistemati negli interstizi fra un'anfora e l'altra.

La parte più cospicua del carico era indubbiamente costituita da derrate alimentari trasportate in grandi anfore da carico: quelle pervenuteci appartengono a quattro tipi fondamentali. Il tipo più frequentemente attestato (9 esemplari esposti), a corpo troncoconico e lungo collo pressocché cilindrico, in argilla di colore rosa chiaro, era prodotto nella città di Mende, sulla costa settentrionale del Mare Egeo.
È conservato un solo esemplare completo di un tipo simile al precedente, ma di corpo più slanciato e argilla di colore rosso più intenso, prodotto forse a Bisanzio (attuale Istanbul). Anche un solo esemplare completo ci è pervenuto di un altro tipo di anfora, caratterizzato da un sensibile restringimento al collo: probabilmente era prodotto in un centro, non precisabile, della Magna Grecia o della Sicilia (forse Locri Epizefiri). Si ritiene che questi tipi di anfore fossero adibiti prevalentemente al trasporto di vino.
Di grande interesse è la massiccia presenza di anfore di tipo punico, che potrebbero essere state prodotte a Mozia o in un altro centro di origine fenicia in Sicilia: ne sono esposti sei esemplari a forma cilindrica molto allungata, e quattro assai più piccole dal corpo ovoidale. Si ritiene che esse contenessero generalmente pesci salati oppure granaglie. L'analisi di un sedimento incrostato sul fondo di una delle anfore puniche ha indicato la presenza di una sostanza resinosa, forse usata per sigillare i contenitori.
La varietà nella composizione del carico, dall'Egeo Settentrionale (Mende, Bisanzio), dall'Egeo Centrale (Atene), dalla Magna Grecia (o Sicilia), dal mondo punico (Mozia?) non fornisce elementi risolutivi per accertare la nazionalità e la provenienza della nave, poiché le anfore da trasporto o la ceramica a vernice nera potevano aver conosciuto vari trapassi e scambi prima di essere imbarcate sulla nave che affondò a Porticello. Ricordiamo infine che del carico facevano parte numerosi frammenti di tre statue in bronzo in grandezza naturale, esposte nella sala successiva.

ANFORA PUNICA DAL RELITTO DI PORTICELLO.

IL RELITTO DI PORTICELLO

I BRONZI

Le statue di bronzo del relitto di Porticello, sebbene in stato molto frammentario, costituiscono una testimonianza dell'arte greca non meno importante che i grandi Bronzi di Riace. I frammenti recuperati presentavano una superficie assai degradata, che, in molti casi, aveva assunto una patina nerastra, probabilmente per l'azione di microrganismi marini.
Le difficili operazioni di analisi e di restauro furono affidate dalla Soprintendenza Archeologica della Calabria all'Istituto Centrale del Restauro di Roma, che ha operato dal 1972 al 1980 (principalmente per opera di G. Fiorentini) valendosi anche della consulenza dell'Istituto dei metalli leggeri della Montedison, a Novara.
Tra i frammenti di figure maschili nude, due rappresentano la stessa parte del fianco destro, ed evidentemente appartengono a due statue diverse, in posizione stante, probabilmente di atleti.
La massima parte degli altri frammenti sembra appartenere alla figura stante, a grandezza naturale, drappeggiata, di un vecchio dalla lunga barba, di cui ci è fortunatamente conservata la bellissima testa-ritratto, esposta nel salone successivo, su sostegno metallico antisismico.

LA TESTA DEL «FILOSOFO»

La posizione stante del vecchio è dimostrata dal ginocchio destro che ci è conservato insieme ad un ampio lembo del corto mantello, tipico dei letterati e dei filosofi greci, drappeggiato obliquamente dalla spalla sinistra fino ai fianchi.
La posizione dei piedi e delle caviglie sembra indicare che la gamba sinistra fosse leggermente piegata in avanti, e che il peso del corpo gravasse soprattutto sulla gamba destra.
Oltre a frammenti minori del panneggio, è conservato un tratto del braccio destro, con il gomito piegato, e la mano sinistra, dal modellato nervoso, che rende mirabilmente le dita magre e secche del vecchio: la mano impugnava un attributo non conservato.
Non vi sono elementi per identificare con precisione il vecchio del ritratto di Porticello: potrebbe trattarsi di un letterato o di un pensatore, ma l'appellativo spesso usato di «filosofo» è da intendere in modo convenzionale.

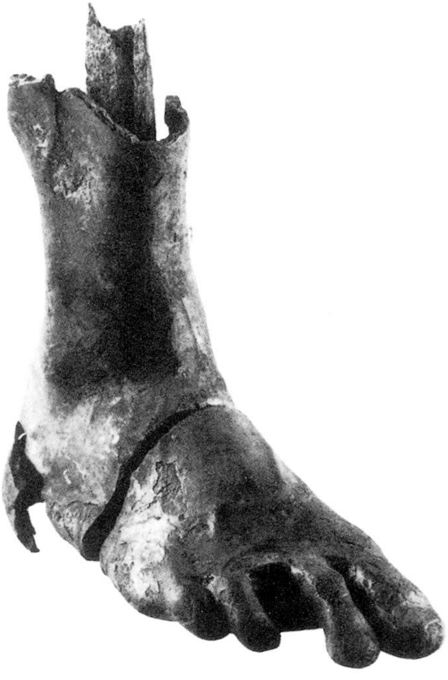

La testa è fortemente individualizzata: naso aquilino, bocca nascosta dai folti baffi, guance rilassate per l'età, occhi piccoli (solo il destro conserva l'iride in pasta vitrea colorata e le ciglia in lamina bronzea), fronte ossuta e rugosa. La barba è insolitamente lunga, con ciocche lavorate a parte e poi saldate, con lavorazione analoga ai leggeri e morbidissimi riccioli applicati lungo i lati del capo a coprire parzialmente le orecchie e il collo. Intorno al capo era applicato un sottile cordone, oggi mancante, che ha lasciato un solco sui capelli; si nota un accenno di calvizie alla sommità del capo.

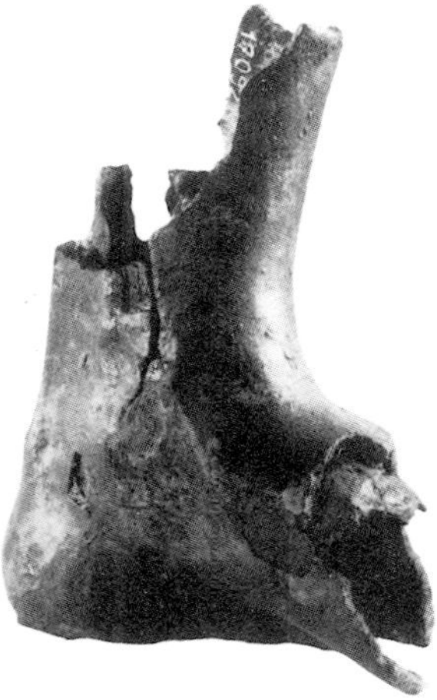

PIEDI E MANO SINISTRA DELLA STATUA BRONZEA DI VECCHIO (COSIDDETTO FILOSOFO) DA PORTICELLO.

IL RELITTO DI PORTICELLO

L'indicazione attenta e minuziosa dei particolari più caratteristici del volto, con le asimmetrie e irregolarità tipiche di ogni fisionomia individuale, fa di questa testa un vero e proprio ritratto, cioè un tipo di rappresentazione che rimase a lungo estraneo alle concezioni figurative dell'arte greca.
Nel periodo arcaico, quando si intende rappresentare uno specifico personaggio la sua identificazione non è affidata ai tratti fisici, con quanto di momentaneo o occasionale essi possano avere, ma a mezzi esterni, come l'abbigliamento o un attributo, oppure a una iscrizione specifica apposta sulla raffigurazione di un tipo generico, dalle fattezze idealizzate.
Anche quando nel corso del V secolo a.C. l'arte greca raggiunse una piena padronanza della struttura anatomica del corpo umano, a lungo durò la tradizionale resistenza all'individuazione fisionomica: intorno alla metà del V secolo la statua del poeta Anacreonte, opera di Fidia, o quella (di poco successiva) di Pericle, opera di Kresilas, presentano teste di tipo generico: la caratterizzazione riflette soprattutto la categoria, la tipologia del personaggio affidata al gesto o agli attributi esteriori (il poeta che suona la lira, l'uomo politico con l'elmo che allude al comando militare).
Il concetto di ritratto fisionomico nasce da una ricerca di approfondimento psicologico e di valutazione in senso positivo dei tratti individuali, secondo un più generale apprezzamento della singola individualità di ciascuno: tale atteggiamento di interesse umano e razionale, bene si inquadra in una società a carattere laico, che sviluppa parallelamente la poesia tragica di Euripide e il pensiero dei sofisti e di Socrate.
L'inquadramento del ritratto di Porticello è connesso ai problemi dell'origine del ritratto nell'arte greca.
Il complesso dei materiali trasportati sulla nave di Porticello, e soprattutto la ceramica a vernice nera sicuramente databile alla fine del V sec. a.C. (come confermano le più aggiornate ricerche in proposito), ha indotto gli scavatori del relitto a riferire al V sec. a.C. anche le statue in bronzo: la testa del vecchio rappresenterebbe così il più antico ritratto fisionomico greco noto finora, con una inattesa anticipazione di circa mezzo secolo rispetto al momento a cui tradizionalmente si attribuisce la prima formulazione del ritratto fisionomico in Grecia.
La datazione del ritratto al V sec. a.C. è stata però respinta da alcuni studiosi, che hanno sottolineato le analogie stilistiche della nostra testa con altre opere datate assai più tardi: così E. Paribeni ha recentemente proposto di identificare il personaggio con un filosofo cinico datandolo verso la fine del IV sec. a.C. e A. Giuliano ha suggerito una datazione al III sec. a.C.
La discordanza cronologica fra la data tarda proposta per il ritratto e le ceramiche del relitto si giustificherebbe, secondo alcuni, con due successivi naufragi che sarebbero avvenuti nello stesso sito, mescolando sul fondale materiali di epoche differenti. Altri studiosi hanno invece accettato l'unicità del relitto confermando la possibilità che una statua-ritratto di questo tipo risalga effettivamente al V sec. a.C.; a tale data potrebbero portare anche alcune osservazioni sulla tecnica di produzione dei bronzi di Porticello, che presenta alcune analogie (si veda la fusione dei piedi a elementi separati) con quella dei bronzi di Riace.
Anche se resta controverso il problema della datazione e dell'inquadramento dei bronzi di Porticello, appare immediatamente apprezzabile l'eccezionale qualità figurativa, la sensibilità di osservazione e la vivezza di rendimento di questo ritratto.

C.S.

TESTA DELLA STATUA BRONZEA DEL «FILOSOFO» DA PORTICELLO.

I GRANDI BRONZI DI RIACE

Le due grandi statue in bronzo, rinvenute a Riace Marina, hanno conosciuto una notorietà larghissima, internazionale, come mai nessuna altra opera d'arte antica. Ma al di là degli aspetti relativi alla immagine dell'antico nella nostra vita contemporanea, tentiamo qui di comprendere l'importanza di queste opere per la conoscenza della cultura e dell'arte della Grecia antica, la cui civiltà ancor oggi riconosciamo come componente basilare della nostra stessa cultura attuale.
Nel mondo antico la creazione di statue bronzee di grandi dimensioni era molto impegnativa, difficile sul piano tecnico ed altamente costosa, e pertanto riguardava generalmente opere importanti, affidate ad artisti di riconosciuto valore. Molti dei grandi maestri del periodo più splendido della scultura greca, tra il V e il IV secolo a.C., usavano di preferenza il bronzo, ma noi conosciamo l'arte di questa fase essenzialmente attraverso copie in marmo di età romana, che ci propongono però una visione alterata e spesso riduttiva degli originali. Infatti, durante il Medioevo, tutte le statue pagane in bronzo considerate ormai manufatti inservibili, furono riutilizzate dopo la fusione, per sopperire alla carenza di metalli. Si salvarono dalla distruzione quasi solo le opere inaccessibili, come quelle affondate in mare, che solo le moderne tecniche di recupero subacqueo possono riportare in luce.
Le statue greche in bronzo del V secolo a.C., conservate intere fino a noi, si contano appena sulle dita di una mano, e ciò spiega l'eccezionale risalto di ogni nuovo ritrovamento di testimonianze particolarmente rare e preziose, e la stessa importanza per la cultura universale del Museo Nazionale di Reggio Calabria, che conserva i bronzi rinvenuti a Riace e a Porticello.

IL SALONE DEI GRANDI BRONZI DI RIACE.

IL RINVENIMENTO

Il 16 agosto 1972, lungo la costa del mare Jonio presso Riace Marina, un appassionato subacqueo in vacanza in Calabria, Stefano Mariottini, su un fondale a circa 200 m. dalla costa e alla profondità di 8 m., vide casualmente emergere dalla sabbia un braccio e riconobbe la presenza di due grandi statue in bronzo. La scoperta fu subito segnalata al Soprintendente Giuseppe Foti, e dopo pochi giorni le statue furono portate in superficie, grazie alla collaborazione del Nucleo Subacqueo dei Carabinieri di Messina, e subito trasferite al Museo Nazionale di Reggio Calabria, ove se ne iniziò immediatamente la pulitura dalle incrostazioni marine.
Al momento del recupero non vi erano in Calabria strutture scientifiche in grado di compiere una ricerca archeologica sistematica sul fondale, per comprendere meglio epoca, modi e cause dell'affondamento antico delle due statue, e tale ricerca fu predisposta per l'anno successivo.
Nel settembre 1973 il Prof. Nino Lamboglia, direttore del Centro sperimentale di Archeologia sottomarina dell'Istituto di Studi Liguri, esplorò il luogo di rinvenimento, scavando il fondale su oltre 150 mq. Si documentò la successione di strati di sabbia e ghiaia in cui giacevano le statue; si rinvenne un frammento della maniglia in bronzo dello scudo della statua A e 28 anelli in piombo, ritenuti pertinenti alle vele di una nave antica, ma non fu trovato alcun altro resto della nave o del suo carico.
Si accertò così che le statue quando affondarono non erano più legate alle strutture della nave. Lamboglia ipotizzò che una tempesta avesse spinto la nave verso la riva, causando la dispersione in mare del carico, situato sopra coperta, della velatura, e quindi il capovolgimento dello scafo: gli elementi più pesanti (statue e anelli in piombo) sarebbero colati a picco, mentre quelli più leggeri si sarebbero dispersi su vasta area.
Lo scafo sarebbe poi stato gettato sulla spiaggia e qui disgregato totalmente in pochi decenni.
La Soprintendenza promosse nel 1981 nuove indagini a Riace, mediante prospezioni e rilievi su un vasto tratto di mare, alla ricerca di eventuali tracce del naufragio, disperse anche lontano dal luogo di rinvenimento delle statue e dallo stesso raggio di azione delle ricerche del 1973. Le prospezioni con rilevatore di metalli hanno individuato solo oggetti moderni né vi sono più sul fondale eventuali parti (come gli scudi e altre armi) pertinenti alle due statue, e tanto meno altre sculture in bronzo.
Nella scogliera prossima alla costa, a circa 50 m. dal sito delle statue, si è rinvenuto un frammento di legno con due perni bronzei, appartenente alla chiglia di una nave antica. L'uso di simili perni bronzei è attestato per un periodo molto lungo, dal II sec. a.C. fino ad età bizantina. Non potendo precisare la data del frammento di chiglia (sottoposto anche all'analisi del C 14), è impossibile datare da esso il momento del trasporto per mare delle statue; inoltre non si può affermare con sicurezza che il frammento appartenga proprio alla nave che trasportava i bronzi e che non derivi invece da un diverso naufragio qui avvenuto, in età romana o medievale. Nel 1982, a poche centinaia di metri di distanza fu scoperto il relitto di una piccola imbarcazione affondata sicuramente dopo il XVI secolo.
Prima del trasporto per mare le statue avevano già avuto una prima collocazione, poiché erano presenti sotto i piedi i «tenoni» in piombo che le avevano fissate alle basi originarie; mancavano invece scudi, aste ed elmi, smontati per ridurre l'ingombro e facilitare il trasporto delle statue e destinati ad essere ricollocati al momento della nuova sistemazione.
Nell'antichità i trasporti di opere d'arte (che avvenivano generalmente via mare, come per ogni merce pesante) furono particolarmente frequenti nel periodo successivo alla conquista romana del Mediterraneo, quando si diffuse a Roma la passione e il collezionismo dei capolavori greci, i quali contribuirono a trasformare radicalmente il gusto e le attività artistiche nel mondo romano. È molto probabile, anche se non dimostrabile con certezza, che il naufragio di Riace sia avvenuto durante uno dei tanti trasporti verso Roma, lungo la consueta rotta di cabotaggio lungo lo Ionio, di opere d'arte provenienti dalla Grecia (oppure da Taranto) di cui ci parlano le fonti letterarie antiche tra il III sec. a.C. e il I sec. d.C.
Appaiono invece meno probabili, anche perché non sostenute da fonti storiche, altre ipotesi, come un trasporto da Roma a Costantinopoli in età tardo antica, oppure verso l'Africa, in seguito ai saccheggi dei Vandali nel V sec. d.C.

I GRANDI BRONZI DI RIACE

LA FUSIONE

Le due grandi statue bronzee di Riace furono prodotte con la tecnica della fusione «a cera persa» secondo il cosiddetto metodo indiretto, che consentiva la fusione a parti staccate da saldare successivamente.
Lo scultore preparava un modello in creta delle dimensioni della statua che si voleva ottenere; da questo modello si traeva un calco a settori staccati, i quali venivano poi rivestiti all'interno da uno strato di cera dello spessore che si voleva dare al bronzo; i vari settori di calco con la cera venivano poi assemblati, e nella cavità interna veniva colato un impasto di argilla (in cui venivano inserite alcune barre di ferro per aumentarne coesione e solidità) che, asciugando e solidificandosi, costituiva il nucleo interno; si toglievano quindi i calchi e si creava un mantello esterno di argilla che aderiva perfettamente allo strato di cera, quindi si riscaldava il tutto per fondere la cera che usciva da appositi tubi di scarico, lasciando cavo lo spazio tra il nucleo interno e il mantello esterno, entro il quale veniva infine colato il bronzo fuso.
Dopo il raffreddamento del metallo veniva asportato il mantello esterno (mentre il nucleo interno generalmente non era rimosso) e si procedeva a saldare le parti fuse separatamente; si rifiniva poi la superficie e si eliminavano i difetti di fusione (bolle d'aria, impurità ecc.), tagliando e asportando i piccoli riquadri difettosi e sostituendoli con tasselli di bronzo inseriti a martello, mentre ulteriori levigature uniformavano la superficie che assumeva una patina molto scura.
La lavorazione a parti separate, consentita dalla tecnica «a cera persa» riduceva la dimensione dei getti con risparmio di materia prima; era peraltro necessaria una piena padronanza delle tecniche di saldatura delle parti.
Nelle nostre due statue furono fuse separatamente le teste, le braccia, le mani, le parti anteriori dei piedi, le dita medie dei piedi. Questa singolare tecnica di assemblaggio dei piedi è usata anche nella statua di vecchio barbato («il Filosofo») rinvenuta a Porticello, la quale appartiene alla stessa tradizione tecnica delle statue di Riace.
Lo spessore medio del bronzo è di circa mm. 8,5 per la statua A e di circa mm. 7,5 per la B.
Le leghe bronzee usate per le due statue sono costituite essenzialmente da due elementi, rame e stagno, come è consueto per i grandi bronzi di età greca classica, con scarsissima presenza di piombo, usato invece assai più largamente nelle statue in bronzo di età ellenistica e romana.
Le analisi delle leghe mostrano significative differenze fra le due statue, e si può escludere la contemporaneità di esecuzione o l'identità dell'officina (o entrambe queste possibilità).
Una lega ben diversa, con forte percentuale di piombo, fu invece usata per l'intero braccio destro e per l'avambraccio sinistro della statua B, evidentemente rifatti in un restauro antico, molto tempo dopo la fabbricazione originale.

IL RESTAURO

Subito dopo il trasporto delle due statue al Museo di Reggio Calabria nell'agosto 1972 si iniziò la pulitura delle superfici dai depositi marini.
I restauratori G. Spinella e P. Violi della Soprintendenza Archeologica avviarono con grande perizia la pulitura con mezzi meccanici della statua A nelle parti coperte da concrezioni di sabbia e ghiaia, come alcuni settori del corpo (ove le incrostazioni avevano sigillato e preservato integra la patina antica, lucente e quasi nera) e soprattutto il volto, completamente nascosto.
Era però necessario proseguire il restauro con attrezzature non disponibili a Reggio Calabria e compiere complesse analisi per chiarire ogni elemento relativo alle tecniche di fabbricazione; si decise pertanto di affidare tali operazioni al Centro di restauro archeologico della Soprintendenza Archeologica di Firenze, ove le statue furono trasportate nel gennaio 1975.
L'intervento fu preceduto da gammagrafie, per avere dati sulla struttura interna e sulle caratteristiche della fusione, avviando quelle analisi chimiche e fisiche che acquisirono ampi dati sulla tecnologia antica, costituendo la necessaria base scientifica dell'intervento conservativo.
Si completò quindi la pulitura delle superfici esterne, eseguita meccanicamente, spesso con attrezzature progettate o modificate appositamente per raggiungere anche le parti di difficile accesso.
Le maggiori difficoltà furono causate dalla presenza di fenomeni attivi di corrosione all'interno delle statue ad opera di cloruri, formati dalla secolare immersione in mare della terra di fusione rimasta nelle cavità interne. Si rese necessaria l'accurata rimozione dei «tenoni» in piombo sotto i piedi, per ricreare uno stretto spazio che permettesse di accedere all'interno attraverso le gambe e realizzare il necessario svuotamento, con difficili operazioni sia meccaniche sia idrauliche.
Si effettuò quindi il trattamento conservativo delle superfici interne ed esterne, per immersione in grandi vasche appositamente costruite, mantenendo infine le statue in camera umida, cioè in condizioni di massimo *stress* artificiale, per localizzare l'eventuale permanenza di fenomeni di corrosione ciclica.
Il trattamento e i rigorosi controlli durarono dal 1975 al 1980 e si evidenziò la necessità di assicurare la futura conservazione delle statue climatizzando l'ambiente espositivo con un tasso di umidità al di sotto del quale non si possono innescare nuovi fenomeni di corrosione.
Dopo le esposizioni di Firenze (dicembre 1980-maggio 1981) e Roma (giugno-luglio 1981), le statue sono esposte a Reggio Calabria dall'agosto 1981 in ambienti climatizzati, su basi munite di appositi accorgimenti antisismici.

I GRANDI BRONZI DI RIACE

CARATTERI ICONOGRAFICI E STILISTICI

La produzione di grandi statue in bronzo, nel V sec. a.C. poteva essere affrontata solo da committenti pubblici per destinazioni pubbliche, nei grandi santuari o nelle piazze (*agorai*) delle maggiori *poleis* greche.
Le stesse dimensioni delle statue, alquanto maggiori del naturale (la statua A è alta m. 1,98; quella B m. 1,97), l'aspetto solenne e la nudità eroica dei due guerrieri (al di là degli attributi delle armi) ci portano chiaramente in un ambito di rappresentazioni mitiche.
Si ricorda che la rappresentazione figurativa del corpo umano nudo risponde, nella cultura greca, a una concezione essenzialmente religiosa: la forma di un corpo maschile ben costruito, nudo e senza attributi esterni per aumentare l'astrattezza concettuale dell'immagine, costituiva il modo ideale, per i Greci, di rappresentare la divinità e, per estensione, quegli uomini elevati dalla propria virtù al livello della divinità, cioè gli eroi, o ancora gli atleti: la nudità di questi ultimi è in rapporto con l'origine sacra dei giochi periodicamente celebrati nei maggiori santuari della Grecia, da Olimpia a Delfi, i cui vincitori erano ritenuti individui degni di rappresentare la collettività nei riti connessi con i giochi sacri.
Gruppi di statue rappresentanti eroi mitici furono offerti come dono votivo (e sono perciò detti «donari») nei maggiori santuari greci; è difficile però cercare di attribuire le nostre statue all'uno oppure all'altro dei «donari» descritti da fonti letterarie, anche perché esse risalgono generalmente all'età imperiale romana (come la «Descrizione della Grecia» di Pausania, del II sec. d.C.), epoca nella quale forse era già avvenuto il trasporto e il naufragio a Riace.
Ogni eventuale tentativo di identificazione dei due eroi dovrà preliminarmente affrontare il

STATUA B.

problema se le statue appartenessero in origine a uno stesso gruppo, come avevano ritenuto i primi studi in proposito, oppure se il loro accostamento sia stato realizzato solo in occasione del trasporto per mare, come pure è stato proposto: secondo tale ipotesi le due statue, create in maniera indipendente per destinazioni differenti tra loro, in età ellenistica o romana sarebbero state prescelte perché simili nelle dimensioni e nell'atteggiamento (forse il restauro e il rifacimento delle braccia della statua B fu realizzato per renderlo ancora più simile alla statua A?) e quindi adatte a una nuova collocazione «di coppia», ad esempio per decorare un complesso architettonico a Roma.

TESTA DELLA STATUA A.

STATUA A

STATUA B

I GRANDI BRONZI DI RIACE

Entrambe le statue rappresentano figure maschili stanti in nudità eroica e caratterizzate come guerrieri armati con lo scudo sorretto dal braccio sinistro piegato, con l'asta tenuta dalla destra abbassata e con l'elmo. Tali armi non sono conservate poiché intenzionalmente smontate al momento del viaggio: ad esempio il grande scudo rotondo avrebbe impedito di trasportare le statue, coricate sulla schiena.
Le aste sono tenute in maniera diversa: nella statua A essa è trattenuta tra l'indice e il medio, con il peso che si scarica a terra; un solco lungo il lato interno dell'avambraccio ne segna la posizione quasi verticale.
Nella statua B l'asta, assai più inclinata, è impugnata e bilanciata con la destra; molto probabilmente essa non giungeva fino a terra, mentre verso l'alto il solco di appoggio oltre che sull'avambraccio, è visibile anche lungo il lato esterno del braccio, presso la spalla.
La capigliatura della statua A, trattenuta da una spessa fascia, è completamente lavorata e rifinita sulla sommità del capo e fa pensare che non vi fosse un copricapo; tuttavia una larga concavità sulla nuca, alcune tracce curvilinee lungo i lati della fascia, una profonda tacca su una ciocca presso la tempia destra, sembrano realizzate per costituire i necessari appoggi a un elmo di tipo corinzio in posizione rialzata, analogo a quello della statua B.
Appare singolare che l'elmo potesse nascondere la calotta cranica con i capelli accuratamente rifiniti; forse l'elmo rappresenta una modifica successiva rispetto alla probabile intenzione originaria di rappresentare la testa scoperta, forse priva anche delle ciocche di capelli applicate, che nascosero le orecchie già modellate.
Sulla sommità del capo un ampio foro porta i segni di due successive sistemazioni, dapprima con un perno in bronzo, forse un *meniskos* (punta sporgente che i Greci ponevano sulle statue all'aperto per impedire che fossero sporcate da uccelli), adatto ad una testa scoperta, poi con un alloggiamento squadrato, forse destinato ad un supporto dell'elmo.
La testa della statua B è vistosamente deformata verso l'alto per fornire l'appoggio ad un elmo di tipo corinzio (con paragnatidi fisse, che nascondevano quasi completamente il volto) rialzato sul capo, in posizione di riposo; la superficie originariamente coperta dall'elmo non fu quindi rifinita.
Al di sotto dell'elmo una cuffia aderente alla testa, probabilmente in cuoio o in feltro, era rappresentata nel bronzo con una superficie picchiettata: ne resta una placchetta triangolare sopra la fronte, un'altra placchetta posta più in alto in corrispondenza delle occhiaie dell'elmo e un brevissimo tratto sul lato sinistro della nuca; la cuffia doveva coprire gran parte delle orecchie (ne è modellato solo il lobo inferiore) ed era trattenuta da un sottile sottogola che ha lasciato un vistoso solco verticale sui lati della barba.

TESTA DELLA STATUA B.

I GRANDI BRONZI DI RIACE

Lo schema della ponderazione è analogo nelle nostre due statue, organizzato secondo un ritmo incrociato degli arti portanti (la gamba destra sostiene tutto il peso del corpo, il braccio sinistro regge il pesante scudo) e degli arti liberi (gamba sinistra e braccio destro). Pur in questo schema comune, le due statue presentano sensibili differenze di struttura e di modellato.
La statua A presenta la gamba sinistra avanzata, con il piede saldamente appoggiato a terra; l'inclinazione laterale del bacino non si riflette a livello del torace e le spalle sono praticamente orizzontali; in questo schema, che ricorda ancora lo spirito e la tradizione dello «stile severo», si inserisce il brusco scatto della testa, fortemente rivolta a destra, verso il braccio libero.
Il trattamento dell'anatomia, le grandi masse muscolari, espanse ma spesso semplificate, quasi geometrizzanti nei loro volumi, ribadisce l'impressione di grande forza statica, quasi trattenuta, della figura. Nel dorso è particolarmente evidente la vigorosa modellazione quasi stilizzata, con la linea dorsale fortemente infossata.
Nella statua B il ginocchio sinistro è leggermente piegato, con il piede sinistro quasi accostato al destro, e quindi la gamba assume una posizione molto più elastica che nella statua A; l'inclinazione del bacino trova qui rispondenza anche nella parte superiore del corpo, con la spalla destra abbassata e l'andamento curvo della «linea alba» (partizione longitudinale del torace). Il modellato appare più analitico e preciso nella resa della muscolatura con superfici talvolta ampie e aperte alla luce, talvolta articolate e più mobili, come nel dorso.
Ogni tentativo di lettura stilistica dei bronzi da Riace deve tener conto sia delle analogie di schema, sia delle sensibili differenze fra le due statue nell'impostazione della figura e nel rendimento dell'anatomia.
Appare ormai lontana la rigida impostazione arcaica che faceva gravare il peso del corpo in parti uguali fra le due gambe; fin dal principio del V sec. a.C. iniziò a manifestarsi una percezione più precisa del rapporto reciproco fra le parti del corpo umano, il cui peso si ripartisce fra una gamba portante e una scarica, che quindi si piega leggermente, mentre anche il bacino si inclina lateralmente in corrispondenza alla diversa funzione delle gambe; conseguentemente anche il torace assume un movimento che interessa la muscolatura e, a volte, anche la posizione delle spalle, mentre la testa si volge lievemente di lato, uniformandosi organicamente al ritmo generale del corpo.
La figura si pone sempre più liberamente nello spazio, che conquista e organizza intorno a sé, creando una molteplicità di punti di vista per lo spettatore.
Il naturalismo dell'anatomia è sempre regolato da un forte senso di sintesi e di astrazione intellettuale, che interessa tutte le parti della figura, costruita secondo rigorosi rapporti dimensionali.
Si definisce così l'immagine più tipica della cultura greca classica, quella del corpo umano naturalmente e razionalmente perfetto, come manifestazione dell'ordine e dell'armonia dell'universo.

STATUA A

STATUA B.

I GRANDI BRONZI DI RIACE

LA CRONOLOGIA

Non è facile determinare con sicurezza le date e gli autori di grandi originali in bronzo del V sec. a.C., inquadrandoli tra tendenze stilistiche e storiche largamente ipotetiche, la cui conoscenza si basa in gran parte soltanto su copie romane.
Fra i numerosi studiosi che hanno affrontato il problema, alcuni hanno dapprima evidenziato l'analogia, soprattutto della statua A, con opere attribuite all'ambiente attico intorno alla metà del V sec. a.C. e all'attività giovanile di Fidia, quali l'Apollo del Tevere, l'Apollo di Kassel, l'Anacreonte Borghese, proponendo inoltre che le statue di Riace appartenessero ad un donario eretto dagli Ateniesi nel santuario di Delfi con tredici statue di divinità ed eroi attici, che lo storico Pausania (II d.C.) dice opera di Fidia.
Altri studiosi hanno invece sottolineato le differenze stilistiche fra le due statue e la probabile distanza cronologica di circa un trentennio fra le due, e la conseguente difficoltà della loro appartenenza ad uno stesso gruppo scultoreo (il donario di Delfi difficilmente era composto da figure maggiori del vero). Si è così manifestato il consenso di molti studiosi per la datazione della statua A intorno al 460/450 a.C., nella fase di passaggio tra lo stile severo e il pieno stile classico, caratterizzato dal cosiddetto «nudo di contrazione» o di «analisi», nel quale i muscoli vengono rappresentati contratti, come sotto sforzo, e quindi particolarmente distinti ed evidenti. Quasi tutti concordano su una attribuzione ad ambiente attico.
Analogamente la statua B viene da molti datata al 430/420 a.C. (dopo la costruzione del Partenone) e appare influenzata dalle opere di Policleto (per la flessione laterale del torace) pur mostrando una impostazione di fondo di ambiente attico (con i piedi ben appoggiati al suolo).
Molti studiosi mostrano cautela nel proporre attribuzione all'uno o all'altro dei grandi maestri dell'epoca; si ricorda qui solo l'ipotesi di uno studioso greco, il quale propone i nomi di Mirone per la statua A e di Alkamenes (discepolo di Fidia) per la statua B.
Altri studiosi ripropongono ora connessioni con ambienti della Magna Grecia, mentre è rimasta per ora isolata l'opinione di una studiosa americana che non ritiene trattarsi di originali greci del V sec. a.C., ma di opere classicistiche di età ellenistica o romana.
Il lavoro critico sui Bronzi di Riace può ora avvalersi dei dati scientifici recentemente pubblicati dal «Bollettino d'Arte», rivista ufficiale del Ministero per i Beni culturali, e sarà sicuramente ancora lungo e complesso, con ulteriori approfondimenti da parte di studiosi di tutto il mondo.

C.S.

APPUNTI SULLA CONSERVAZIONE

Le statue di Riace e la testa bronzea del cosiddetto filosofo da Porticello sono esposte nel grande salone al piano terreno del Museo.
Lo spazio, di grandi dimensioni, è stato appositamente progettato per garantire la migliore sensibilità e comprensione delle opere.
L'illuminazione indiretta non disturba la luce naturale proveniente da tre grandi finestroni, schermati da tende verticali a lamelle regolabili.
Il pavimento, di recente realizzazione (1985), è in doghe di legno (tipo «a tolda di nave») di noce *aphrormosia* (qualità africana biondo-scura). Esso è ricoperto da uno strato di vernice trasparente, assolutamente neutra ed appositamente studiata per non produrre ossidi di zinco, che avrebbero potuto nuocere alla conservazione dei grandi Bronzi esposti.
Il basamento delle statue, progettato da tecnici dell'Università di Vienna, è antisismico. Un complicato sistema «a scatola cinese», zavorrato sul fondo e separato da una speciale guaina sintetica, indeformabile, sostiene un coperchio

sul quale sono fissate due aste in acciaio.
La perfetta stabilità verticale è stata appunto ottenuta mediante l'inserimento di queste due aste, che partono da ciascuno dei piedi, appoggiati a loro volta su speciali «tacchi» regolabili: l'una attraversa la statua fino alla spalla, lungo il fianco, mentre l'altra si ferma laddove il ginocchio si piega.
Speciali appoggi consentono alle basi di non aderire completamente sulla piastra in cemento armato che le collega alla grande fondazione antisismica del Museo.
Due porte ad apertura automatica consentono l'ingresso del pubblico che, per motivi di sicurezza e climatizzazione, non può superare il numero costante di 50 persone.
La sala, infatti, è stata recentemente dotata di uno speciale sistema di controllo del clima. I parametri ottimali sono stati fissati tra il 35% ed il 40% di umidità relativa, mentre la temperatura per l'inverno è +20° C e durante l'estate mediamente tra +25° e +27° C. Ciò in rapporto alla temperatura esterna, al fine di non provocare al pubblico traumi da condizionamento.
Il microclima e le statue di bronzo sono costantemente controllati dai tecnici del Laboratorio di restauro e conservazione del Museo.
Un'apposita stazione termoigrografica sempre funzionante fornisce dati su temperature ed umidità relative.
All'esterno, dalla parte dell'uscita, alcuni pannelli illustrano le operazioni di indagine fisica e chimica compiute sulle statue di Riace nel 1985 da esperti dell'Istituto Centrale del Restauro.
Una breve introduzione documenta il visitatore sul procedimento di fusione, che, come noto, segue la tecnica «indiretta» a cera perduta. Di grande interesse per questo sono le immagini tratte dall'Encyclopédie di Diderot e D'Alembert relative alla fusione della grande statua equestre di Luigi XIV.
Segue il complesso delle indagini effettuate, comparate con quelle eseguite su opere bronzee simili per complessità tecnologica ai Bronzi di Riace: oltre alla statua dell'imperatore Marco Aurelio, si fa riferimento a bronzi antichi (Museo Nazionale Romano e Pompei) e moderni (Statua del Nettuno di Giambologna).
L'indagine radiografica, eseguita mediante l'impiego di raggi x e di raggi gamma, mostra come sia possibile penetrare nella struttura del metallo e ricostruire così i principali difetti di fusione (cricche, cavità, porosità ecc.). Le indagini con l'impiego delle onde ultrasonore servono per ulteriori verifiche delle strutture e forniscono mappature complete sullo spessore delle superfici. Queste ultime sono analizzate chimicamente per tramite di campioni delle patine o di vere e proprie «biopsie» che consentono di ricostruire lo stato di salute del metallo.
Di notevole interesse, infine, la sezione dedicata alla termovisione, per la quale è possibile compiere dettagliate indagini sull'irraggiamento subíto dalle opere d'arte, studiare gli eventuali danni procurati e proporre soluzioni atte a garantirne la più idonea conservazione.
A tal fine la mostra dedica un apposito pannello che confronta i dati di un clima controllato (ad es. la sala dei Bronzi di Riace) e gli effetti di un'esposizione esterna, indicando tutti i pericoli connessi alla mancanza di adeguate protezioni.
In poche parole dal momento del rinvenimento, l'opera d'arte in metallo rompe l'equilibrio dinamico che la lega all'elemento in cui essa era contenuta (terra o mare). Si impongono perciò tutte quelle operazioni che possono ricostruire artificialmente le condizioni fisico-ambientali ideali per una duratura conservazione ed una corretta comprensione dell'opera stessa. Da questo punto di vista l'«operazione Bronzi di Riace» resta un esempio.

R. S.

LE ANTICHITÀ LUCANE

In attesa di esposizione è oggi la collezione di antichità lucane del Museo Nazionale di Reggio, formatasi nel periodo (anni 1925-1940) in cui la Soprintendenza alle antichità del Bruzio aveva giurisdizione anche sulle provincie di Potenza e Matera.
Si ricorda qui, innanzitutto, il *Telamone* in calcare che attualmente accoglie il visitatore nel vestibolo del Museo, proveniente da Montescaglioso (Matera) in seguito ad un rinvenimento fortuito effettuato nel 1925 nel corso di scavi sotto le fondazioni di un edificio, oggi nel centro abitato moderno. È molto probabile che la scultura, di possente struttura, (alt. m. 2 ca.) decorasse il prospetto di un edificio pubblico e provenisse dalla vicina Metaponto. Si è pensato, di recente, alla possibilità che il Telamone provenga dal teatro di Metaponto, trattandosi dell'unico edificio monumentale, oltre i templi, nelle vicinanze di Montescaglioso (prima metà III a.C.).
Nel Cortile del Museo, in attesa di una più idonea sistemazione, sono collocati anche due monumenti sepolcrali databili nel I d.C., entrambi da *Potentia* romana; il primo consiste in un parallelepipedo con tre figure ad altorilievo, due donne ed un uomo. Marito e moglie sono uniti nel gesto della «*dextrarum iunctio*» mentre la donna velata, forse la pronuba, assiste alla scena. Entro un'edicola, sempre da Potenza, appaiono tre defunti, due uomini e una donna questa volta, che per motivi antiquari e caratteri stilistici, nonché per la presenza di un'epigrafe, possono datare il monumento nel I sec.d.C.
Dall'antica *Grumentum*, nella val d'Agri, proviene il rilievo in marmo rappresentante un *Suovetaurilia*, già nella collezione Perrone.
La raccolta è ricca di ceramiche di fabbriche apule e lucane, soprattutto da corredi di tombe del IV-III a.C., rinvenute a varie riprese, nelle necropoli delle valli dell'alto Bradano (Irsina), della valle del Basento (Ferrandina, Pomarico) e soprattutto dalle valli dell'Agri e del Sinni (Grumento, Armento, Moliterno, Castronuovo S. Andrea, S. Arcangelo, Chiaromonte, Senise) nonché da altre aree interne, tra cui Banzi, Muro Lucano, Venosa.
In particolare da S. Arcangelo, contrada S. Brancato, si ricorda qui un corredo di tomba del IV sec. a.C. con collana in ambra, lamina aurea e pendaglio aureo con busto muliebre.
Da rinvenimenti e scavi eseguiti da Edoardo Galli negli anni 1926/7 e da Sestieri nel 1939 nell'area del tempio di Apollo Licio a Metaponto proviene un piccolo nucleo di materiali, tra cui sime fittili e frammenti di marmo e pietra tenera.

E.L.

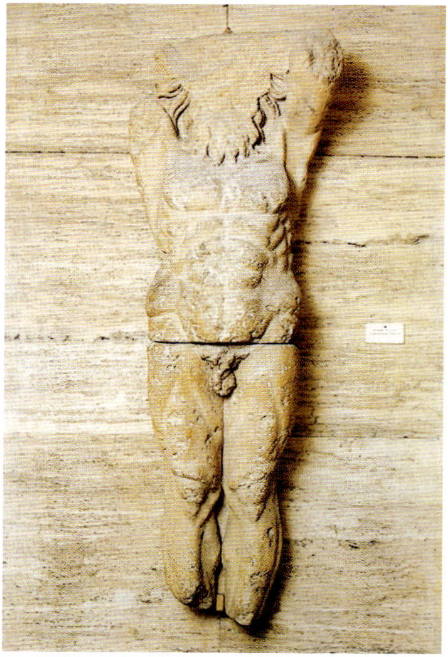

TELAMONE IN CALCARE. III SEC. A.C.. DA MONTESCAGLIOSO (MT).

LA PINACOTECA

ANTONELLO DA MESSINA: SAN GIROLAMO PENITENTE. DIPINTO SU TAVOLA. 1460 CIRCA

MATTIA PRETI: IL RITORNO DEL FIGLIOL PRODIGO. OLIO SU TELA.

ANTONELLO DA MESSINA: I TRE ANGELI. DIPINTO SU TAVOLA. 1460 CIRCA.

LA PINACOTECA

In alcune sale del Museo Nazionale, al secondo piano, trovano ospitalità opere provenienti dalle collezioni ottocentesche dell'ex Museo Civico di Reggio Calabria ed altre che sono state qui raccolte.
Questa premessa serve a spiegare la provenienza eterogenea di alcuni oggetti ma, non per questo, la raccolta non presenta pezzi di ragguardevole valore e rarità sia per lo studioso che per il visitatore frettoloso.

Nel corridoio sono esposti alcuni *frammenti di decorazione architettonica in stucco* (sec. XII) provenienti dalla demolita (1915) chiesa di S.ta Maria di Terreti, piccolo sobborgo di Reggio Calabria. La chiesa, sia che fosse di fondazione normanna o, con maggiore probabilità, più antica, quindi bizantina, ci ha lasciato come testimonianze queste preziose placche di stucco, ricavate col sistema della matrice ad impressione ed a stampo. Motivi araldici zoomorfi e vegetali, inquadrati in fregi a caratteri cufici, caratterizzano l'ornamentazione di questi frammenti. Tale partito decorativo è molto diffuso nella cultura bizantina ed è di spiccata provenienza orientale; lo si ritrova soprattutto negli antichi tessuti dell'epoca.

Oltre alle placche ed ai frammenti di arco si osservino in particolare due *coppie di colonne* (sec. XII) in pietra calcarea decorate con motivo floreale stilizzato a reticolo, l'una proveniente sempre dalla chiesa di S.ta Maria di Terreti, l'altra dalla chiesa di S. Nicola di Calamizzi (RC). Analoga fattura e decorazione si può notare in due delle sei colonne che sorreggono il baldacchino del sepolcro di Ruggero II nel Duomo di Palermo.

Nello stesso corridoio sono presenti un antico *fonte battesimale* in pietra, dei secoli XI-XII, con base quadrangolare, recante i simboli degli evangelisti, sorreggente una conca circolare con rappresentazione di Cristo fra gli Apostoli, proveniente da Brienza (PZ); una *base marmorea* con la raffigurazione delle Virtù teologali del sec. XIV (seguace di Tino da Camaino?), da Cassano (CS); una statua in

LASTRA IN STUCCO, SEC. XII, DALL'ABBAZIA DI S.TA MARIA DI TERRETI (RC)

marmo del *Battista*, proveniente da Drosi di Rizziconi (RC), ascrivibile a scultore meridionale (forse messinese) della fine del secolo XVI.
In una vetrinetta non sfuggiranno all'osservatore più attento delle autentiche rarità della cultura artistica altomedievale.
Innanzitutto due *medaglioni aurei* (lamine sbalzate o *bracteae*) uno proveniente da Siderno (RC), raffigurante l'*Adorazione dei Magi* (secoli

VI-VII), l'altro, con molta probabilità,. rinvenuto a Rossano (CS), riporta l'immagine di *S. Teodoro d'Amasea a cavallo*, assegnabile al secolo IX.

Seguono tre *crocette pettorali* (*encolpia*) in bronzo, due rinvenute a Reggio ed una a Calanna (RC), forse del secolo VII, una rarissima *croce manale* (VIII-IX secolo?) in lamina d'argento, parte del tesoro bizantino di Senise (PZ) e un *anellino-sigillo* bizantino, forse del secolo VI, proveniente da Locri. Infine un *pendente* in steatite verde raffigurante *S. Giorgio* (secoli X-XIII) proveniente da Calanna.
Si conclude la descrizione di questa vetrina con un *bacino in ceramica*, forse siculo-arabo (sec. XIII), proveniente da Caccuri (CZ) raffigurante un uccello fantastico.
Entrando nella prima sala della Pinacoteca, a sinistra, sono le due preziose, rare e problematiche, tavolette di Antonello da Messina (1430 c. - 1479). Esse raffigurano rispettivamente *S. Girolamo penitente* ed *I tre Angeli* o *Trinità di Abramo*. Ambedue presentano una mutilazione sul lato destro, più evidente sulla seconda dove manca la figura di Abramo. Difficile indagare la oscura provenienza e se le stesse fossero parte di un unico polittico. Secondo le ultime indagini degli studiosi, sono collocabili intorno al 1460 e mostrano un maestro al culmine della sua fase giovanile, ispirato a modelli fiamminghi ma profondamente permeato della cultura pittorica italiana.
Di fronte, nella stessa sala, sono esposte due grandi tavole raffiguranti *S. Pietro* e *S. Paolo*, parti smembrate di un polittico. Attribuite al pittore Pietro Cavaro (morto nel 1538), attivo soprattutto in Sardegna, provengono dalla chiesa di S. Pietro e Paolo di S. Chirico Raparo (PZ). Questo maestro risente della pittura catalana e fiamminga accogliendo, specialmente in quest'opera, influssi del Rinascimento maturo italiano.

LA PINACOTECA

A destra di questi si accompagna un dipinto su tavola raffigurante un *Santo Vescovo* della cerchia di Andra Sabatini da Salerno (1484 c. -1530).
In una piccola vetrina sono custoditi piccoli dipinti (icone portatili) di varia provenienza e stile fra i quali spicca un trittichetto, raffigurante *i misteri del Rosario*, di scuola otrantina del secolo sedicesimo.
Nelle altre tre sale in successione sono esposti alle pareti una discreta quantità di dipinti, non tutti di qualità elevata. Si ricordano, qui di seguito, solo i più meritevoli:
Il ritorno del figliol prodigo, (olio su tela) di Mattia Preti (1630 - 1699), acquistato dallo Stato nel 1972; tratta un soggetto ricorrente nella tematica del Maestro di Taverna. Due altri esemplari, sia pure differenti nelle misure, sono conservati nel Museo di Capodimonte e nel Palazzo Reale di Napoli.
Dipinto di grande effetto drammatico, di straordinaria vivacità compositiva e pittorica, si può porre intorno al secondo soggiorno napoletano del Pittore, dopo il 1656.
Il martirio di S. Bartolomeo (olio su tela) attribuito al napoletano Domenico Gargiulo detto Micco Spataro (1612 - 1675). Difficile da confermare in pieno l'attribuzione ma l'opera mostra una grande saldezza compositiva.
Popolana bergamasca (olio su tela) attribuito dal Longhi a M. Eberhard Keil detto Monsù Bernardo (1624 - 1687).
Buon dipinto legato alla tematica dei «Bamboccianti».
Giuditta ed Oloferne (olio su tela) attribuito a Fede Galizia (1578 - 1630 c.) opera dove al naturalismo d'impronta lombarda s'innestano citazioni di sapore caravaggesco.
Cristo e l'adultera (olio su tela) vicino a Luca Giordano (1634 - 1705) forse replica di bottega di un dipinto della Kunsthalle di Brema.
Deposizione di Cristo (olio su tela) opera vicina alla bottega dello Stanzione (1585 - 1656) ma

LAMINA IN ORO CON S. TEODORO A CAVALLO. SEC. IX. ROSSANO (CS).

VASO DA FARMACIA DI CASTELLI DI ABRUZZO FIRMATO DA FRANCESCO ANTONIO SAVERIO GRUE, 1730.

certamente problematica, in essa emerge una efficace impostazione scenografica e drammatica.

Madonna di Ponza col Bambino in gloria fra i Santi Lucia ed Erasmo (olio su rame) del secolo XVII; interessante dipinto devozionale di probabile derivazione da un prototipo più celebre.

Natura morta (olio su tela) dipinto di scuola napoletana che si accosta al fare pittorico e compositivo di Luca Forte (attivo nella prima metà del sec. XVII), in passato attribuito a F. Antonio Cicalese.

Altro gruppo di tele notevole è quello legato al pittore Vincenzo Cannizzaro (1742 - 1768) allievo a Napoli di F. De Mura, tra il 1758 ed il 1760, ed a Roma di P. Batoni, tra il 1763 ed il 1765. Sono esposte alcune copie ridotte degli originali dei suoi maestri: *La caduta di Simon Mago* (da P. Batoni in S.ta Maria degli Angeli, Roma 1755); *La fondazione della Chiesa di S.ta Chiara* (da F. De Mura in S.ta Chiara, Napoli 1751 - 1754); *Il martirio di S. Lorenzo*; *la battaglia di Giosué e Gabaon*; etc.

Oltre a numerose tele che qui non mette conto di citare, anche per ragioni di spazio, va ricordato, in una delle sale un delizioso *cassone nuziale* proveniente dalla casata dei Rende (Terranova da Sibari - CS), acquistato dallo Stato nel 1927. Oggetto forse inconsueto in un Museo del genere ma finemente intagliato, sia pure con un linguaggio provinciale. Opera del secolo XVII.

Conclude la visita delle sale una vetrina che raccoglie un nutrito gruppo di notevoli *maioliche della manifattura di Castelli di Abruzzo* del secolo XVIII, provenienti dalle farmacie della Certosa di Serra San Bruno (CZ) e del Convento di S. Domenico a Soriano (CZ). Alcuni sono firmati dal maestro di Castelli Francesco Antonio Saverio Grue, e datati 1730. Furono acquistati dal Museo Civico di Reggio a Vibo Valentia (CZ) in due lotti nel 1914 - 1918.

In una sala a parte sono esposti dipinti di artisti calabresi del secolo XIX. Notevoli e di grande interesse documentario le belle *vedute* di Napoli e suoi dintorni di Ignazio Lavagna-Fieschi (1814 - 1871), due *paesaggi* di Giuseppe Benassai (1835 - 1878). Completano la raccolta il pittore Demetrio Salazar (1822 - 1882) con alcuni *ritratti*, un *paesaggio* e l'*Episodio della Battaglia del Volturno* del garibaldino Andrea Cefaly (1827 -1907).

V.S.

ALTRE COLLEZIONI

Presso il Museo Nazionale di Reggio Calabria sono depositate alcune piccole collezioni di interesse non archeologico, già appartenute al soppresso Museo Civico di Reggio Calabria; esse non sono attualmente esposte al pubblico, ma in parte sono state oggetto tempo addietro di mostre temporanee.

Si segnala innanzitutto la raccolta di cimeli storici di epoca risorgimentale, donata al Museo Civico dal patriota e sindaco di Reggio conte Fabrizio Plutino, comprendente ritratti, bandiere, stendardi, divise militari, pistole, fucili e altre armi.

Altri nuclei raccolgono conchiglie e altri reperti faunistici esotici, una notevole serie di campioni di legni tropicali, vari oggetti di artigianato orientale e africano; essi sono espressione delle attività e del collezionismo di alcuni cittadini di Reggio tra la fine dell'800 e i primi decenni del '900, ma non sono ancora ordinate con criteri scientificamente aggiornati.

E.A.

GLOSSARIO

Acheloo: divinità fluviale, raffigurata come toro a testa umana.

Acheuleano: periodo del Paleolitico inferiore (da Saint Acheul, in Francia) la cui industria è caratterizzata da utensili a margini rettilinei grossolanamente scheggiati.

Acrofonico: sistema numerale nel quale le cifre sono indicate dalla lettera iniziale della parola che esprime il numero.

Acropoli: parte alta delle antiche città greche, centro della vita cultuale.

Acroterio: elemento ornamentale posto a coronamento dei frontoni negli edifici templari antichi.

Adprecatio: invocazione.

Adyton: (lett. inaccessibile): la parte del tempio greco, situata dietro la cella.

Agorà: spazio della città greca ove in origine si tenevano l'assemblea cittadina ed il mercato.

Alkamènes: scultore greco probabilmente ateniese, attivo nella seconda metà del V sec. a.C.

Amazzoni: mitica popolazione di donne guerriere che avrebbe abitato la regione tra il Mar Nero e il Mar Caspio.

Amphoriskos: anforetta.

Anàthema: dono votivo.

Anchise: padre di Enea, famoso eroe troiano (vedi s.v.).

Anfiprostilo: tempio con portico nella parte anteriore e posteriore.

Anfora panatenaica: speciale anfora attica assegnata in premio ai vincitori delle gare panatenaiche.

Anta: prolungamento dei muri laterali della cella di un tempio; *in antis* (latino): dicesi del tempio che presenta questa caratteristica strutturale.

Antefissa: decorazione architettonica a forma di palmetta o testa di gorgone o sileno, che copre la terminazione del coppo.

Anthemion: (lett. fiore) in architettura è un motivo decorativo, formato da fiori di loto e palmette.

Appenninico: la civiltà del Bronzo medio e recente della penisola italiana, individuata nei giacimenti lungo la dorsale appenninica (XVI-XIV sec. a.C.).

Arianna: mitica figlia di Minosse che aiutò Teseo ad uscire dal labirinto.

Arpia: creatura alata, genio funerario.

Artemis: Artemide, dea greca, sorella gemella di Apollo. Dea della caccia e della Luna.

Arula: piccolo altare in terracotta.

Aryballos: piccolo vaso, usato come contenitore di profumi o essenze cosmetiche.

Askòs: vaso panciuto con piccola apertura in posizione laterale.

Astragalo: 1) osso dell'articolazione della caviglia, usato nel mondo greco in maniera analoga ai moderni dadi; 2) modanatura architettonica.

Attis: sposo di Cibele, raffigurato come giovane effeminato con berretto frigio.

Ausonio: particolare aspetto della civiltà tardo-appenninica nelle Eolie e a Milazzo, che prende nome dal popolo italico cui è attribuita.

Barbotine: tecnica di decorazione della ceramica attraverso l'applicazione di argilla fluida sulla superficie del vaso mediante un apposito cannello.

Bendis: divinità lunare della Tracia, sovente identificata dai Greci con Artemide, e talora anche con Hecate o Persofone.

Bes: divinità egizia minore, il cui culto ebbe particolare diffusione in età alessandrina.

Bos primigenius: grande bovide selvatico, progenitore dell'attuale bue domestico.

Bucchero: ceramica nera in superfice e in frattura prodotta in Etruria a partire dal VII sec. a.C..

Bucranio: motivo decorativo costituito da crani di bue, usato in alternanza con festoni di fiori e frutta.

Bulino: lama ricavata dalla scheggiatura della selce, che presenta sul vertice una sbiecatura ottenuta per il distacco di due schegge oblique.

Campo d'urne: denominazione di necropoli di età protostorica con incinerazioni entro vasi biconici.

Cardo: asse viario Nord-Sud in un impianto urbanistico romano.

Cariatide: statua femminile usata al posto di una colonna o di un pilastro.

Cassetta: elemento del rivestimento fittile delle travature lignee del tetto.

Castore: uno dei due Dioscuri, figli gemelli di Zeus.

Catactonio: sotterraneo, dell'oltretomba.

Cavea: nel teatro romano è la gradinata ricurva dove sedevano gli spettatori.

Cella: equivale al termine greco «*naós*», cioè la parte del tempio greco o romano che conteneva la statua della divinità.

Cerbero: cane mostruoso a tre teste, che faceva la guardia all'ingresso dell'Ade.

Chitone: veste femminile consistente in una lunga tunica pieghettata, di stoffa leggera, abbottonata lungo le braccia.

Chopper: strumento su ciottolo, ottenuto mediante parziale scheggiatura su una o due facce. Rappresenta l'industria più antica, attribuita al c.d. *Homo habilis*, e si data in Europa al 700.000 a.C.

Chytra: pentola sferica per la cottura dei cibi.

Ctonio: sotterraneo.

Coppa di Siana: tipo di coppa attica in uso alla metà del VI sec. a.C., così chiamata da una località dell'isola di Rodi.

Coroplastica: plastica in terracotta.

Cratere: vaso greco usato per mescolare acqua e vino nei banchetti.

Decumanus: asse viario orientato in senso Est-Ovest, in un impianto urbanistico romano.

Deinos: tipo di vaso greco con corpo sferico.

Demeter: dea greca delle messi e dei frutti, identificata con la dea romana Cerere. Madre di Persefone.

Denticolati: strumenti paleolitici i cui margini presentano ritocchi a dentelli.

Dioscuri: Castore e Polluce, figli di Leda e di Zeus.

Doccione: conduttura di scarico dell'acqua raccolta in una grondaia.

Dolio: giara, grande recipiente globulare, per derrate alimentari.

Dromo: genericamente corridoio. In età bizantina equivale a «strada».

Ecista: eroe fondatore di una città.

Efebo: giovinetto.

Egida: attributo della dea Atena costituito da una testa di Gorgone con frange di serpenti. In origine scudo di pelle di capra, tipico di Zeus.

Elettro: lega di oro e argento.

Embrice: tegola piana.

Enèa: eroe troiano esule nel Lazio ove il figlio Ascanio fondò Albalonga.

Eneolitico: periodo di transizione tra il Neolitico e l'Età dei metalli.

Enchytrismòs: tipo di sepoltura in cui il defunto veniva inumato in posizione rannicchiata entro un grosso contenitore.

Enotri: antica popolazione italica, stanziata nell'area della odierna Basilicata.

Epichysis: brocchetta a collo lungo.

Epigravettiano: termine usato per indicare le industrie di popolazioni gravettiane rimaste in Italia fino all'arrivo dei

GLOSSARIO

neolitici. V. voce Gravettiano.

Epiklesis: epiteto, usato per le divinità.

Epitaffio: iscrizione sepolcrale.

Eponimo: detto del magistrato che dà nome all'anno, secondo una consuetudine di Greci e Romani.

Eracle: eroe mitico, divinizzato, figlio di Zeus e Alcmena. Fu costretto da Euristeo a compiere dodici celebri fatiche.

Erma: originariamente rappresentazione del dio greco Ermes. In seguito testa-ritratto sostenuta da pilastro.

Eroti: amorini.

Esastilo: tempio con sei colonne sulla fronte.

Eschilo: celebre poeta tragico greco vissuto tra il 525/24 e il 456 a.C.

Ethnos: popolo, stirpe.

Exechias: ceramografo attico operante tra il 550 e il 525 a.C..

Facies: particolare aspetto culturale caratteristico di un determinato periodo cronologico.

Faïence: tipo di terracotta smaltata, prodotta in Oriente e in Egitto.

Fakelítis: appellativo della dea Artemide, col quale essa veniva venerata nel santuario situato presso Rhegion e in un altro presso Mylai.

Favissa: fossa scavata nella terra in prossimità di un tempio per riporre gli ex-voto dei fedeli.

Fibula: spilla.

Fidia: massimo scultore ateniese, attivo nel V sec. a.C., autore delle celebri statue crisoelefantine (= in oro e avorio) di Atena nel Partenone e di Zeus ad Olimpia e delle sculture del Partenone.

Figulino: pertinente all'opera del vasaio (figulo).

Filottéte: eroe greco tessalico partecipante alla spedizione contro Troia e oggetto di culto in diversi luoghi perché si riteneva fondatore di varie città.

Fittile: di terracotta.

Flamini: collegio sacerdotale romano composto da 15 membri, ognuno assegnato al culto di un dio.

Fliacico: termine usato per designare una rappresentazione comica, propria dell'Italia meridionale ed insulare, parodiante in modo grottesco temi religiosi o tragici.

Foculum: piccolo braciere.

Fratria: suddivisione della popolazione di una città greca, basata su criteri gentilizi.

Fregio: parte della trabeazione tra l'architrave e il geison; nell'ordine dorico è costituito dall'alternanza di metope e triglifi, in quello ionico da una decorazione a fascia continua.

Frontone: coronamento della facciata del tempio greco, a forma di triangolo isoscele, spesso decorato con sculture.

Gaudo: (cultura del) denominazione introdotta da P. Sestieri (1947) per designare la *facies* culturale di età eneolitica individuata nell'omonima necropoli presso Paestum e diffusa in tutta la Campania.

Geison: cornice sporgente soprastante il fregio e sottostante la sima.

Ghianda missile: proiettile in piombo per fionda da combattimento.

Gigantomachia: mitico combattimento tra gli dei e i Giganti.

Gineceo: parte interna della casa greca, destinata alle donne.

Gnathia (ceramica di): classe di vasi italioti, databili al III sec. a.C., caratterizzati dall'abbondante uso di sovraddipinture, individuata, per la prima volta, ad *Egnatia* (Brindisi).

Gorgonèion: maschera a rilievo, rappresentante il volto di Medusa, la più nota delle tre gorgoni.

Gravettiano: una delle culture in cui viene suddiviso il Paleolitico superiore, successiva al c.d. Aurignaziano. Il termine è stato coniato in Francia; in Italia la cultura gravettiana è presente in una fase più tarda, che è stata perciò denominata, per distinguerla da quella francese, «epigravettiano».

Gutta: modanatura architettonica a forma di goccia.

Guttus: vasetto con beccuccio usato per versare l'olio nelle lucerne.

Hierogamia: lett. «matrimonio sacro», cioè matrimonio tra divinità.

Hieromnamon: a Locri è il magistrato che si occupa della gestione economica del santuario.

Hydria: vaso greco a 3 anse, usato come contenitore di acqua.

Ilioupersis: la distruzione di Troia, soggetto favorito di raffigurazioni artistiche e opere poetiche.

Incuso: moneta con l'immagine a rilievo al dritto ed incavata nel rovescio, ottenuta con l'impiego di due conî separati.

Ingobbio: argilla molto depurata e pressocché liquida, usata come rifinitura della superficie di oggetti ceramici.

Insula: isolato, ossia lo spazio delimitato da quattro strade.

Invetriata, ceramica: terracotta, caratteristica dell'età medievale, trattata in superficie con una sostanza vetrosa (vetrina) che la rende lucida e impermeabile.

Ionia: regione dell'Asia Minore colonizzata da Greci di stirpe ionica.

Iside: dea egizia, moglie di Osiride e madre di Horo.

Isodomo: tipo di opera muraria costituito da filari di blocchi rettangolari di uguale lunghezza e altezza.

Italici: popolazioni stanziate in Italia Centrale e Meridionale, (Latini, Sabini, Osci, Lucani, Brettii, ecc.).

Italioti: popolazioni greche stanziate in Italia.

Kantharos: tipo di profonda coppa a due alte anse.

Katharsios: lett. «purificatore», attributo del dio Apollo.

Kline: letto.

Kore: nome proprio della figlia di Zeus e Demetra, altrimenti nota come Persefone. Nome comune equivalente a fanciulla.

Kothon: tipo di vaso particolarmente frequente nella produzione di Corinto.

Kouros: fanciullo, giovane. In Grecia venivano così denominate le statue di giovani, votive o funerarie.

Kresilas: scultore greco, cretese, del V sec. a.C..

Kylix: coppa a due anse con vasca bassa ed espansa ed alto piede.

Kyma: (lett. onda), vedi s.v. *kymation*.

Kymation: diminutivo di *kyma*, fregio a forma di ovuli o a becco di civetta, collocato tra l'architrave e il geison.

Laghynos: fiasco.

Làkaina: tazza biansata con breve corpo e collo alto e svasato, forma caratteristica della ceramica prodotta a Sparta.

Laconia: regione del Peloponneso di cui fu capitale Sparta.

Lagozza (cultura della): *facies* culturale di età neolitica individuata per la prima volta nella stazione palafitticola di Lagozza di Besnate (Varese). È caratterizzata da ceramica d'impasto scuro con protuberanze e leggere incisioni.

Leagros (gruppo di): gruppo di ceramiche attiche della fine del VI sec. a.C., così denominate dal nome del giovanetto iscritto su alcune di esse.

Lebete: vaso a corpo sferico con breve orlo. Era destinato a poggiare su un sostegno.

— nuziale: dotato di alto piede conico, ha coperchio con impugnatura sferica o a forma di piccolo vaso.

Lekanis o lekane: tazza larga e bassa con due anse orizzontali e con coperchio fornito di una larga presa a bottone.

Lekythos: vaso porta unguenti a collo stretto, monoansato, di forma allungata o globulare.

Leonté: pelle del leone di Nemea, ucciso da Eracle; attributo tipico del dio.

Levallois (tecnica): procedimento usato fin dal Paleolitico superiore per ottenere schegge di forma predeterminata, così denominato dalla stazione di Levallois presso Parigi.

Livio: storico latino del I sec. a.C., autore di una storia di Roma.

Lophos: pennacchio dell'elmo.

Louterion: bacino per bagnarsi o lavarsi.

Lydion: lett. «della Lydia»; piccolo vaso piriforme.

Malpasso (stile di): *facies* ceramica dell'età eneolitica a superficie monocroma rossa rinvenuta nella località omonima presso Calascibetta (AG).

Menadi: mitici personaggi femminili facenti parte del corteo di Dioniso.

Mesolitico: cultura di transizione tra Paleolitico e Neolitico, che dura dall'8° al 6° millennio a.C.

Metopa: lastra in pietra o terracotta di forma quadrata o rettangolare usata in alternanza al triglifo nel fregio degli edifici templari di ordine dorico.

Microlitismo: industria preistorica costituita da schegge di dimensioni molto ridotte, smussate e leggermente ritoccate ai bordi.

Minotauro: leggendario mostro metà uomo e metà toro, rinchiuso nel famoso labirinto costruito da Dedalo a Creta. Venne ucciso dall'eroe ateniese Teseo.

Moenia: mura urbiche di difesa.

Musteriano: industria del Paleolitico medio, caratterizzata da strumenti su lama molto sfaccettati e con ritocchi accurati; prende nome dal giacimento francese di La Moustier, in Dordogna. Comprende 4 tipi di culture.

Mutulo: piccola lastra rettangolare pensile applicata ad intervalli regolari al *geison*.

Neolitico: lett. «epoca della pietra nuova». Epoca caratterizzata da strumenti in pietra di accurata lavorazione, ma soprattutto da importanti innovazioni culturali, quali il sorgere dell'agricoltura e l'inizio delle produzioni ceramiche.

Nereide: una delle 50 ninfe figlie del dio del mare, Nereo, e di Doride.

Nike: personificazione greca della vittoria raffigurata come donna alata.

Ninfeo: in origine edificio consacrato alle ninfe, poi fontana monumentale.

Nucleo: parte centrale del blocco di pietra da cui venivano tratti gli utensili su lama o su scheggia.

Oinochoe: brocca per versare il vino.

GLOSSARIO

Olympieion: santuario o tempio dedicato a Zeus Olimpio.

Omphalòs: lett. ombelico. Pietra conica sacra custodita a Delfi, nel tempio di Apollo, ad indicare secondo i Greci il centro del mondo.

Opistòdomo: ambiente dietro la cella del tempio.

Opistògrafo: iscritto su due facce.

Oplita: fante armato.

Ordine: stile architettonico della Grecia antica. Si conoscono tre «ordini» principali: dorico, ionico, corinzio.

Osci: antichi abitanti dell'Italia centro-meridionale.

Oscillum: disco, a volte decorato, con fori di sospensione.

Ovolo: (od ovulo) decorazione scolpita o dipinta a forma d'uovo, usata nelle cornici di stile ionico.

Paleolitico: lett. «epoca della pietra antica». Epoca in cui fu prodotto il più antico tipo di manufatti.

Pan: divinità greca legata al mondo della pastorizia, con testa e torso umani, corna, orecchie e parte inferiore del corpo di capra.

Paniskos: piccolo Pan.

Paragnatide: parte dell'elmo che protegge le guance.

Pardalide: pelle di pantera.

Patera: vedasi sotto v. *phiale*.
— umbilicata: corrisponde al greco *phiale mesomphalos*.

Pegasi: monete d'argento coniate da Corinto e dalle sue colonie, caratterizzate dall'immagine del cavallo alato (pegaso).

Pelvis: Vaschetta per contenere acqua calda da usare per lavaggi personali o per usi domestici.

Peplo: veste greca femminile costituita da una specie di mantello.

Perirrhanterion: vaso contenitore di acqua lustrale.

Peristasi: portico colonnato che recinge la cella (*oikos*) di un tempio greco.

Peristilio: cortile o giardino circondato da un portico colonnato.

Phiale: coppa poco profonda e priva di anse, sovente con rilievo circolare al centro (*phiale mesomphalos*).

Piano Quartara (cultura di): *facies* culturale del Bronzo antico, individuata nell'omonimo insediamento dell'isola di Panarea (Eolie).

Piede acheo: sistema di misura ponderale adottato dalle colonie cosiddette achee di Magna Grecia. Esso si fonda su uno statere di circa gr. 8 suddiviso in frazioni da 1/3 (= dracme) e da 1/6 (= trioboli).

Piede attico-euboico: sistema di misura ponderale adottato ad Atene, nell'Eubea, nella penisola Calcidica, in Sicilia, da Alessandro Magno. Si fonda su una dracma di gr. 4,35 circa che ha come suo multiplo il tetradramma di circa gr. 17,20 e come suoi sottomultipli gli oboli di gr. 0,72 circa e le frazioni di oboli.

Pileo: berretto conico di feltro.

Pinax: piatto, quadro o tavoletta in argilla, con decorazione a rilievo o dipinta.

Pisside: piccolo vaso cilindrico o sferico munito di coperchio.

Plateia: in Grecia aveva questo nome una strada larga.

Plettro: strumento con il quale si percuotono le corde della cetra.

Pluton: altro nome di Ade, re degli inferi e sposo di Kore o Persefone.

Polada (cultura di): *facies* culturale del Bronzo antico, individuata nell'omonimo stanziamento palafitticolo presso il lago di Garda. È contraddistinta da ceramica d'impasto decorata con incisioni.

Polos: copricapo cilindrico tipico delle divinità femminili.

Postierla: piccola porta urbica o porticina di accesso ad un edificio fortificato.

Proboulos: magistrato locrese.

Prodikos: magistrato locrese.

Promachos: attributo di Atena; lett. «combattente in prima linea».

Pronao: portico d'ingresso alla cella del tempio.

Prostilo: termine usato per indicare un tempio avente un pronao preceduto da colonne (generalmente quattro).

Protocorinzio: ceramica prodotta a Corinto tra la fine dell'VIII e la prima metà del VII sec. a.C. e caratterizzata da una decorazione a carattere prevalentemente geometrico.

Protome: elemento decorativo a forma di testa animale o umana.

Raschiatoio: strumento di pietra su scheggia di forma oblunga, che presenta un'estremità arcuata e ritoccata su una sola faccia.

Rinaldone (cultura del): cultura eneolitica individuata nell'omonima necropoli laziale e diffusa nelle aree limitrofe.

Rhytòn: vaso potorio a forma di protome d'animale o a corno.

Romano-campani (didrammi): stateri coniati probabilmente da zecche campane per conto dei Romani. Si distinguono per la tipologia greca e la leggenda «Romano» e anche «Roma». Sono coniate secondo il piede campano corrispondente a uno statere di gr. 7,50 originariamente impiegato dalle zecche campane (Velia, Cuma, Napoli).

Satiro: essere mitologico caratterizzato dal corpo umano e da orecchie, coda e zampe caprine.

Scaloria (stile della): termine coniato da U. Rellini (1934) per designare un tipo di ceramica dipinta a bande rosse marginate di nero alternate con disegni geometrici neri rinvenuta nella grotta omonima presso Manfredonia (Puglie).

Schiniere: parte dell'armatura che protegge la gamba.

Scialbatura: procedimento usato per lisciare e nel contempo conferire una patina biancastra alla superficie dei vasi.

Scilla: personaggio mitico; mostro marino che dimorava sulla sponda calabrese dello stretto di Messina e costituiva grave pericolo per la navigazione.

Selce: roccia silicea a grana molto fine e frattura liscia e concoide, particolarmente adatta per la fabbricazione di strumenti litici.

Serra d'Alto (stile di): termine coniato da D. Ridola e da U. Rellini (1920) per designare il caratteristico tipo di ceramica medio-neolitica, individuata per la prima volta nell'omonimo villaggio presso Matera, caratterizzata da decorazione dipinta a motivi geometrici in bruno su fondo chiaro e da anse a rocchetto.

Sfinge: mostro mitologico con torso e testa di donna, ali d'aquila e parte inferiore del corpo leonina.

Sigillata (ceramica): classe di vasi per lo più decorata a rilievo mediante l'impressione di sigilli prima della cottura.
È caratteristica dell'età imperiale romana. Una delle fabbriche più importanti si trovava ad Arezzo (ceramica aretina) nel I sec. d.C.

Sileno: figura mitica legato al culto dionisiaco, caratterizzata da corpo umano, orecchie, coda e zampe equine.

Sima: modanatura architettonica dal profilo curvo, costituita dal bordo rialzato della linea di gronda del tetto.

Situla: vaso a forma di secchio.

Skyphos: coppa profonda, apoda o con piede basso, con due piccole anse orizzontali presso l'orlo.

Sofisti: venivano così denominati, in Grecia, gli insegnanti girovaghi di varie discipline, tra cui la retorica.

SOS (anfora): tipica anfora attica così denominata dalla caratteristica decorazione dipinta sul collo, a motivi arrotondati e linee spezzate.

Stàmnos: vaso simile all'anfora con bocca stretta e piccole anse laterali.

Statere: multiplo della dracma, il cui valore variava a seconda delle località.

Statio: stazione del servizio postale di età imperiale romana, ove avveniva il cambio dei cavalli.

Stazione all'aperto: accampamenti stagionali dell'uomo preistorico costituiti probabilmente da capanne di frasche; individuabili dalla presenza di focolari, strumenti litici abbandonati e officine di lavoro.

Stenopòs: nell'antica Grecia era così denominata una via stretta, in contrapposizione alla «plateia».

Stentinello (stile di): termine introdotto da P. Orsi (1890) ad individuare un tipo di ceramica con decorazione impressa, datata al Neolitico inferiore e medio ed individuata dallo studioso nella omonima località presso Siracusa.

Stilobate: piano di posa delle colonne di un tempio.

Stipe: raccolta di ex voto.

Strabone: storico e geografo greco vissuto tra il I sec. a.C. e il I sec. d.C..

Suovetaurilia: sacrificio solenne in uso presso i Romani, nel quale venivano sgozzati un porco, una pecora ed un toro.

Syrinx: strumento musicale suonato dal dio Pan.

Tabula ansata: tabella iscritta munita di anse.

Taenia: fascia a sezione rettangolare che nella trabeazione dorica separa l'architrave dal fregio.

Tanagrina: statuina femminile in terracotta, di età ellenistica, comune nei rinvenimenti della città di Tanagra in Beozia.

Taras: mitico fondatore della città di Taranto, ritratto sulle monete della città in groppa ad un delfino.

Telamone: figura maschile, usata come pilastro per sorreggere membrature architettoniche.

Tèmenos: recinto sacro.

Thymiaterion: incensiere.

Timpano: spazio compreso entro la cornice triangolare di un frontone.

Tirso: bastone con tralci di edera e coronamento a pigna, attributo tipico del dio Dioniso e del suo seguito.

Trapeza: tavola, mensa.

Triglifo: testata della trave del tempio dorico, con due scanalature che mettono in rilievo tre fasce verticali.

Triptolemos: personaggio mitico del culto eleusinio.

Ustrinum: area nella quale venivano arsi i cadaveri in una necropoli.

Villanoviano: cultura dell'età del Ferro iniziale, individuata per la prima volta a Villanova presso Bologna. Ampiamente diffusa dalla pianura padana all'area campana. Caratteristico è il vaso biconico usato come cinerario.

E.A.

BIBLIOGRAFIA ESSENZIALE

OPERE DI CARATTERE GENERALE SULLA MAGNA GRECIA E SUL MUSEO NAZIONALE DI REGGIO CALABRIA

E. Ciaceri, *Storia della Magna Grecia voll. 1-3*, Milano-Roma 1924-32 (II ediz. 1928-40), ristampa Taranto 1976.

G. Giannelli, *Culti e miti della Magna Grecia. Contributo alla storia più antica delle colonie greche in Occidente*, Firenze, 1924 (II ediz. 1963).

J. Bérard, *La colonisation grecque de l'Italie méridionale et de la Sicile dans l'antiquité. L'histoire et la légende*, Paris, 1941 (II ediz. 1957; trad. ital. Torino 1963).

A. De Franciscis, *Agalmata — Sculture antiche nel Museo Nazionale di Reggio Calabria*, Napoli 1960.

E. Langlotz, *L'arte della Magna Grecia*, trad. it. Roma 1968.

G. Foti, *Il Museo Nazionale di Reggio Calabria*, Napoli 1972.

AA.VV., *Storia e Civiltà dei Greci*, (a cura di R. Bianchi Bandinelli) 1, Milano 1978.

E. Greco, *Magna Grecia*, Bari 1980.

P.G. Guzzo, *Il territorio dei Bruttii*, in AA.VV., «L'Italia: Insediamenti e forme economiche (a cura di A. Giardina e A. Schiavone), Società Romana e produzione schiavistica, vol. I», Bari 1981, pp. 115-135.

P.G. Guzzo, *Le città scomparse della Magna Grecia*, Roma, 1982.

E.A. Arslan, *La ricerca archeologica nel Bruzio*, in «Brettii Greci e Romani, Atti V Congresso Storico Calabrese, Cosenza-Vibo V.-Reggio C. 1973» (Roma 1983), pp. 269-310.

AA.VV., *Megale Hellas*, (a cura di G. Pugliese Carratelli), Milano 1983.

F. Costabile, *Istituzioni e forme costituzionali nelle città del Bruzio in età romana*, Napoli 1984.

R. Spadea, *Archeologia e percezione dell'antico*, in «Storia d'Italia — le Regioni — la Calabria», Torino 1985, pp. 653-690.

Aspetti specifici della civiltà della Magna Grecia sono trattati negli *Atti dei Convegni di Studi sulla Magna Grecia*, Taranto, dal 1961 ad oggi, con dettagliata rassegna annuale dell'attività di ricerca condotta dalla Soprintendenza Archeologica della Calabria.

Per la comprensione dello sviluppo storico della Calabria dalla preistoria alla conquista romana, con l'attenzione rivolta soprattutto al mondo indigeno e alle sue determinanti influenze nei confronti della colonizzazione greca, assai utili sono i vari paragrafi dedicati alla regione nell'ambito dell'opera *Popoli e Civiltà dell'Italia Antica*, voll. 1-7, Roma 1974-1978.

Una trattazione articolata delle singole fondazioni coloniali è inoltre nelle relative voci dell'*Enciclopedia dell'Arte Antica, Classica e Orientale*, 1958 ss.

LA SEZIONE PREISTORICA

P. Orsi, *Le necropoli preelleniche di Torre Galli e di Canale, Ianchina, Patariti*, in «M.A.L.», XXXI, 1926 coll. 212-368.

D. Topa, *Le civiltà primitive della Brettia (Paletnologia)*, Palmi 1927.

D. Topa, *Le grotte ossifere di Cirella e di Scalea ed il Paleolitico in provincia di Cosenza*, Palmi, 1933.

E. Galli, *Scoperta di un ripostiglio di accette enee della età del ferro*, in «Not. Scavi» 1934, pp. 175-176.

S. Tiné, *Scavi preistorici in Calabria (1870-1962)*, in «Klearchos» 13-14, 1962, pp. 7-11.

P. Graziosi, *La scoperta di incisioni rupestri di tipo paleolitico nella grotta del Romito presso Papasidero in Calabria* in «Klearchos» 13-14, 1962, pp. 12-20.

G. Procopio, *La necropoli preellenica di Calanna*, in «Klearchos» 13-14, 1962, p. 21-31.

G. Foti, *La tarda età del bronzo e la prima età del ferro in Calabria*, in «Klearchos», 13-14, 1962, pp. 32-37.

S. Tiné, *Successione delle culture preistoriche in Calabria alla luce dei recenti scavi in provincia di Cosenza*, in «Klearchos» 1962, pp. 38-48.

S. Tiné, *Ripostiglio di armi da Cotronei (CZ)* in «Bollettino Paletn. Ital.» Vol. 71-72, 1962-63, pp. 228-233.

S. Tiné, *Il Neolitico in Calabria alla luce dei recenti scavi*, in «Atti VIII e IX Riun. Scient. dell'Ist. Ital. Preist. Protost.», 1964, pp. 277-289.

S. Tiné, *La grotta di S. Angelo III a Cassano Jonio*, in «Atti Mem. Soc. Magna Grecia» n.s. V, Taranto, 1964, pp. 11-54 ed ivi, nota aggiunta sui segni grafici a cura di G. Pugliese Carratelli.

J. De La Genière, *Note sur la chronologie des nécropoles de Torre Galli et Canale-Janchina*, in «Mél. Ecole Française Rome-Antiquité» 76, 1964, pp. 7-24.

S. Tiné, *La grotta della Manca nella contrada Romito di Papasidero*, in «Riv. Sc. Preist.» XX, 1965, pp. 345-358.

G. Foti e S. Tiné, *Inumazione ed incinerazione nelle necropoli indigene della Calabria prima e dopo l'arrivo dei Greci*, in «Atti VI Congr. Internaz. Scienze preist. e protost.» Roma 1966, pp. 11-16.

J. De La Genière, *Recherches sur l'âge du fer en Italie Méridionale*, 1, Naples 1968, pp. 178-80.

B. Compagnoni - V. Conato - M. Follieri - A. Malatesta, *Il Calabriano di Scalea*, in «Quaternaria» X, 1968, pp. 95-124.

M. Taschini, *La datation au C 14 de l'abri Blanc (Monte Circé). Quelques observations sur le mésolithique en Italie*, in «Quaternaria» X, 1968, pp. 137-166.

J. De La Genière, *Aspetti e problemi dell'archeologia del mondo indigeno*, in «Atti XI Convegno di Studi sulla Magna Grecia, Taranto 1971, p. 267.

F. Costabile, *La stazione neolitica di Prestarona*, in «Klearchos» 53-56, 1972, pp. 5-27.

S. Salvatori, *Materiali preistorici di tipo stentinelliano da Capo Alfiere*, in «Klearchos» 57-60, 1973, pp. 29-45.

P.G. Guzzo, *Paludi (Cosenza): località Castiglione. Necropoli dell'età del ferro*, in «Klearchos» 17, 1975, pp. 99-177.

A.M. Ardovino, *Tombe a grotticella a S. Domenica di Ricadi*, in «Klearchos» 73-76, 1977, pp. 5-17.

M. Gualtieri, *Iron Age in Calabria in the Ninth and Eighth-centuries B.C.*, Philadelphia, 1977, pp. 179-208.

J. De La Genière, *Torano Castello (Cosenza)-Scavi nella necropoli (1965) e saggi in contrada Cozzo La Torre (1967)*, in «Not. Scavi» 1977, pp. 389-422.

F. Lo Schiavo-R. Peroni, *Il bronzo finale in Calabria*, in «Atti 21ª Riun. Scient. Ist. Ital. Preist. Protost.», Firenze 1977, (1979), pp. 561-567.

B. Chiartano, *Roccella Jonica (Reggio Calabria)-Necropoli pre-ellenica in Contrada S. Onofrio*, in «Not. Scavi» 1981, pp. 492-540.

AA.VV., *Ricerche sulla protostoria della Sibaritide*, 1 e 2, Napoli 1982.

C. Sabbione, *Gli insediamenti indigeni*, in «Roccella-Storia degli insediamenti ed evoluzione urbanistica», Roccella 1985, pp. 1955.

BIBLIOGRAFIA ESSENZIALE

LOCRI EPIZEFIRI

Si consiglia la consultazione delle relazioni di scavo pubblicate su «Not. Scavi» a partire dall'anno 1882 e particolarmente, 1909 (pp. 319 e sgg.), 1911, Suppl. 1912 - Suppl. 1913 - Suppl. 1917 (p. 101 e sgg.), 1946 (p. 138 e sgg.).

P. Zancani Montuoro, *Note sui soggetti e sulla tecnica delle tabelle di Locri*, in «Atti Mem. Soc. Magna Grecia», 1954, pp. 1-35.

A. De Franciscis, *Gli acroteri marmorei del tempio di Marasà a Locri Epizefiri*, in «Röm. Mitt.», 67, 1960, pp. 1-28.

A. De Franciscis, *L'Archivio del Tempio di Zeus a Locri*, in «Congr. Intern. Numismatica, Roma 1961», (1965), pp. 117-129.

M. Cristofani, *Due frammenti di marmo insulare da Locri*, in «Bollettino d'Arte», 1965, pp. 167-168.

H. Prückner, *Die Lokrischen Reliefs — Beitrag zur Kultgeschichte von Lokroi Epizephyrioi*, Mainz a. Rh. 1968.

A. De Franciscis, *Stato e società in Locri Epizefiri*, Napoli, 1972.

F. Costabile, *Municipium Locrensium*, Napoli, 1976.

Locri Epizefiri «Atti XVI Convegno di Studi sulla Magna Grecia, Taranto 1976», (Napoli 1977).

M.C. Parra, *Osservazioni su cinque antefisse sileniche da Locri*, in «Klearchos» 19, 1977, pp. 113-121.

M.C. Parra, *Saggi di scavo al teatro di Locri Epizefiri (campagna 1976)*, in «Arch. Stor. Calabria - Lucania» 44-45, 1977-78, pp. 9-42.

AA.VV., *Locri Epizefiri*, 1, Firenze 1977.

A. De Franciscis, *Il santuario di Marasà in Locri Epizefiri*, 1: Il tempio arcaico, Napoli 1979.

Le Tavole di Locri, «Atti del colloquio, Napoli 1977», (a cura di D. Musti), (Roma 1979).

G. Gullini, *La cultura architettonica di Locri Epizefiri*, Taranto 1980.

I. Caruso, *Bronzetti di produzione magnogreca dal VI al IV sec. a.C.: la classe degli specchi*, in «Röm. Mitt.» 88, 1981, pp. 13-106.

L. Cerchiai, *Sesso e classi di età nelle necropoli greche di Locri Epizefiri*, in «La mort, les morts dans les sociétés anciennes», Cambridge, 1982, pp. 289-298.

A. De Franciscis, *Nike acroteriale da Locri Epizefiri*, in *Aparchai*, Pisa 1982, pp. 221-225.

AA.VV., *Locri Epizefiri, Ricerche archeologiche su un abitato della Magna Grecia*, catalogo della Mostra omonima, Milano 1983.

C. Sabbione, *Le aree di colonizzazione di Crotone e Locri Epizefiri nell'VIII e VII sec. a.C.*, in «Annuario Scuola Archeologica Atene» vol. LX, N.S., XLIV (1982), 1984, pp. 251-299.

M. Barra Bagnasco, *Locri Epizefiri*, Chiaravalle 1984.

Per l'iscrizione di Phrasiadas: **N. Toscanelli**, *Le origini italiche*, Milano 1914, 558; *Locri Epizefiri* I, p. 332.

Per l'iscrizione di [...] a, figlia di Timares: **P. Orsi**, in «Not. Scavi» 1911, p. 321 sgg.

REGGIO CALABRIA

Si consiglia la consultazione delle relazioni di scavo pubblicate in «Not. Scavi» a partire dall'anno 1876 e particolarmente 1885 (p. 85 e sgg.; p. 208 e sgg.; p. 325 e sgg.) 1889 (p. 90 e sgg., p. 196 e sgg.) 1890 (p. 195 e sgg. p. 267 e sgg.) 1894 (p. 409 e sgg.) 1895 (p. 476 e sgg.) 1907 (p. 704 e sgg.) 1909 (p. 314 e sgg.) 1912 (p. 151 e sgg.) id. suppl. p. 57-193 (p. 152 e segg. - p. 316 e sgg.) 1914 (p. 159 sgg.; p. 209 sgg.) 1915 (p. 32 sgg.; p. 429) 1922 (p. 151 sgg. 1924 (p. 89 sgg.) 1931 (p. 662 e sgg.) 1942 (p. 166 sgg.) 1957 (p. 371 e sgg.) 1968 (p. 221-242). Inoltre **H. Philip**, in *Real-Encycl.* I, 1 (1914), s.v. *Regium*, coll. 486-502.

N. Putortì, *Le scoperte archeologiche di Reggio dopo il terremoto del 1908*, in «Boll. Soc. Cal. St. Patria» fasc. 1/3,7/12, 1919-20.

A. Rumpf, *Chalkidische Vasen*, vol. I-III, Berlin, 1927.

N. Putortì *Terrecotte arcaiche di Reggio Calabria*, in «L'Italia Antichissima» 1929, p. 1 e sgg.

N. Putortì, *L'antico territorio di Reggio-Cenno storico-topografico*, in «L'Italia Antichissima» 1930, 2, pp. 59-75.

E.D. Van Buren, *Archaic fictile revetments in Sicily and Magna Graecia*, London 1923.

N. Putortì, *Piccoli bronzi da Locri e da Reggio*, in «L'Italia Antichissima», 1930, 2, pp. 98-120.

N. Putortì, *Due frammenti vascolari arcaici del Museo di Reggio Calabria*, in «L'Italia Antichissima» 1933, 9-10, pp. 43-73.

E. Galli, *Reggio di Calabria - Necropoli ellenistica scoperta nell'area del Museo*, in «Not. Scavi» 1942, pp. 166-234.

G. Vallet, *Rhégion et Zancle-Histoire, commerce er civilisation des cités chalcidiennes du détroit de Messine*, Paris 1958.

C. Turano, *Stretto della Ferrina, stipe votiva*, in «Klearchos» 6, 1964 pp. 27-38.

M. Cristofani, *La coppa di Tresilico*, in «Klearchos» 8, 1966, pp. 63-79.

C. Turano, *Carta archeologica di Reggio del XIX sec.*, in «Klearchos» 8, 1966, pp. 159-180.

E. Tropea-Barbaro, *Il muro di cinta occidentale e la topografia di Reggio ellenica*, in «Klearchos» 9, 1967, pp. 7-130.

M. Cristofani, *I Campani a Reggio*, in «Studi Etruschi» XXXVI (serie II) 1968, pp. 37-53.

C. Turano, *Reggio greca e romana*, Reggio Calabria 1970.

F. Costabile, *Strateghi e assemblea nelle politéiai di Reggio e Messana*, in «Klearchos» 20, 1978, pp. 19-57.

A.M. Ardovino, *Edifici ellenistici e romani ed assetto territoriale a nord-ovest delle mura di Reggio*, in «Klearchos» 20, 1978, pp. 75-112.

P.G. Guzzo, *Argenteria da Palmi in ripostiglio del I sec. a.C.*, in «Atti Mem. Soc. Magna Grecia» n.s. XVIII-XX, 1977-1979, pp. 193-209.

G. Vallet, Rhégion et Zancle vingt ans après, in «Il commercio greco nel Tirreno in età arcaica», Salerno 1977, 1981, pp. 111-125.

M. Cristofani, *I buccheri di Reggio*, in «Ricerche Arias» (n. 36), 1982, pp. 121 e 122.

M. Jozzo, *Ceramica «calcidese» inedita da Reggio Calabria*, in «Xenia» 6, 1983, pp. 275-289.

Per le iscrizioni greche arcaiche: **L.H. Jeffery**, *The Local Scripts of Archaic Grece*, Oxford 1961, pp. 244 sg., 247 sg.; **M. Guarducci**, *Epigrafia greca*, I, Roma 1968, p. 230 sg.

Per i bolli rodii: *Inscr. Graecae XIV*, 2393.26, 35*b*, 44 *a*, 122, 128, 271, add. 73 *a* (p. 705); «Not. Scavi» 1892, pp. 487-489; 1942, p. 212; 1957, p. 392; 1968, p. 236.

Per i bolli ΡΕΓΙΝΩΝ: *Inscr. Graecae XIV*, 2400.15 *a-f*; «Not. Scavi» 1912, p. 152; 1942, pp. 196, 202 sg.; 1957, 392.

Per i bolli ΜΑΜΕΡΤΙΝΟΥΜ: *Inscr. Graecae XIV*, 2400.7; **A. De Franciscis - O. Parlangeli**, *Gli italici del Bruzio nei documenti epigrafici*, Napoli 1960, pp. 18, 27; **M.L. Lazzarini**, *I «veri Reggini»*, in «Klearchos» 24, 1982, p. 151.

Per il cippo di Leucopetra: **P. Orsi**, in «Not. Scavi» 1909, pp. 324-326 e 1931, p. 662.

MATAUROS

A. De Franciscis, *Métauros* in «Atti Mem. Soc. Magna Grecia» 1960, pp. 21-67.

C. Sabbione, *L'area locrese*, in «Il commercio greco nel Tirreno in età arcaica», Salerno 1977, 1981, pp. 15-21.

C. Sabbione, *Reggio e Metauros nell'VIII e VII sec. a.C.*, in «Annuario Scuola Archeologica di Atene», vol LIX N.S. XLIII (1981), 1983, pp. 275-289.

MEDMA

P. Orsi, *Rosarno-Medma*, in «Not. Scavi», 1913, suppl., p. 55 sgg.

N. Putortì, *Terrecotte di Medma nel Museo civico di Reggio*. in «L'Italia Antichissima» 1931, 4, pp. 171-212.

N. Putortì, *Due arule fittili di Medma nel Museo Civico di Reggio Calabria*, in «L'Italia Antichissima», 1937, 11, pp. 15-39.

S. Ferri, *Teste fittili di Medma. Osservazioni su alcuni tipi principali*, in «Le Arti», II, 1940, 3, pp. 162-171.

P.E. Arias, *Scavi di Calabria (dal 1939 al 1942). Rosarno. Scavi della necropoli in contrada Nolio-Carrozzo*, in «Not. Scavi» 1946, pp. 133-138.

P.E. Arias, *Arula frammentaria di Medma*, in «Arch. Stor. Calabria - Lucania» XV, 1946, pp. 1-8.

A. De Franciscis, *Bolli laterizi romani*, in «Not. Scavi» 1960, p. 420.

AA.VV., *Medma e il suo territorio. Materiali per una carta archeologica*, (a cura di M. Paoletti e S. Settis), Bari 1981.

M. Paoletti, *Arule di Medma e tragedie attiche*, in *Aparchai*, Pisa 1982, pp. 371-392.

LAOS

E. Galli, *Lavinium Bruttiorum. Scavi e scoperte sino al* 1930, in «Not. Scavi» 1932, pp. 323-363.

E. Greco, *Monete dall'abitato antico presso Marcellina (Laos)*, in «Annali Ist. Ital. Numismatica» 23-24, 1976-1977, pp. 61-68.

P.G. Guzzo - E. Greco, *S. Maria del Cedro - Fraz. Marcellina - Loc. S. Bartolo (Cosenza) - Scavi di un centro abitato di età ellenistica (1973, 1975)*, in «Not. Scavi» 1978, pp. 429-459.

R. Pierobon, *Strabone VI, I, 1 (C 253) e la tradizione su Laos fino alla battaglia del 389 a.C.*, in «Arch. Stor. Calabria Lucania» 1982, pp. 71-96.

E. Greco - S. Luppino - A. Schnapp, *Laos*, in «Mél. Ecole Française Rome-Antiquité» 96, 1, 1984, pp. 549-550; ibidem, 97, 1, 1985, pp. 570-571.

SEZIONE NUMISMATICA

P. Orsi, *Caulonia, Campagna archeologica del 1913*, in «Mon. Ant. Lincei», Vol. XXIII, 1915, pp. 261-262.

P. Orsi, *Curinga (prov. di Catanzaro). Tesoro di monete greche-arcaiche rinvenute nel territorio del comune*, in «Not. Scavi», 1916, pp. 186-187.

P. Orsi, *Tre ripostiglietti calabresi di monete greche*, in «Bollettino del Circolo numismatico napoletano», 1918 pp. 1-10.

P. Orsi, *Caulonia, Campagne archeologiche del 1915*, in «Mon. Ant. Lincei» Vol. XXIX, 1923, pp. 82.

N. Catanuto, in «Not. Scavi», 1932, pp. 383-394.

L. Breglia, *Contributo allo studio della circolazione monetale in Magna Grecia*, in «Rendiconti dell'Accademia di Archeologia Lettere e Belle Arti di Napoli» 1938-1939, pp. 141-171.

G. Procopio, *Tesoretto monetale di Vito Superiore (RC)*, in «Rendiconti dell'Accademia di Archeologia, Lettere e Belle Arti di Napoli», 1952, pp. 39-63.

G. Procopio, *S. Lorenzo del Vallo (CS), Ripostiglio di denari repubblicani romani*, in «Not. Scavi»,1952, pp. 167-184.

G. Procopio, *Ripostigli monetali del Museo di Reggio Calabria*, in «Annali Ist. Ital. Numismatica», 1, 1954, pp. 53-64.

G. Procopio, *Ripostigli monetali del Museo di Reggio Calabria*, in «Annali Ist. Ital. Numismatica», 7-8, 1960-61, pp. 62-71.

P. Zancani Montuoro, *Un peso di bronzo e l'argento di Sibari*, in «Annali Ist. Ital. Numismatica», 12-14, 1965-67, pp. 21-30.

E. Pozzi Paolini, *Circolazione monetale nella Calabria greca*, in «La Parola del Passato» 1974, 154-155 pp. 40-60.

I. Lofaro Novaco, *Ripostigli con monete brettie*, in «Annali Ist. Ital. Numismatica», 21-22, 1974-75, pp. 49-102.

G. Gorini, *La monetazione incusa della Magna Grecia*, Milano 1975.

E. Pozzi Paolini, *La monetazione*, in «Locri Epizefirii, Atti del XVI Convegno di Studi sulla Magna Grecia, Taranto 1976», (Napoli 1977), pp. 217-301.

A. Stazio, *Problemi della monetazione di Crotone*, in «Crotone, Atti del XXIII Convegno di Studi sulla Magna Grecia, Taranto 1983», (Napoli 1984), pp. 369-407.

I. Lofaro Novaco, *Monete brettie dalle collezioni calabresi*, in «Annali Ist. Ital. Numismatica», 1983, pp. 195-215.

KAULONIA

P. Orsi, *Stilo - Di alcuni avanzi riferibili forse all'antica Caulonia*, in «Not. Scavi» 1891, pp. 61-72.

P. Orsi, *Caulonia. Campagne archeologiche del 1912, 1913 e 1915*, in «Mon. Ant. Lincei» 23, 1914. coll. 685 - 944, con introduzione di G. De Sanctis.

P. Orsi, *Caulonia-II Memoria*, in «Mon. Ant. Lincei» 29, 1923, coll. 409-490.

G. Schmiedt - R. Chevallier, *Caulonia e Metaponto*, in «L'Universo» XXIX, n. 2 e 5, 1959.

A. De Franciscis, *Monasterace Marina (Caulonia)-Scoperte fortuite*, «Not. Scavi» 1957, p. 184; id, in «Not Scavi» 1960, p. 416.

E. Tomasello, *Monasterace Marina (RC)-Scavi presso il tempio dorico di punta Stilo*, in «Not. Scavi» 1972, pp. 561-643.

H. Tréziny, in *Crotone*, «Atti del XXIII Convegno di Studi sulla Magna Grecia, Taranto 1983» (Napoli 1984), pp. 177-182.

M.T. Iannelli, *Kaulonia e l'organizzazione urbana ellenica*, in «Roccella - Storia degli insediamenti ed evoluzione urbanistica», Roccella 1985, pp. 28 ss.

IL TERRITORIO DI CIRÒ

G. Patroni, *Sepolcro ellenico*, in «Not. Scavi», 1901, p. 28 e sgg.

P. Orsi, *Necropoli preellenica*; *santuario greco-ricognizione a Punta Alice*, 1921, pp. 490-92.

P. Orsi, *Templum Apollinis Alaei*, in «Atti Mem. Soc. Magna Grecia», 1932, pp. 7-182.

A. De Franciscis, *Note sull'acrolito di Cirò*, in «Röm. Mitt.» 63, 1956, pp. 96-101.

D. Mertens, *I santuari di Capo Colonna e Crimisa: aspetti dell'architettura crotoniate*, in «Crotone-Atti XXIII Convegno di Studi sulla Magna Grecia», Taranto 1983 (Napoli 1984), pp. 189-228.

LA SEZIONE DI ARCHEOLOGIA SUBACQUEA

C. Jones Eiseman, *The Porticello Shipwreck: a Mediterranean merchant Vessel of 415-385 B.C.*, Univ. Pennsylvania 1979.

P.A. Gianfrotta - P. Pomey, *Archeologia Subacquea. Storia, tecniche, scoperte e relitti*, Milano 1980.

G. Foti - F. Nicosia, *I bronzi di Riace*, Firenze 1981.

A. Giuliano, *I Grandi bronzi di Riace*, in «Xenia», 2, 1981, pp. 55-62; II, ibidem, 3, 1982, pp. 41-46; III, ibidem, 5, 1983, pp. 5-6.

C.O. Pavese, *Interpretazione dei Bronzi di Riace, in «Studi Classici Orientali» 32, 1982, pp. 13-58.*

AA.VV., *Due bronzi da Riace*, (a cura di L. Vlad Borrelli e P. Pelagatti) in «Bollettino d'Arte», serie speciale n. 3, 1984.

E. Paribeni, *Le statue bronzee di Porticello in* «Bollettino d'Arte» 24, 1984, pp. 1-15.

Per l'àncora con dedica di Phayllos: **G. Jacopi**, in «Not. Scavi» 1952, pp. 167-176; **M. Guarducci**, Epigrafia greca, I, Roma 1968, pp. 113-115; **P.A. Gianfrotta**, *Le ancore votive di Sostrato di Egina e di Faillo di Crotone*, in «La Parola del Passato» 1975, pp. 311-318.

PINACOTECA

G. Foti, *Il Museo Nazionale di Reggio Calabria*, Napoli 1972.

P.O. Geraci, *L'arte bizantina medievale e moderna*, I, 1, Il Museo Nazionale di Reggio Calabria, Reggio Calabria 1975 (v. bibliografia in esso contenuta).

M. Rotili, *Arte bizantina in Calabria e Basilicata*, Cava dei Tirreni 1980.

AA.VV., *Antonello da Messina*, Catalogo della mostra, Messina 1981-2, Roma 1981.

R. Farioli Campanati, La cultura artistica nelle regioni bizantine d'Italia dal VI all'XI secolo, in. AA.VV., *I Bizantini in Italia*, Milano 1982, pp. 139-426.

SPECCHIETTO FONDAZIONI COLONIE MAGNA GRECIA E SICILIA

	Tucidide	Eusebio	Altri autori	Dati archeologici
Pithekoussai	—	—	anteriore a Cuma (Livio)	circa 750 a.C.
Cuma	—	—	la più antica colonia greca di Occidente (Strabone)	720 a.C.
Naxos	734 a.C.	736/5 a.C. (741/0)	la più antica colonia siciliana (Eforo, Diodoro)	fine VIII a.C.
Siracusa	733 a.C.	734/3 a.C. (738/7)	733 (Timeo)	735/725 a.C.
Zancle	—	757/6 a.C. (?)	—	730/720 a.C.
Lentini	728 a.C.	—	—	730/720 a.C.
Catania	728 a.C.	—	—	730/20 a.C.
Megara Iblea	727 a.C.	734/3 a.C. (737/6)	— 730/20 a.C.	
Reggio	—	—	al tempo della I guerra messenica (740/20: Strabone - Eraclide Lembo)	720/700 a.C.
Mylai	—	—	—	720/710 a.C.
Sibari	—	708/7 (709/8)	720 (Pseudo Scimno)	720 a.C.
Crotone	—	709/8	—	720 a.C.
Locri	—	673/2 (679/8)	fine VIII a.C. (Strabone)	fine VIII a.C.

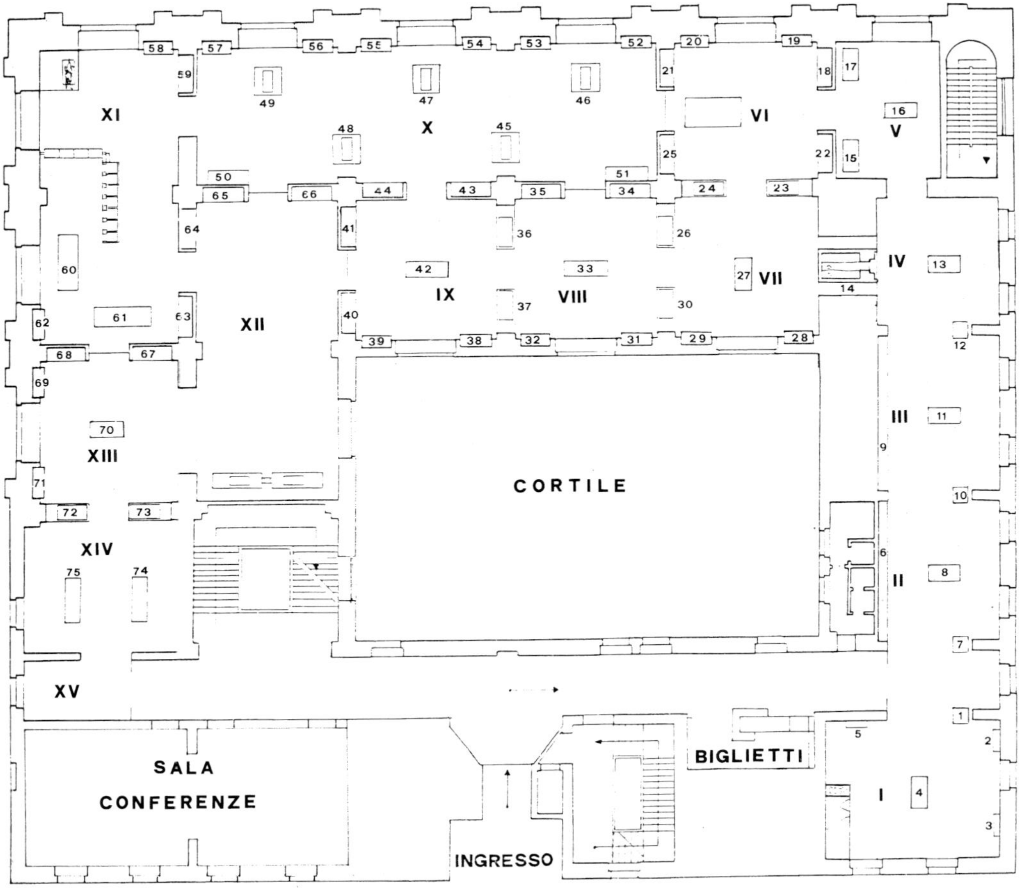

PIANO TERRA I-V PREISTORIA VI-XIV LOCRI

MUSEO NAZIONALE DI REGGIO CALABRIA.
PLANIMETRIA DEL PIANO TERRENO.

Tav. II

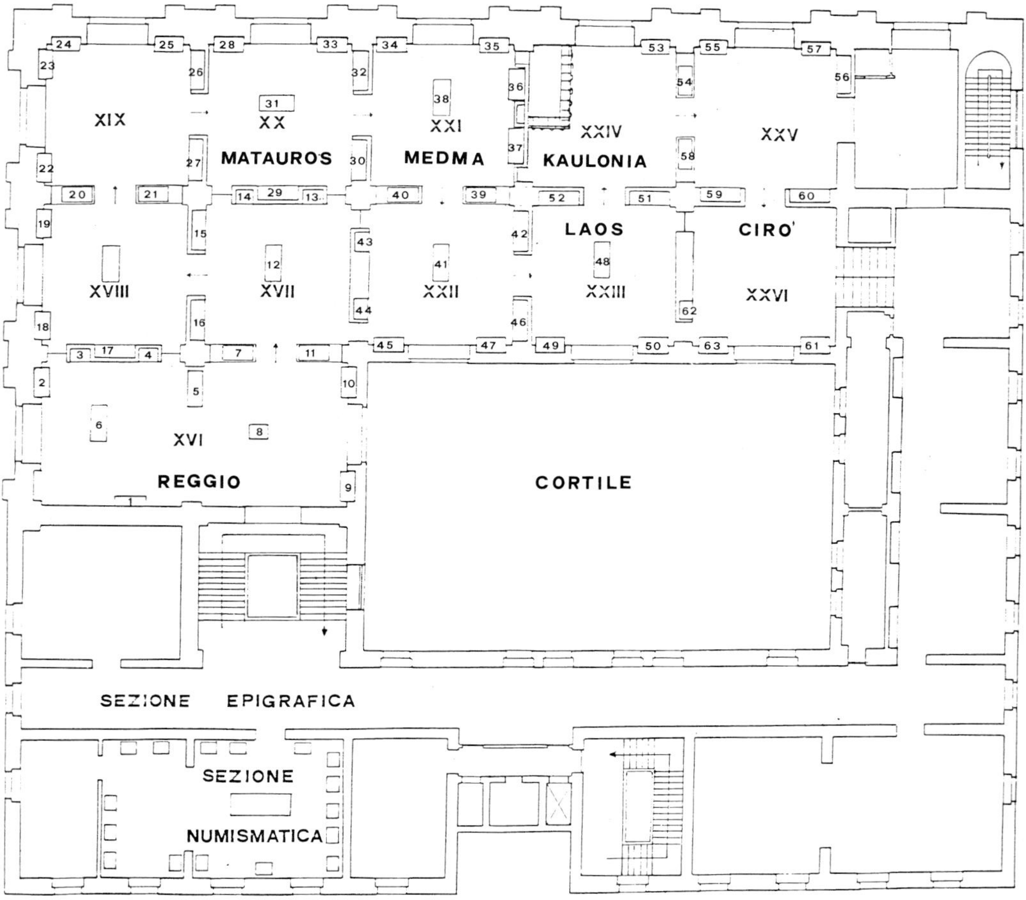

I PIANO

MUSEO NAZIONALE DI REGGIO CALABRIA.
PLANIMETRIA DEL PRIMO PIANO.

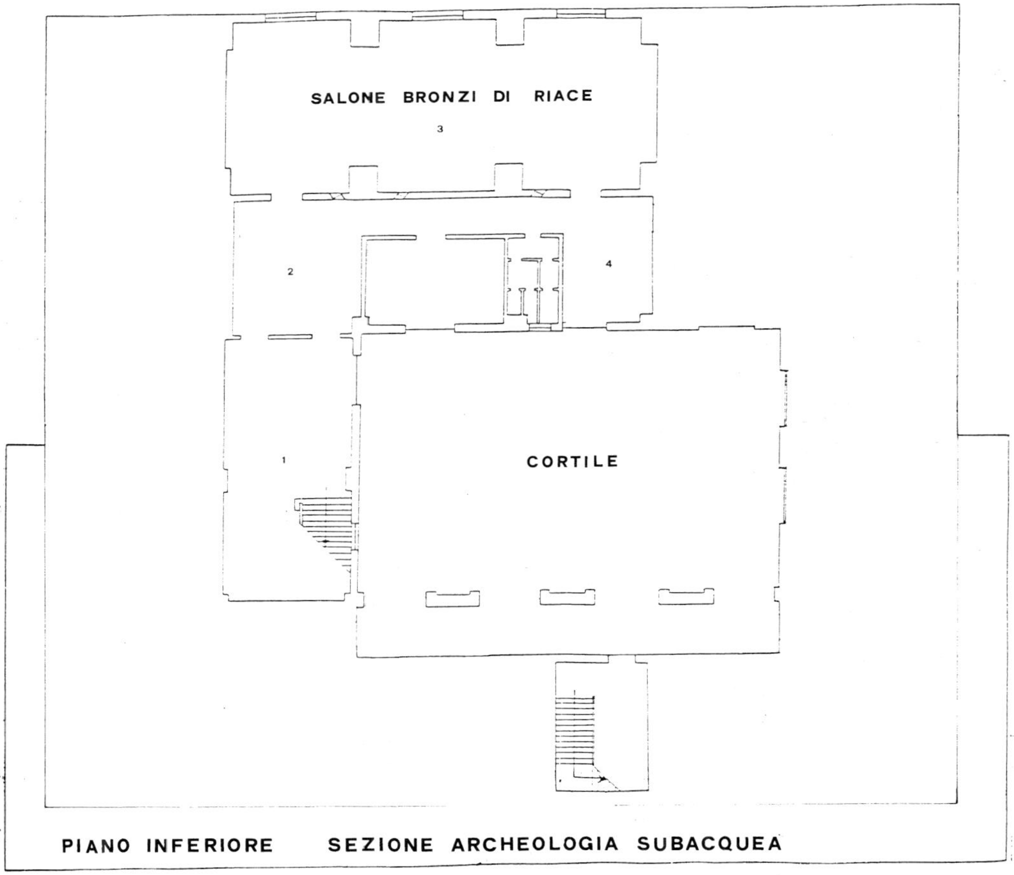

MUSEO NAZIONALE DI REGGIO CALABRIA.
PLANIMETRIA DEL PIANO INFERIORE.

Tav. IV

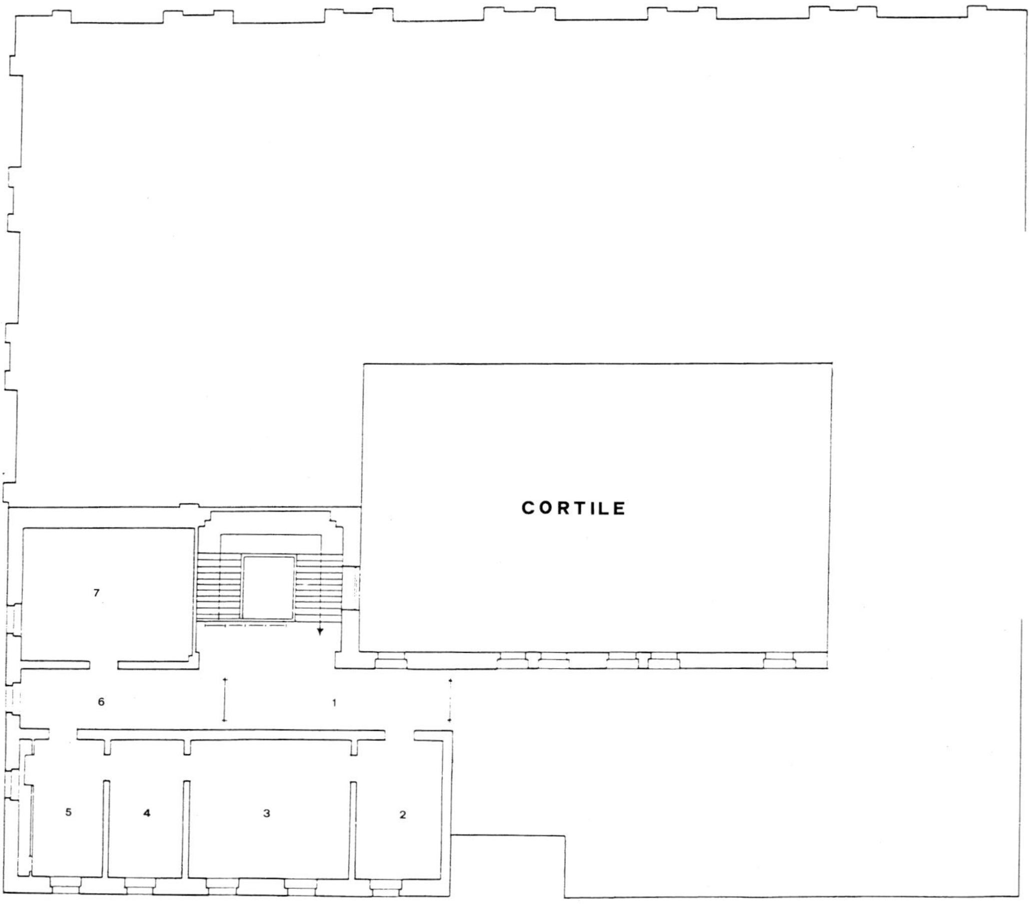

II PIANO PINACOTECA

MUSEO NAZIONALE DI REGGIO CALABRIA.
PLANIMETRIA DEL SECONDO PIANO.

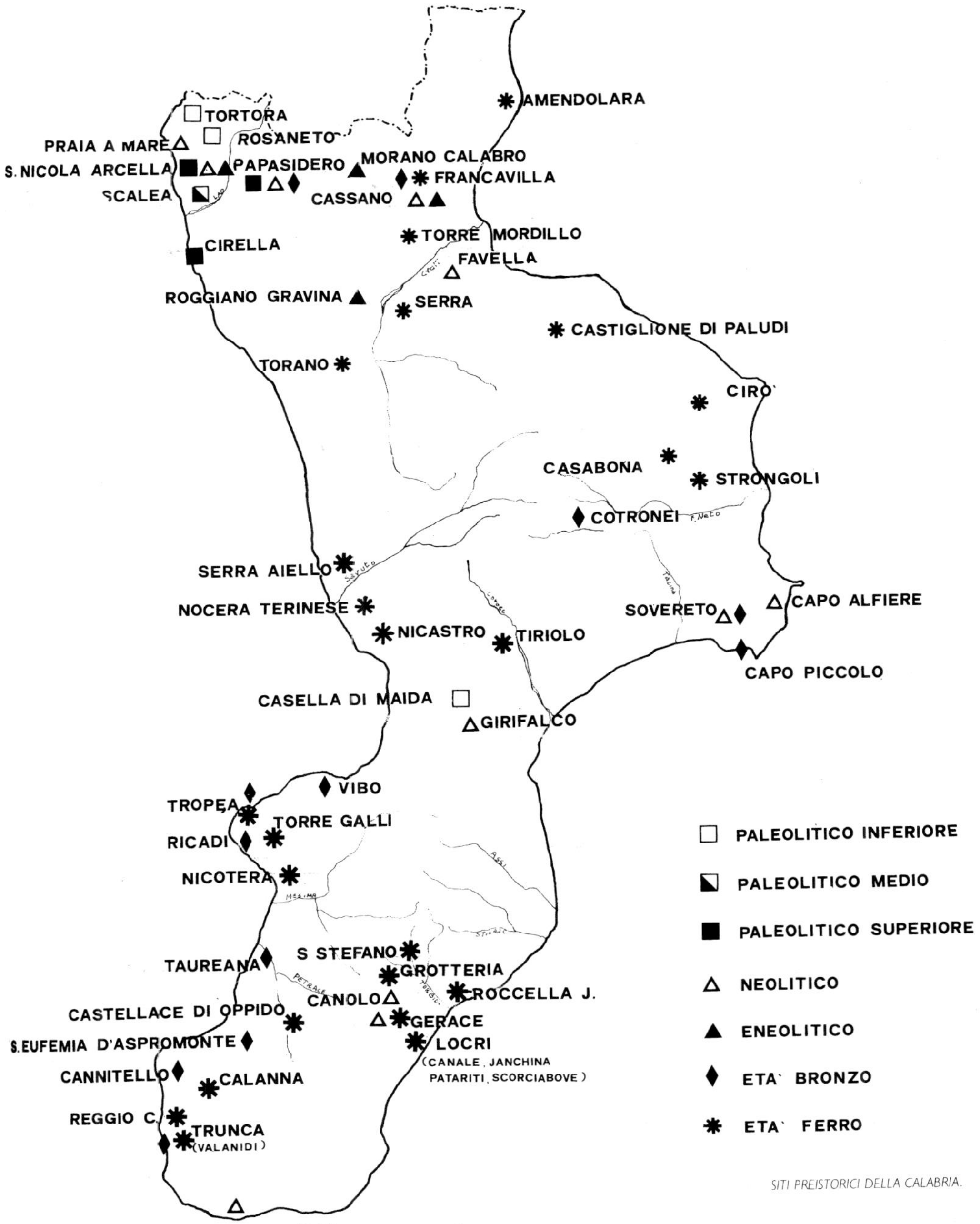

SITI PREISTORICI DELLA CALABRIA.

CARTA DELLA COLONIZZAZIONE GRECA IN ITALIA MERIDIONALE.

PIANTA TOPOGRAFICA
DI
LOCRI EPIZEFIRI
MARE JONIO
MOSCHETTA
PIRETTINA
STRAGO'
MARASA
CENTOCAMERE
S. CONO
S. FRANCESCO
MARTELLI
TRIBONA
CARUSO
CUSEMI
GROTTELLE
MANNELLA
ABBADESSA
CASTELLACE
LENZI
Fiumara di Portigliola

LOCRI EPIZEFIRI. IL SANTUARIO IN CONTRADA MARASÀ. PLANIMETRIA.

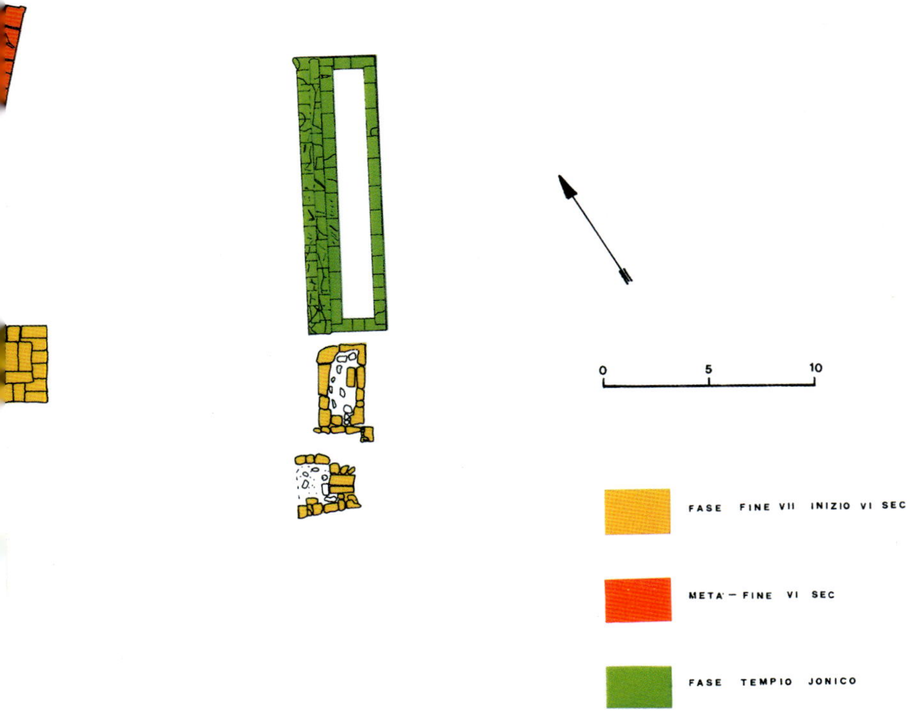
0
5
10
FASE FINE VII INIZIO VI SEC
META' – FINE VI SEC
FASE TEMPIO JONICO

Tav. IX

CARTA ARCHEOLOGICA DI REGGIO.

Jonica
Collina degli Angeli
Collina del Trabucco
SPIRITO SANTO
CALOPINACE
FIUMARA
Castello
Piazza Camagna
Via Miraglia
Via Cimino
Piazza S. Agostino
Villa Comunale
Piazza Garibaldi
SBARRE

Tav. XA

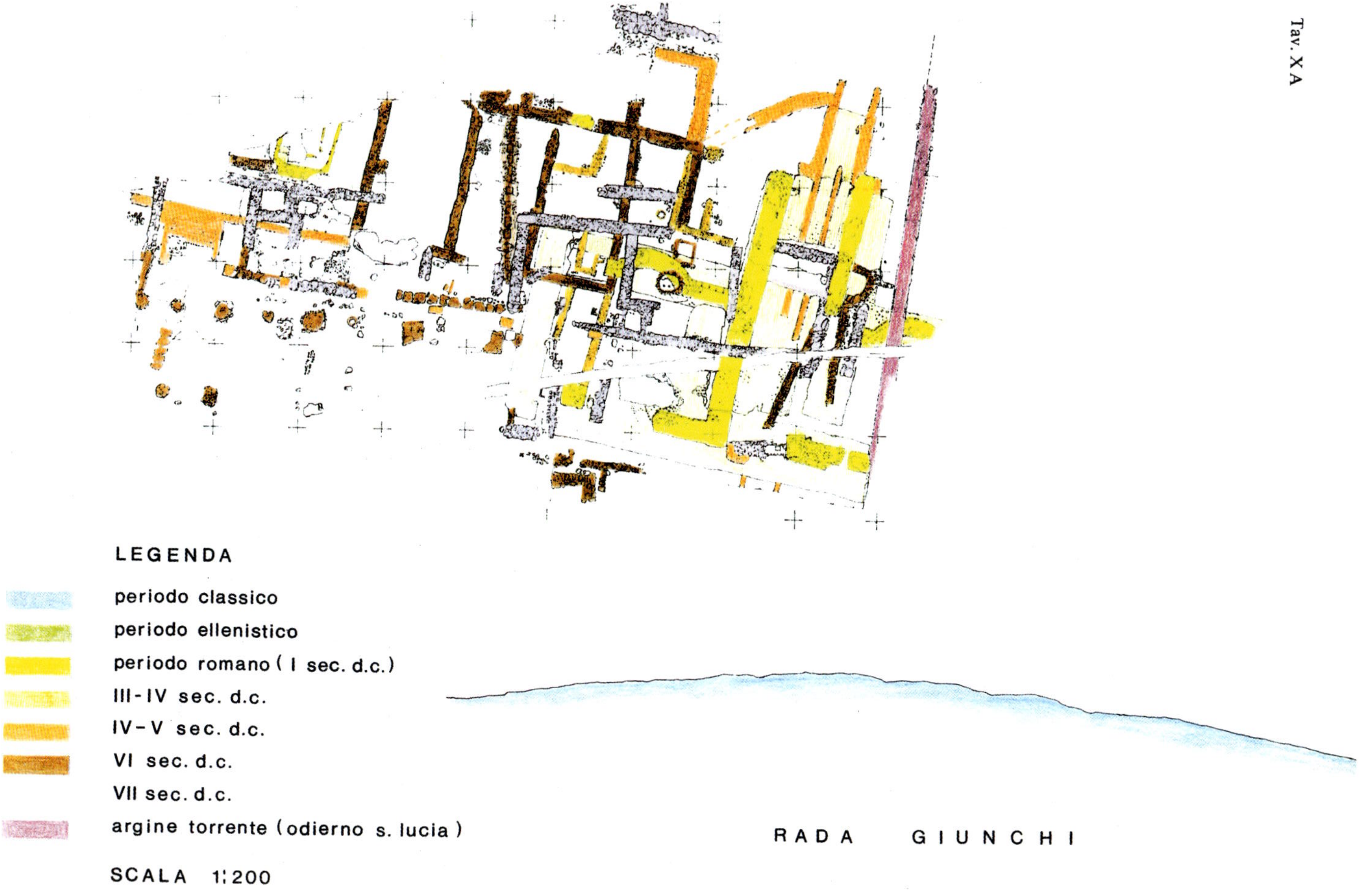

SCAVO DI REGGIO LIDO ZONA NORD.

SCAVO DI REGGIO LIDO ZONA SUD.

Tav. XI

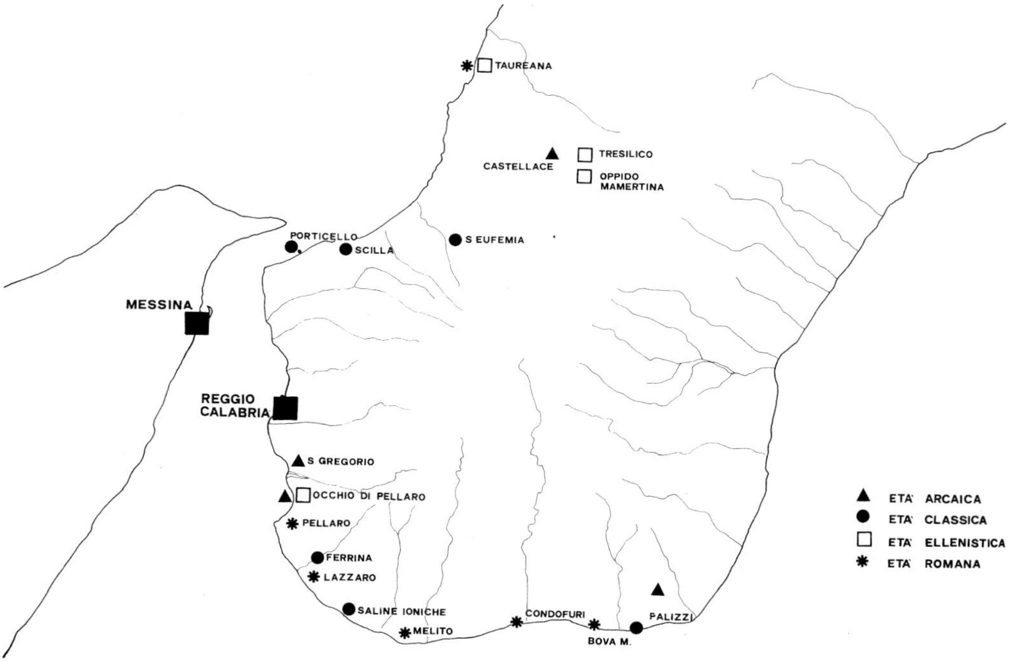

IL TERRITORIO DI REGGIO.

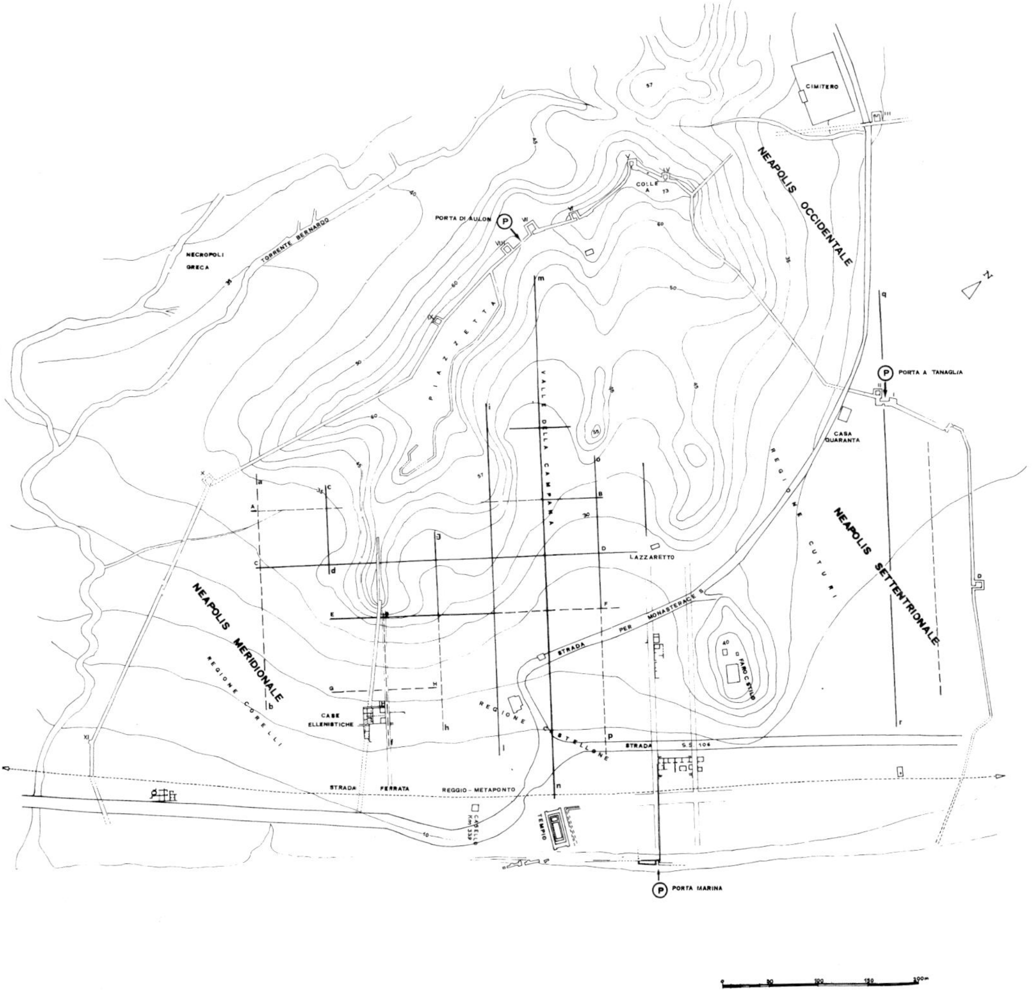

KAULONIA. PLANIMETRIA GENERALE DELL'ABITATO.

Tav. XIII

CIRÒ MARINA
TEMPIO DI APOLLO ALEO

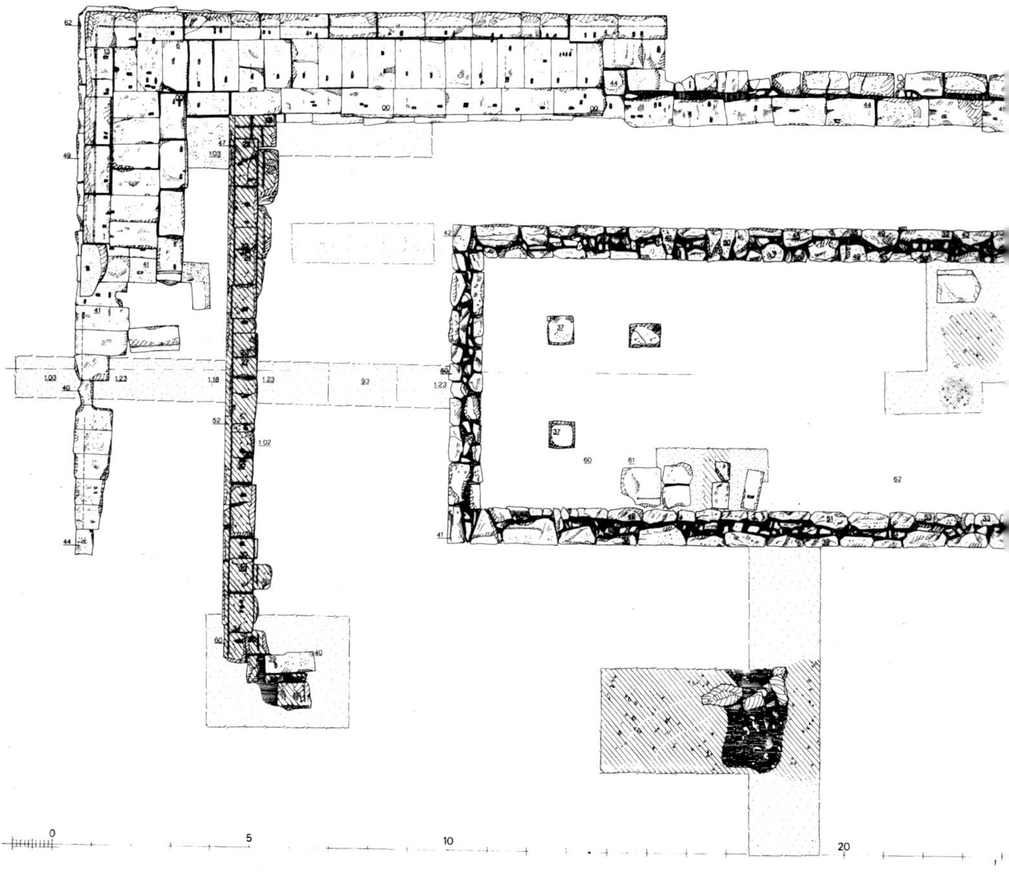

RILIEVO ISTITUTO ARCHEOLOGICO
GERMANICO (Dieter Mertens).

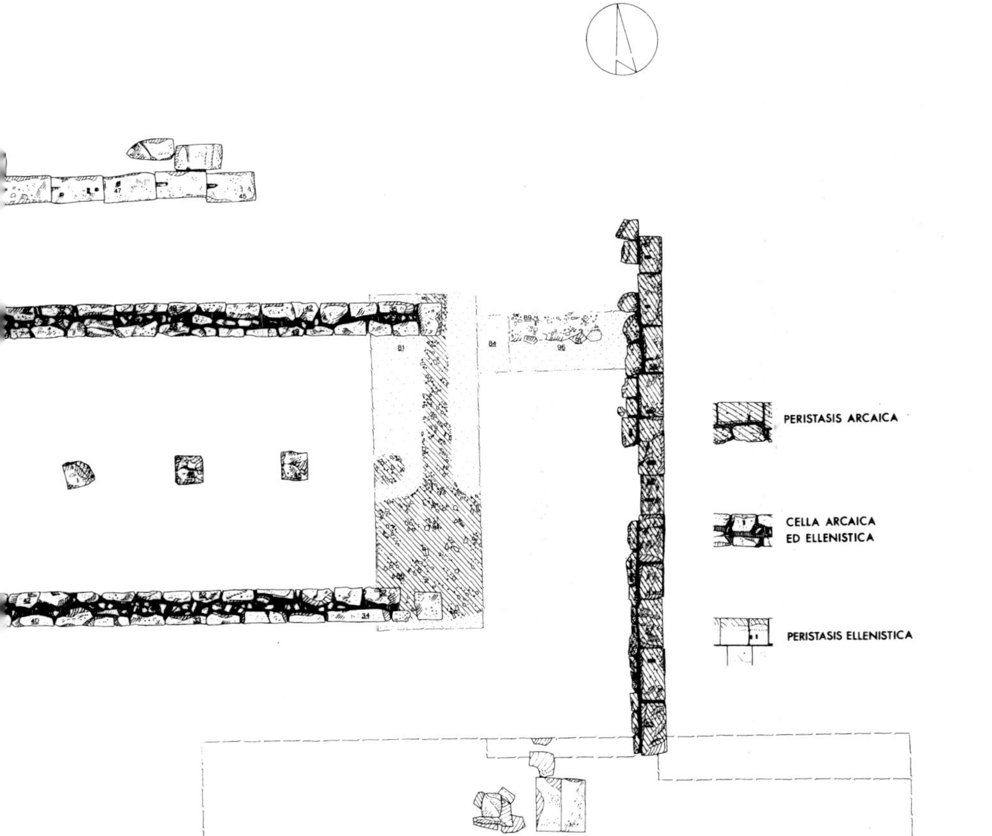
PERISTASIS ARCAICA
CELLA ARCAICA
ED ELLENISTICA
PERISTASIS ELLENISTICA
30
40
50M

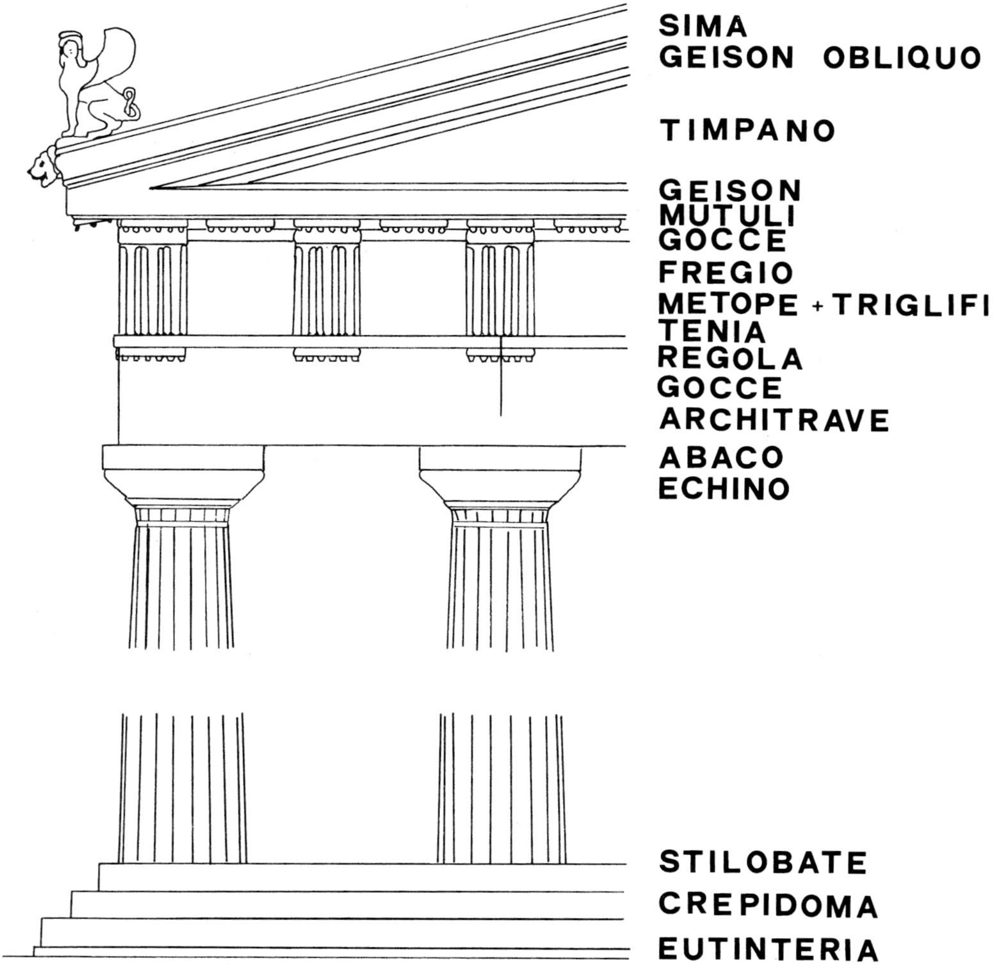

SCHEMA DEL TEMPIO DORICO.

INDICE